健康体育课程模式对学生体育参与的影响研究

郝晓亮　著

东北大学出版社

·沈　阳·

图书在版编目（CIP）数据

健康体育课程模式对学生体育参与的影响研究／郝
晓亮著. --沈阳：东北大学出版社，2024. 7. --ISBN
978-7-5517-3574-2

Ⅰ. G806

中国国家版本馆 CIP 数据核字第 2024CE0728 号

出　版　者：东北大学出版社
　　　　地　　　址：沈阳市和平区文化路三号巷 11 号
　　　　邮　　　编：110819
　　　　电　　　话：024-83683655（总编室）
　　　　　　　　　　024-83687331（营销部）
　　　　网　　　址：http://press.neu.edu.cn
印　刷　者：辽宁一诺广告印务有限公司
发　行　者：东北大学出版社
幅面尺寸：170 mm×240 mm
印　　张：14
字　　数：259 千字
出版时间：2024 年 7 月第 1 版
印刷时间：2024 年 7 月第 1 次印刷
责任编辑：周　朦
责任校对：王　旭
封面设计：潘正一
责任出版：初　茗

ISBN 978-7-5517-3574-2　　　　　　　　定　价：56.00 元

前　言

近几年来，我国中小学生的体质健康水平已止跌回升，但大学生的体质健康水平依然很不乐观。此外，青少年心理问题也很突出。诚然，学生的身心健康水平受众多因素的影响，但学生的大多数时间是在学校度过的，因此，体育与健康课程应当发挥更大作用。众所周知，当前体育与健康课程的目标是培养学生的学科核心素养。目标的实现单靠课堂教学还不够，引导并促进学生参与课外体育更为关键。

课外体育是体育与健康课堂的延伸，课堂教学质量在很大程度上会影响学生的课外体育参与。中国健康体育课程模式是华东师范大学"青少年健康评价与运动干预"教育部重点实验室主任季浏教授带领其科研团队在长期实践和理论的基础上，针对体育与健康课堂提出的新形式。本书尝试将该模式的研究视角从课堂延伸至课外，通过教学实验考察该模式对学生课内外体育参与的影响。中国健康体育课程模式对课堂教学提出了总体要求，明确规定了课堂教学的三个关键要点，推测模式的实施能够有效激发学生学练动机，促进学生自主参与课外体育锻炼，提升学生的身心健康水平。为了检验中国健康体育课程模式的有效性，本书所述研究借鉴跨环境动机模型（trans-contextual model of motination，TCM），并在 TCM 课堂环境中添加体质健康和心理健康两个变量，旨在同时检验中国健康体育课程模式对学生课内外体育参与效果的影响，并通过 TCM 的变量序列明晰中国健康体育课程模式影响学生课内外体育参与的机制。本书所述研究不仅丰富了中国健康体育课程模式的理论建设，而且为教学实践提供了实证经验：在课堂中实施中国健康体育课程模式，能够有效激发学生体育学习动机，提升学生身心健康水平及课外体育参与水平。

本书主要包括理论研究、实证分析和结论等部分。在理论研究部分，本书对中国健康体育课程模式设计的相关理论进行梳理和总结，探讨中国健康体育课程模式对学生体育参与的影响机制。在实证分析部分，本书通过实地调研、案例分析、问卷调查等，详细分析和评估健康体育课程模式对学生体育参与的影响。在结论部分，本书通过综合理论分析和实证研究结果，对中国健康体育课程模式的设计与实施提出相应的建议和对策。结合具体实证结果，著者认为，体育教学中务必同时关注运动负荷、体能练习、运动技能三个关键要点；教师在教学时应充分了解学情，倾听学生心声，创设情境，为学生的学习提供一切可能的需求支持，注重激发学生学练动机，进而促进学生自主参与课外体育活动。

本书旨在深入探讨中国健康体育课程模式对学生体育参与的影响，为促进学生体育参与、提高学生身体素质、推动学校体育教育工作发展提供理论支撑和实践指导。希望通过本书的研究和总结，能够为相关领域的学者、教育工作者和政策制定者提供有益的参考与借鉴，为中国健康体育课程模式的设计与实施提供科学的支持和建议。

著　者

2023 年 12 月

目 录

第一章　绪　论

>> 第一节　研究背景

一、近年来学生身心健康水平的发展情况

2014 年全国学生体质与健康调研结果显示，中小学生的体质健康水平已止跌回升，然而大学生的体质健康水平依然呈现下滑趋势。除此之外，学生肥胖及超重的比例也在持续攀升。① 2008—2009 年开展的"青少年心理健康状况调查"表明，我国毕业年级学生心理问题多；进城就读的农村学生心理健康问题突出；非在校青少年心理健康水平较差，突出表现在抑郁及自杀意念方面等。②

由上可见，目前我国青少年的身心健康状况堪忧。诚然，青少年的身心健康水平受众多因素的影响，然而，他们多数时间是在学校度过的，因此学校的课程设置理应更好地促进学生身心健康发展。相比其他学科，体育与健康课程对于提升学生的身心健康水平具有明显的优势。

长期以来，指导思想的缺乏及现实因素的困扰，导致体育课的数量与质量得不到保证，多数学校的毕业年级及条件不足的学校甚至出现体育课"缺位"的窘境，即便能够正常开展的体育课，"学生不出汗"也是教学常态。这样的课堂，与其说是体育课，毋宁说是"单一技术课""军事课""说教课""安全课""测试课"。③ 概言之，上述几种传统的体育课具有共同的特点："无运

---

① 2014 年全国学生体质健康调研结果[J].中国学校卫生,2015,36(12):4.
② 我国青少年心理健康问题亟需引起高度重视[C]//2010 中国科协科技工作者建议汇编,2010:11-16.
③ 季浏."不出汗"的体育课需要改变[J].中国学校体育,2016(10):2-3.

动量""无战术""无比赛"。① 在当前落实立德树人根本任务，培养学生核心素养的教育背景下，这样的课堂显然既无助于课程目标的实现，也无助于学生的身心健康发展。鉴于此，深化体育与健康课程改革，提高体育与健康课堂教学质量，逐步成为遏制学生身心健康水平下滑的主渠道。

二、传统体育教学在激发学生参与课外体育方面效果不足

传统体育教学通常是指以传授技能和知识为主要目标的体育课程模式，主要以体育课堂教学为主，注重传统体育项目（如篮球、足球、排球等）的教学，重视比赛和成绩的取得。传统体育教学的课堂讲解通常以理论知识为主，对学生的互动性要求较低，学生在这种教学中难以充分感受体育运动的乐趣与魅力。另外，体育课堂上的技能训练虽然锻炼了学生的身体素质，但缺乏足够的趣味性和挑战性，导致学生对体育运动的兴趣和热情不高。而体育比赛作为传统体育教学的一部分，虽然可以在一定程度上激发学生的积极性，但是往往由于竞争压力大、选拔标准高等原因，让大部分学生望而却步，导致他们对参与体育比赛的积极性不高。

教育部2018年的中小学体育活动开展情况数据显示，近年来学生参加课外体育活动的比例持续下降，其中大部分学生表示对传统体育课程缺乏兴趣是主要原因之一。在传统体育教学模式下，一些学生因为自己在某一项体育项目上的表现不佳或者缺乏兴趣而选择不参与课外体育活动，这导致了他们长期缺乏体育锻炼，生活方式偏向于静态，体质下降，甚至存在近视、肥胖等问题。在传统体育教学模式下，体育课程往往是按照固定的教学大纲安排进行的，注重规定的体育项目和规则的传授及培养，忽视了学生个体差异的体育参与需求。一些学生在传统体育项目上表现不佳，导致他们在体育课堂上产生了厌学情绪，而对于某些具有特殊体质或兴趣的学生来说，传统体育项目难以满足他们的需求，这就限制了学生对体育参与的积极性，也使得体育教学的效果大打折扣。此外，传统体育教学模式下，注重竞技和结果，学生可能会出现"输不起"的心态，在面对失败或者挫折时更容易产生挫折感和自卑心态，最终影响他们的参与积极性。

可以看出，传统体育教学在激发学生参与课外体育的积极性方面存在明显的欠缺。基于这一现状，有必要对传统体育教学进行重新思考，并且寻求一种

---

① 季浏.增进青少年健康既要政策也要对策[N].中国教育报,2017-06-30(8).

更加有效的体育教学模式，以激发学生的体育参与热情和兴趣。

三、中国健康体育课程模式与学生体育学习诉求如何实现良好对接

健康体育课程模式与学生体育学习诉求实现良好对接，是当前教育领域中备受关注的问题。现在，还存在健康体育课程模式设计不合理、缺乏吸引力、缺乏专业性等问题，严重影响了学生的体育参与和体育学习效果。因此，研究健康体育课程模式对学生体育参与的影响，对于改善学生体质、促进学生全面发展具有重要意义。

健康体育课程模式的设计需要针对不同年龄段、性别、兴趣爱好等特点，充分考虑学生的身体素质和心理特点，注重培养学生对体育锻炼的正确认识与积极态度，设计符合学生身体素质特点的体育活动内容，引导学生通过课程学习体育锻炼的方法及技能，提高学生的运动能力和体育兴趣。

在现实教学中，教师应该充分了解学生的身体素质、体育锻炼习惯和兴趣爱好等情况，根据学生的个体差异灵活安排体育活动内容和教学方式，使得课程更加贴近学生的需求。同时，注重激发学生的体育学习兴趣，采用多样化的体育活动形式和教学方法，激发学生的学习动力，提高学生对健康体育课程的认同感与积极性。此外，还需要充分发挥学校和家庭教育的作用。学校和家庭是学生身体素质及体育学习的重要影响因素，学校应积极倡导和推广健康体育课程，营造良好的学习氛围和体育活动环境，激励学生积极参与体育锻炼；家庭应支持学校的健康体育课程教学，鼓励孩子参加体育活动，营造和谐的家庭体育氛围，共同促进学生体育学习的发展。

中国健康体育课程模式与学生体育学习诉求实现良好对接是一个复杂而重要的课题。在探讨健康体育课程模式对学生体育参与的影响时，不仅需要从课程设计、教学实施、学校教育和家庭教育等多个方面加以论述，更需要充分考虑学生个体差异、健康体育课程与学生体育学习的融合，从整体上促进学生体育参与度的提高和体育学习效果的改善。只有一个良好的体育课程模式，才能更好地呼应学生的体育学习诉求，促进学生身体素质提高和全面发展。

四、课内外体育相结合是培养学生学科核心素养的重要途径

体育与健康课堂和课外体育构成了学生身体锻炼的主要内容。课外体育既是体育与健康课堂的延伸，也是课堂教学的归宿，个体只有在课内外保持良好的锻炼习惯，"终身体育"才会成为可能。近年来，我国相关部门出台了很多保障体育课正常教学的政策、文件，毋庸置疑，体育课在当前已经得到社会各界的高度重视。相比之下，课外体育虽然有一系列政策支持，但是其完善性及保障机制远不及体育课堂教学。

事实上，目标的达成仅仅依靠有限的课时数还不够，这就需要积极联合家庭、学校、社会三方的力量保障学生的课外体育参与。[①] 也只有将课堂教学与课外体育拧成一股绳，双管齐下，才能合力实现体育与健康课程目标。中国健康体育课程模式对课堂教学的三个关键要点（运动负荷、体能练习、运动技能）提出明确要求。实践表明，在课堂中实施该模式，能够很好地调动学生学习兴趣，有效提升学生的身心健康水平。中国健康体育课程模式的思想和方法同样适用于学生的课外体育锻炼，也就是说，在锻炼过程中把握住三个关键要点，既能有效提升学生身心健康水平，也有助于培养学生的学科核心素养。

》》 第二节 研究目的与意义

一、研究目的

中国健康体育课程模式紧密结合学生的身心发展特点，符合学生的认知规律，在体育与健康课堂中实施该模式能够激发学生的学练动机。立足于这样的构思，著者试图探究中国健康体育课程模式能否对不同学段学生的课内外体育学习效果产生积极影响，并借鉴跨环境动机模型（TCM）考察中国健康体育课程模式影响学生课内外体育参与的机制，为贯彻实施中国健康体育课程模式提供依据。

---

① 俞皓天,汪晓赞.中美基础教育课外体育活动的比较研究[J].武汉体育学院学报,2019,53(4):71-74.

二、研究意义

（一）理论意义

中国健康体育课程模式旨在通过高效的课堂教学改善学生的身心健康水平，促进学生在课外积极参与体育锻炼。因此，本书将中国健康体育课程模式的研究视角延伸至课外，探究中国健康体育课程模式对学生课内外体育参与度的影响。此外，借助 TCM 的变量序列，考察中国健康体育课程模式通过何种机制激发学生的体育学习行为，明晰变量间的因果关系，丰富中国健康体育课程模式的理论建设。

（二）实践意义

青少年体质健康水平的现状在一定程度上可以说明，当前的体育课堂教学未能充分激发学生学习兴趣，课堂上学习兴趣的不足导致学生在课内外不会主动参与体育锻炼。结合中国健康体育课程模式，本书推测该模式的结构特点能够有效激发学生的课堂动机，提升的课堂动机会在课外环境得到迁移，进而促进学生自主参与课外体育锻炼。通过本书所述研究启示教学实践，在课堂中实施中国健康体育课程模式能够显著提升学生的课内外体育参与度及身心健康水平。

》》 第三节 研究方法

一、文献资料法

著者通过以下方式查找有关中国健康体育课程模式、课外体育、TCM 的文献资料：

（1）华东师范大学图书馆书本资源；

（2）中国知网、Web of Science、SpringerLink Journals、EBSCO 等网络数据资源；

（3）通过网络平台购买部分书籍。

著者围绕本书研究主题，对搜集的资料进行了详细而深入的分析。

二、问卷调查法

本书所述研究针对课堂和课外两种环境，通过量表的填写获得实验数据，进而分析不同学生关于特定变量的差异及变量间的影响效应等。课堂环境的量表包括课堂需求支持感知量表、课堂动机量表、心理健康量表；课外环境的量表包括课外体育动机量表、计划行为理论（包含态度、主观规范、知觉行为控制、意图）量表、体育活动等级量表。

三、实验法

本书所述研究的实验对象涵盖 4 个学段，分别为五年级、初一、高一、大二学生，各学段教学实验持续 12 周。实验班的教学遵照中国健康体育课程模式的要求，遵循"行动研究"的做法，特别是在教学策略的设计和实施过程中，围绕"计划、行动、观察、反思、修正"的过程不断循环；对照班实施惯常教学（动作技术教学）。实验结束后，分析中国健康体育课程模式对学生课内外体育学习效果的影响，明晰不同变量间的关系，进而形成研究结论，提出研究建议。

四、数理统计法

为了提高测量数据的准确性，采用 Amos 22.0 软件对部分量表进行了验证性因子分析。采用 SPSS 22.0 软件中的重复测量方差分析比较相同学段学生不同时点的变量差异，采用单因素方差分析比较不同学段学生课外体育活动量的差异，采用独立样本 T 检验比较男、女生课外体育活动量的差异。为了探究中国健康体育课程模式对学生课内外体育学习效果的影响过程，首先采用 Mplus 7.4 软件得出 TCM 各潜变量的题目信度，进而推导出各个潜变量的组合信度、聚合效度，接着采用结构方程模型路径分析 TCM 各变量间的直接、间接关系。

五、研究路线

本书的研究路线如图 1-1 所示。

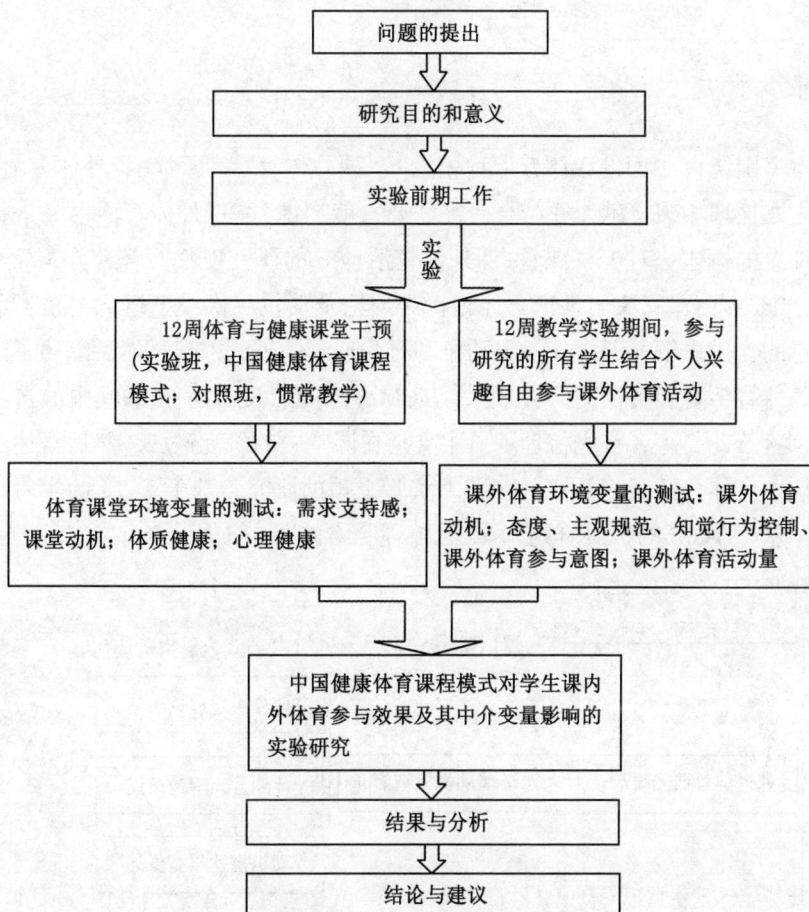

图 1-1 研究路线

第二章　文献综述

　　本书围绕"中国健康体育课程模式""课外体育""课堂-课外体育活动"三个主题梳理相关文献，并结合研究需要，就"课堂-课外体育活动"进行了较为细致的概述。对于"课堂-课外体育活动"的研究现状，著者首先综述了TCM。TCM由自我决定理论、计划行为理论及动机层次模型组成，是当前较为流行的、用来解释课内外学习动机和行为迁移的理论框架。然后综述了当前课内外体育活动相关性的研究成果。TCM的发起点是学生在课堂中的自主支持感，鉴于此，著者首先梳理了自主支持在课堂中的研究进展，然后概述了已有的课内外体育活动相关性研究（无实验干预的研究、基于TCM的实验干预研究、基于TCM的扩展研究）。文献梳理脉络如图2-1所示。

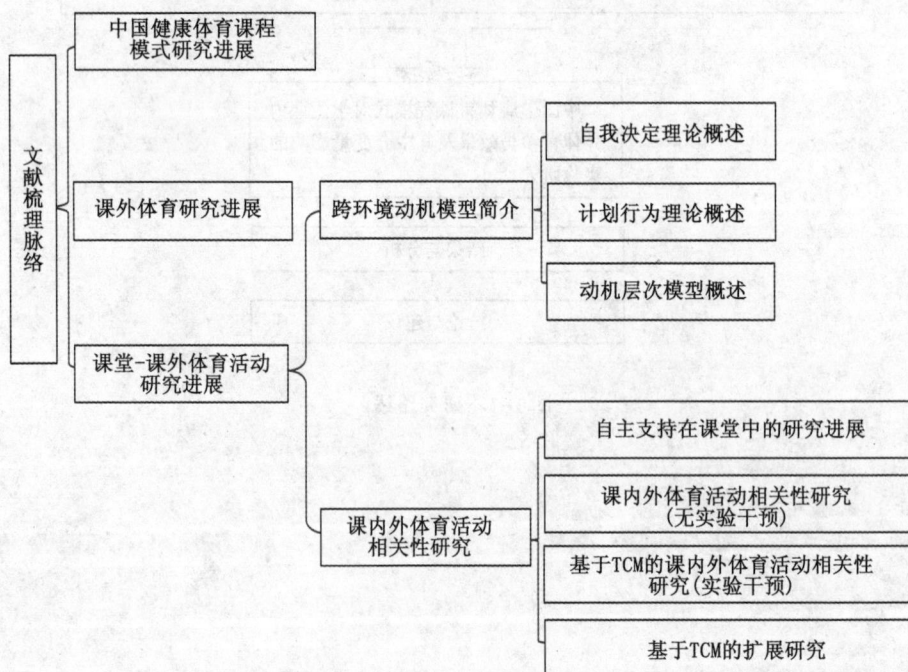

图 2-1　文献梳理脉络

≫ 第一节　中国健康体育课程模式研究进展

青少年"体质差、意志薄弱"的情况饱受社会各界诟病。面对如此结果，公众纷纷将矛头指向体育课堂。诚然，学生的身心健康状况受多方面因素的影响，如家庭教育、闲暇时间等，然而，学生很大一部分时间是在学校度过的，学生的体育活动参与也主要是在体育课堂中进行，因此，体育课堂的教学质量理应承担部分责任。在此背景下，季浏[①]密切关注课堂实际，分析原因所在，提出了我国第一个体育课程模式——中国健康体育课程模式。

中国健康体育课程模式有着明确的理论基础和清晰的内涵，其愿景是在课堂中贯彻实施该模式，尽体育与健康课堂所能，改善学生的身心健康水平。中国健康体育课程模式对课堂的运动负荷、运动技能及体能练习提出了明确要求。在运动负荷方面，要求每堂课学生的平均心率应当保持在 140~160 次/分，学生持续运动的时间应占一堂课总时间的 75% 左右。需要说明的是，并非要求每个学生的练习时间都达到课堂总时间的 75% 左右，而是教师因集合整队、集中讲解示范等原因，安排全班学生在静止状态下的时间尽可能不超过课堂总时间的 25%。在运动技能方面，无论是新授课还是复习课，都强调以活动和比赛为主，摒弃整堂课只围绕单个技术进行教学的惯性，每堂课技能教学的时间保持在 20 分钟左右。在体能练习方面，每堂课都设置专门的体能练习环节，同时注重练习情境的创设，全面发展学生体能，时间保持在 10 分钟左右。除此之外，中国健康体育课程模式对课堂教学的目标、内容、方式、氛围、评价五方面也提出了总体要求。在目标方面，学生的身心健康水平能有提高；在内容方面，一定要选择学生喜爱的内容；在教学方式方面，摒弃满堂灌、一言堂，应注重引导学生根据具体情境学会多种学习方法；在氛围方面，强调营造民主、和谐、互动、积极的课堂氛围；在评价方面，一定要同时注重过程性评价与结果性评价。

健康体育课程模式自 2015 年被正式提出以来，其结构特点在学校体育界引起了强烈反响。随着全国学校体育联盟（体育教育）大会陆续在重庆、大连、西安顺利召开，涵盖众多项目的展示课让全国各地体育教师眼前一亮。中

---

① 季浏.中国健康体育课程模式的思考与构建[J].北京体育大学学报,2015,38(9):72-80.

高强度、大密度、提倡结构化技能学习的体育课堂不但能够行得通，而且行得好。至此，广大体育教学工作者对该模式跃跃欲试，由一开始的将信将疑到后来的广泛认同，充分表明了该模式在体育课堂中的适用性。特别需要指出的是，中国健康体育课程模式由季浏教授提出，在我国多个省市 55 所基地校，10 多万名中小学生中进行了为期 3 年的纵向研究，实验研究结果表明，在课堂中实施中国健康体育课程模式，能够有效提升学生的身心健康水平。在正式实验之前，各实验基地学校的校领导、体育组组长及体育骨干教师应邀前往华东师范大学系统学习了中国健康体育课程模式研究方案和操作要领，确保各基地学校能够准确进行教学实验。此外，为了解决教师在实验过程中遇到的疑难杂症，自 2016 年起，该课题组先后 3 次在石家庄、扬州、新乡召开中国健康体育课程模式实验研讨会，从而保障教学实验的顺利进行。

中国健康体育课程模式为新生事物，目前国内以该模式为主题的研究不多。部分学者在理论层面对该模式进行了直接或间接的实证研究，结果表明了该模式关键要点的科学性和合理性。董翠香等[1]结合已有生理学知识及实践依据对中国健康体育课程模式的三个关键要点进行了系统论证，认为三个关键要点有理有据，能够提升学生的身心健康水平，并切实解决了学校体育长期存在的三大问题和体育课堂的三无现象。苏坚贞等[2]详尽梳理了我国"体育课密度"的发展演进历程，阐述了已有研究的积极性并罗列了其不足之处（体现在计算方法、评价标准及概念甄别方面），并针对中国健康体育课程模式的"运动密度"进行了细致的解析，认为新的"运动密度"批判地继承了国内已有的研究成果，同时具备了国际视野。蔡瑞金等[3]基于一定的运动强度（60%靶心率），探讨了不同运动密度对小学生体能的影响。研究结果表明，即便不同运动负荷组合对学生发展特定技能及维持特定体能具有独到的作用，但是综合来看，75%以上运动密度的负荷组合对小学生的体能发展最为有益。陈福亮[4]通过实验研究发现，20 分钟中等强度技能结合 10 分钟中等强度体能的练

① 董翠香,吕慧敏.中国健康体育课程模式关键要点确立的理论基础和实践依据[J].体育科学,2020,40(6):24-31.

② 苏坚贞,季浏.基于中国健康体育课程模式的"运动密度"概念探析[J].首都体育学院学报,2019,31(5):406-416.

③ 蔡瑞金,季浏,尹杰,等.运动密度对青少年运动能耗与体质健康的影响[J].上海体育学院学报,2019,43(1):93-102.

④ 陈福亮.体育课运动技能和体能组合练习对儿童青少年身心健康的影响[D].上海:华东师范大学,2018:20-23.

习可以有效改善中小学生的身体成分，提升学生心肺功能、速度、力量及柔韧素质。

长期以来，学校武术课的教学内容枯燥乏味，难以激发学生的学练动机。鉴于此，杨建营等①对普通高校太极拳选项课进行了探索性的改革实践。在历时七年的教学改革中，他们先后进行了三次积极的改革尝试，遵照中国健康体育课程模式的思想凝练了最终的武术课程设计，新课程设计有效提升了学生运动能力及武术素养。发展学生学科核心素养已是当前基础教育的首要目标，在此背景下，杨坚②基于中国健康体育课程模式，探析了中学武术教学的路径。在运动能力方面，他建议围绕经典套路及已有器械创设学生乐学的技术动作组合，并在课堂中组织有保护措施的实战对练，反复练习兼具攻防特点的技术动作组合，以发展学生体能；在健康行为方面，他建议通过武术活动蕴含"崇礼明德"的行为规范构筑学生的健康行为；在体育品德方面，他建议通过"自强不息"的武术文化引领学生体育品德的形成，将传统武术的文化精髓融入学生的性格中，从而积极影响他们的学习生活。江苏省高邮市城北中学依托中国健康体育课程模式探索并制定了"1+1+n"教学模式。第一个模块"1"是指课堂常规与准备活动；第二个模块"1"是指体能项目；第三个模块"n"是指个性发展项目，含三个阶段，即熟悉项目阶段、确定项目阶段、提高项目阶段。该模式紧紧抓住中国健康体育课程模式的核心思想，结合学校实际发展创新教学模式，这无疑是一种积极的尝试，并为发展学生个人体育特长及终身体育奠定了良好基础。③

中国健康体育课程模式是连接课程标准与课堂教学的桥梁④，很好地解决了长期以来教师面对课标"难以下手"的窘境。传统体育教学推崇"运动技术中心论"，导致多年来我国体育课堂运动负荷严重不足，正是长期秉持这样的观念，部分专家学者及信奉传统教学的一线教师对中国健康体育课程模式所主张的三个关键要点提出质疑。面对学术争鸣，季浏⑤及时予以回应澄清，为

---

① 杨建营,杨建英.基于中国健康体育课程模式的普通高校太极拳选项课改革实践探索[J].体育学刊,2020,27(6):111-117.

② 杨坚.学科核心素养下中学武术教育探析:以中国健康体育课程模式关键要点为中心[J].武术研究,2020,5(8):79-82.

③ 朱恩广,戎卫红.中国健康体育课程模式课堂教学实践性探究[J].青少年体育,2019(10):60-61.

④ 季浏.对中国健康体育课程模式理论和实践问题的再研究[J].北京体育大学学报,2019,42(6):12-22.

⑤ 季浏.对我国20年基础教育体育新课改若干认识问题的澄清与分析[J].上海体育学院学报,2020,44(1):21-30.

中国健康体育课程模式在实践中的顺利实施扫除障碍。中国健康体育课程模式紧密结合学生的身心发展特点，具备前沿的理念、科学的结构，一路走来，季浏及其研究团队付出的艰辛和取得的成果有目共睹。著者相信，中国健康体育课程模式能够持续发光发热，造福更多学生，同时期待涌现其他特点的体育课程模式，为一线教师的教学提供更多选择。

第二节　课外体育研究进展

以往的研究将"课外体育活动"界定为体育课堂外、学校范围内进行的体育活动，如大课间。事实上，课外体育活动应当是除体育课以外，发生在校内外的所有体育活动。国内外关于课外体育的研究层出不穷，本书从课外体育的益处、课外体育的制约因素、开展课外体育的对策与建议三方面来梳理相关文献，从而明晰课外体育的研究现状。

参与体育锻炼能给青少年带来益处已是众人皆知的事实。同时，绝大多数青少年非常认可体育锻炼对其自身的重要性。Bradley 等[1]研究发现，运动与非运动形式的课外活动，能够通过提升学生的非认知技能（社会类技能）进而提升学生的学业表现。Park 等[2]研究发现，韩国青少年的攻击性行为会随着年龄的增长而下降，这种变化在女孩群体中更加明显。在此过程中，参与课外体育活动对青少年攻击性行为变化能够起到积极的作用。Reverdito 等[3]以巴西中学生为调查对象，研究发现课外体育活动持续时间与积极运动体验成正比，而积极运动体验能够显著提升学生的自我效能。Mehmet[4] 研究发现，参加课余体育锻炼能够显著降低土耳其初中生对学校的疏离感，从而增加他们对学业的

① BRADLEY J L, CONWAY P F.A dual step transfer model：sport and non-sport extracurricular activities and the enhancement of academic achievement[J].British educational research journal,2016,42(4):703-728.

② PARK S,CHIU W,WON D.Effects of physical education,extracurricular sports activities,and leisure satisfaction on adolescent aggressive behavior：a latent growth modeling approach[J].PloS one,2017,12(4):1-13.

③ REVERDITO R S,CARVALHO H M,GALATTI L R,et al.Effects of youth participation in extra-curricular sport programs on perceived self-efficacy：a multilevel analysis[J].Perceptual and motor skills,2017,124(3):569-583.

④ MEHMET Y.The effects of extracurricular sport activities on the alienation of the students[J].Pamukkale journal of sport sciences,2017,8(3):24-33.

投入度。Aoyagi 等①认为基本综合能力是影响个人未来职业生涯的一个关键指标，而学校范围内的课余体育活动能够正向影响日本高中生的基本综合能力。颜军等②证实了校园课外体育锻炼的重要性，研究发现为期 12 周、每周 3 次、每次 30 分钟的中等强度篮球运动结合花样跳绳的练习，能够显著提升小学高年级学生的自尊、自信。

与体育课堂相比，我国青少年课外体育锻炼的质量和频数更是难以保障。在此背景下，学者梳理出影响青少年课外体育锻炼的种种因素。章建成等③认为我国青少年课外体育以地域性的小样本研究居多，全国性大规模的研究很少。通过对我国 6 个地区的青少年进行调查后发现，经济、政策、认知与方法、锻炼习惯、学业压力及其他外部条件是制约我国青少年课外体育参与的主要因素。杨守建④调查了我国 10 个省份青少年体育锻炼现状，且每个省份的样本都涵盖小、初、高、大学四个学段，研究发现学业压力、场地设施依然是学生参与体育锻炼的主要制约因素，与运动相关的 APP 的出现有效促进了大学生的体育锻炼行为。除此之外，虽然大学生的可支配时间多于中小学生，但其运动参与水平却不及后者。梁凤波等⑤认为，学生校内体育活动时间不足的原因有几点：应试教育的压力导致体育课开设不足；教师专业素养较差导致体育课质量堪忧；大课间活动的无力和低效；校园运动安全处理机制不力；体育教师的缺乏；等等。他们认为，只有精准解决上述阻力源，学生的体育活动量才能得到保障。Reverdito 等⑥研究发现，相比经济条件，家庭及其他社会关系的支持程度是影响巴西中学生课外体育参与的重要因素。

针对青少年课外体育锻炼的各种制约因素，学者提出了相应的对策。俞皓

---

① AOYAGI K，ISHII K，SHIBATA A，et al.Differences in career forming ability between practitioners and non-practitioners of school-based extracurricular sports activities[J].Journal of physical education and sport，2019，19(Suppl)：461-465.

② 颜军，李崎，张智锴，等.校园课外体育锻炼对小学高年级学生身体自尊和自信的影响[J].体育与科学，2019，40(2)：100-104.

③ 章建成，张绍礼，罗炯，等.中国青少年课外体育锻炼现状及影响因素研究报告[J].体育科学，2012，32(11)：3-18.

④ 杨守建."想说爱你不容易"：青少年体育运动参与的状况与问题：基于全国 10 省(市)的调查分析[J].中国青年研究，2020(7)：5-13.

⑤ 梁凤波，毛振明，程天佑，等.《"健康中国 2030"规划纲要》与学校体育改革施策(3)目标：确保学生校内每天体育活动时间不少于一小时[J].武汉体育学院学报，2018，52(7)：82-87.

⑥ REVERDITO R S，GALATTI L R，CARVALHO H M，et al.Developmental benefits of extracurricular sports participation among Brazilian youth[J].Perceptual and motor skills，2017，124(5)：946-960.

天等①对中美基础教育阶段学生参与课外体育活动的若干因素进行了比较，认为我国学校体育政策应注重课堂、课外协调发展，并切实做到落地实施；推动家庭、学校、社会合力促进学生的课外体育参与。赵霞等②认为我国传统课外体育活动仅仅依靠学校有限的资源，使得其在开展过程中出现了空间封闭及内容、组织部门单一的窘境，不利于学生身心的充分发展。结合国内外的成功经验，建议联合多部门进行服务供给和监督评价，倡导政府购买体育公共服务。夏贵霞等③也认为"政府购买青少年课外体育服务"对优化青少年课外体育环境及提升身心健康水平具有重要意义，并对该举措提出若干理论建议。陈曦等④认为课外体育作业是深化体育与健康课程改革，发展学生学科核心素养的重要路径。王一民⑤针对大学生课外体育锻炼不足的现状，提出以下解决对策：强化课外体育锻炼管理工作；就学生的课外体育锻炼增加对教师及学校的评价措施；采取学分制评价学生的课外体育锻炼水平。陈开梅等⑥研究发现，相比自主学习的课外体育锻炼方式，有教师指导的课外体育锻炼能够显著降低学生的自卑心理程度；倾向于集体锻炼项目的学生，其自卑心理程度显著低于倾向个体锻炼项目的学生。唐斌斌等⑦研究认为，参与课外体育锻炼显著引发了初中生的偏差行为，这揭示了体育活动参与过程中鲜为人知的一个负面结果。因此，建议在中小学生的课外体育锻炼过程中时刻强调公平公正、交流合作及规则等事项，以规避风险，引领学生在体育锻炼过程中健康发展。

针对青少年课外体育活动不足的现状，国外学者也提出了重要的建议。

① 俞皓天,汪晓赞.中美基础教育课外体育活动的比较研究[J].武汉体育学院学报,2019,53(4):71-74.

② 赵霞,王帅,韦佳.对我国传统课外体育活动的反思[J].体育学刊,2019,26(4):106-109.

③ 夏贵霞,马蕊,王华倬.政府购买青少年课外体育服务的地方实践与制度创新[J].北京体育大学学报,2016,39(2):84-91.

④ 陈曦,苏坚贞."交叠影响域"理论视域下课外体育作业的三重困境及其出路[J].体育学刊,2020,27(2):124-128.

⑤ 王一民.大学生课外体育锻炼习惯缺失原因与对策研究[J].武汉体育学院学报,2016,50(8):82-86.

⑥ 陈开梅,盛岗,董磊,等.大学生课外体育锻炼方式对自卑心理的干预研究[J].中国学校卫生,2016,37(3):358-360.

⑦ 唐斌斌,刘林平.课外体育运动与初中学生的偏差行为:基于 CEPS 数据的工具变量分析[J].体育与科学,2019,40(4):35-45.

Rodrigues 等①研究发现，父母积极参与体育锻炼能够正向影响 6—10 岁孩子的运动行为，同时男孩更容易受父亲的影响，女孩更容易受母亲的影响。Rainer 等②研究认为，威尔士的课余体育活动应该注重激发学生的兴趣；考虑如何与社区体育接轨，这样才能为学生的终身体育打好基础；建议课余体育活动在设计和实施过程中能够倾听学生的声音。Ilaria 等③建议通过领会教学法组织意大利中学生的校内课余体育活动，为学生的锻炼提供具体情境，帮助学生建立良好的课外体育锻炼习惯。

建成服务全民终身学习的现代教育体系，内容包括：普及有质量的学前教育，实现优质均衡的义务教育，全面普及高中阶段教育，显著提升职业教育服务能力，明显提升高等教育竞争力，同时使残疾儿童少年享有适合的教育，形成全社会共同参与的教育治理新格局。毋庸置疑，课堂教学是教育目标实现的主渠道，然而将希望仅仅寄托于课堂还不够，还需要创设条件促进学生的课外体育参与，使课堂、课外形成合力，从而实现教育目标。传统的课外体育研究，视角局限于校内，这就导致在时间和空间上对青少年体育活动的挖掘都很有限。因此，未来的课外体育研究应该兼顾校内外。从已有研究成果来看，学者从各个角度证实了课外体育参与的益处。学业压力、场地设施依然是青少年课外体育参与的主要制约因素。针对存在的阻力源，学者认为学校的体育政策应注重向课外体育倾斜；推动家庭、学校、社会三方联动，合力保障青少年课外体育参与；布置课外体育作业，课外体育锻炼采取学分制；提倡政府购买青少年课外体育服务；等等。相比调动社会力量等各种外在因素，著者认为，切实提高体育与健康课堂教学质量，有效激发学生的课堂学习动机是当务之急，因为只有内部动机的提升才会促使学生想方设法在课外满足自身的运动需求，也只有内源驱动力才是终身体育的充分条件。

① RODRIGUES D，PADEZ C，MACHADO-RODRIGUE A M. Active parents，active children：the importance of parental organized physical activity in children's extracurricular sport participation［J］.Journal of child health care，2018，22（1）：159-170.

② RAINER P，GRIFFITHS R，CROPLEY B，et al.Barriers to delivering extracurricular school sport and physical activity in wales：a qualitative study of 5×60 officers' views and perspectives［J］.Journal of physical activity and health，2015，12（2）：245-252.

③ ILARIA V，EMANUELA R.Elements and methods of organization，design and management of extracurricular sports activities［J］.Journal of physical education and sport，2019，19（Suppl）：1767-1772.

>》 第三节　课堂-课外体育活动研究进展

　　关于青少年体育活动主题，以往的研究几乎是二元对立的，即谈课堂不提课外，谈课外不顾课堂。体育与健康教学的目标之一是培养学生运动兴趣，促进学生积极参与课外体育锻炼。因此，兼顾体育课堂与课外体育的研究对学生身心发展具有深远意义。近年来，TCM 作为联结体育课堂与课外体育研究的桥梁得到广泛运用。本节围绕 TCM 及课内外体育活动相关性研究进行综述，以准确把握相关研究现状，为后续的撰写做好研究基础。

一、跨环境动机模型简介

　　应用社会心理学是一门理论丰富的学科，包含许多动机理论和模型，为行为提供了全面和明确的解释。然而这些理论中有许多重叠的组成部分和假设，如构念的定义和构念影响身体活动行为的机制。就像班杜拉提出的自我效能（一个在社会心理学领域非常重要的构念），是众多社会行为动机理论的关键组成部分。[①]

　　当前学生体育活动量不足已经是全球性的问题。为此，专家学者尝试采用各种心理模型来探究影响青少年参与体育活动的关键要素，并力图通过实践进行干预。近年来，国外较为广泛地运用多元整合的理论框架来验证相似教育环境下动机和行为的迁移过程，这个多元整合的理论框架就是跨环境动机模型（TCM）。[②] 该模型由澳大利亚科廷大学健康心理学和行为医学专业的 Hagger 教授提出，指明了动机由一种环境迁移到类似的另一种环境的整个过程，认为学生在课堂中的自主支持感、自主动机与课外相关活动的自主动机有关，并描绘出课外活动自主动机与基于信念的结构、参与活动的意图、实际参与行为之间的关系。值得注意的是，该模型自提出以来得到了广泛的推广和运用，适用

---

① HAGGER M S. The trans-contextual model of motivation：An integrated multi-theory model to explain the processes of motivational transfer across contexts[D].Jyväskylä：University of Jyväskylä,2014：41-44.

② HAGGER M S.CHATZISARANTIS N L D,CULVERHOUSE T,et al.The processes by which perceived autonomy support in physical education promotes leisure-time physical activity intentions and behavior：a trans-contextual model[J].Journal of educational psychology,2003,95（4）：784-795.

于多学科的教育和相似背景的课外活动研究。

在体育领域，TCM 的研究基础是体育教学中培养起来的自主动机会迁移到类似的课外体育环境中。相关研究认为，TCM 对学生在不同环境下参与体育活动的动机迁移具有很强的预测作用，特别是从体育课堂环境到基于选择的体育环境。Hagger 指出，采用 TCM 的众多研究表明，在体育课堂中培养学生的自主动机可能是提升学生课外体育参与动机及行为水平的重要途径。TCM 借鉴了三个理论，即自我决定理论、计划行为理论、动机层次模型，整合的框架为迁移过程提供了综合解释，如图 2-2 和图 2-3 所示。

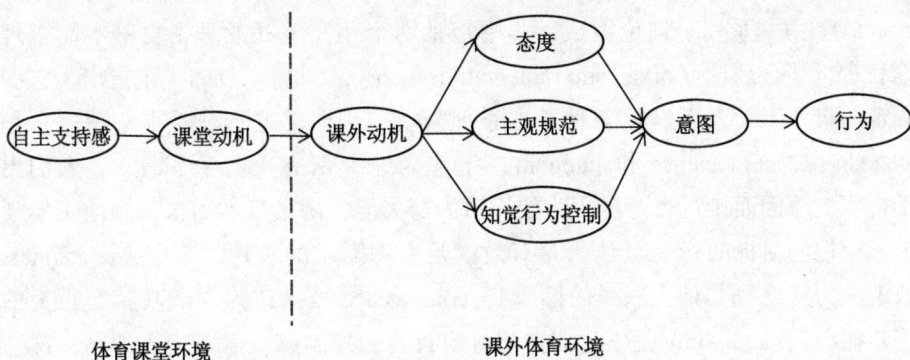

图 2-2 TCM 示意图

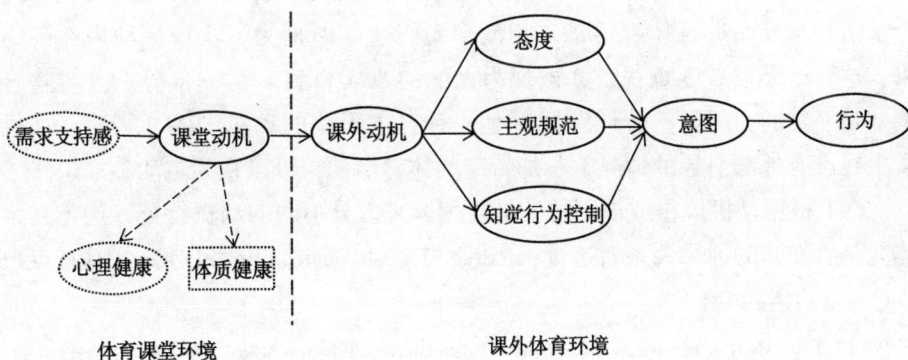

图 2-3 扩展的 TCM 示意图

（一）自我决定理论概述

自我决定理论（self-determination theory，SDT）于 19 世纪 80 年代由美国心理学家 Deci 提出，是人类自我决定行为的一种动机过程理论。[1] SDT 专注于内在心理需求满足所衍生的动机行为，根据动机取向的个体差异、动机的语境预测因素和人际感知来解释人类的动机和行为之间的关系。[2] SDT 的核心是自主和控制形式动机之间的区别，人们参与行为的动机形式（自主/控制）将决定他们从事未来行为的持久性。动机形式为 TCM 提供了起点，并引发课堂和课外类似环境中的行为。

SDT 由一系列子理论组成，其中包括两个相互关联的理论：基本需求理论和有机整合理论（organismic integration theory，OIT）。Deci 等[3]指出，自我决定动机源于个人有满足三种基本心理需求的倾向，这三种基本心理需求是 relatedness、competence 和 autonomy。这些需求是所有人的基本需求，人们出于自主的原因而接近行为，因为他们认为行为能够满足基本需求，倾向于实现个人重视的目标的行为被认为是有效满足心理需求的表现。其中，relatedness 被定义为"感到与他人联系的愿望"；competence 被描述为"成功执行行为的感知能力"；autonomy 是学生对参与特定行为的控制感。需要指出的是，这三种基本心理需求是互补的，也就是说，只有在三种心理需求同时得到支持的情况下，才能产生最佳效应。已有研究表明，与单独支持一种心理需求相比，为自主、能力、关系需求提供协同支持往往会引起更多的行为参与。基本心理需求的满足与自主形式的动机相关。人们可能不会像经典定义的内在动机那样，为了活动本身而进行体育活动。相反，人们这样做是为了实现一种内在的结果，这种结果被高度重视，并被视为人的"真实自我"的一部分。这与整合调节是一致的，因为整合调节同时是一种自主形式的动机。Deci 指出，如果学生在没有外部引导的情况下参加特定的体育活动，可以视为主动参加。

OIT 根据动机风格或规则的渐进连续体来区分不同的动机特征。这个连续体就是感知到的因果关系轨迹（perceived locus of causality，PLOC），其特点被

① DECI E L,RYAN R M.Intrinsic motivation and self-determination in human behavior[M].New York：Springer，1985：151-153.

② HAGGER M S,CHATZISARANTIS N L D,CULVERHOUSE T,et al.The processes by which perceived autonomy support in physical education promotes leisure-time physical activity intentions and behavior：a trans-contextual model[J].Journal of educational psychology,2003,95(4)：784-795.

③ DECI E L,RYAN R M.The "what" and "why" of goal pursuits：human needs and the self-determination of behavior[J].Psychological inquiry,2000,11(4)：227-268.

描述为两种相对自主的动机形式——内部动机（intrinsic motivation）和认同调节（identified regulation），以及两种相对控制的动机形式——外部动机（external motivation）和整合调节（introjected regulation）。[①] 内部动机是指参与行为源于自我动机，如参与行为旨在给自己带来乐趣和满足。认同调节是指参与行为的原因尽管不在于自身，但非常重要，因为它服务于一个内在的、与个人相关的目标。外部动机反映了外在动机的原型，是指参与体育行为来自外在的压力（如他人的期望），抑或是参与特定行为旨在获得奖励或者避免惩罚。整合调节是指参与体育行为是出于偶然的自我价值或避免诸如内疚和羞耻这样的负面结果，它介于规则的要求和个人对行为本身缺乏兴趣的矛盾。一项囊括了23个研究的元分析表明，PLOC能够有效影响体育活动意图和行为。

综上，干预行为满足三种基本心理需求的程度越高，个体将体验更多自主决定形式的动机，这些动机将带来更多积极的结果，如喜欢体育课及积极参与课外体育活动。因此，教师在体育课堂中为学生提供满足三种基本心理需求的教学环境尤为关键，倘若学生对体育活动的自主动机得到提升，他们就会长时间参与其中，并将得到长期锻炼带来的健康益处。

（二）计划行为理论概述

计划行为理论（theory of planned behaviour，TPB）既是一种社会认知模型，也是基于信念的态度理论，它关注对未来特定行为的结果估计和个人对结果评价的行为预测。[②] SDT为体育活动环境下存在的动机形式提供了解释，TPB的组成部分预测了这些动机如何转化为行为参与的过程。TPB的目的是解释特定意志行为的近端决定因素，它被广泛运用于与健康相关的行为研究中。在TPB中，意图被认为是行为的最接近前因，代表了人们愿意投资执行任何未来计划的努力程度。意图由三个主要因素构成，即态度（attitudes）、主观规范（subjective norms）和知觉行为控制（perceived behavioral control，PBC），它们调节了其他远端变量对意图和行为的作用。态度是一个人对目标行为积极或消极的评价，通常使用直接测量法或心理量表来获得。主观规范是其他人施加给自己的压力及他们遵从这些压力是否采取某项特定行为。知觉行为控制是对目标行为与控制有关的感知，即个体在有机会和障碍的条件下对参

---

① RYAN R M，CONNELL J P.Perceived locus of causality and internalization：Examining reasons for acting in two domains[J].Journal of personality and social psychology，1989，57（5）：749-761.

② AJZEN I.The theory of planned behavior，organizational behavior and human decision processes[J].Journal of leisure research，1991，50（2）：176-211.

与特定行为能力的综合评价。

在 TPB 中，意图被假定为解释了这些基于信念的社会认知结构对行为的影响。因此，意图是将这些构念转化为行为的必要条件。McEachan 等[1]在包括体育活动在内的各种意志行为的研究中支持了这些假设关系。在健康领域采用 TPB 的形成性研究证实了态度和知觉行为控制一致且明显地预测意图，并解释了大致相等比例的健康行为方差，而主观规范的作用明显较小。此外，过去的行为也被证实是理论构建的重要预测因素，并倾向于弱化社会认知结构与意图和行为的关系。这是因为，过去的行为通常代表过去的决策模式。然而，相关研究结果表明，即使在控制了过去的行为后，社会认知结构与意图和行为之间的关系仍然存在。[2] 这一证据表明，TPB 作为解释健康相关行为的理论方法具备一定的可行性。需要说明的是，TPB 在不同的行为领域的解释能力大不相同。McEachan 等[3]的元分析结果显示，TPB 在预测身体活动和饮食等促进健康的行为方面更有效，其解释方差分别为23.9%和21.2%。相反，损害健康行为和最小化风险相关行为往往不能很好地由理论中的变量进行预测。具体来说，风险检测、安全性行为和戒断药物行为的预测往往不那么准确，解释行为的方差在13.8%到15.3%之间。

虽然 TPB 在许多情境和群体中预测与健康相关的行为方面已经取得了相当的成功，但是它的理论和研究存在不足。首先，有研究者认为该理论没有解释意图和行为的所有变异。然而，这一弱点恰恰是它的优势。Ajzen[4] 指出，该理论应被视为一个灵活的框架，如果额外的变量对意图和行为有独特的影响，而且不受态度、主观规范及知觉行为控制等核心变量的调节，那么研究者就可将它们纳入计划行为理论，如道德准则[5]、自我认同及自我图式[6]等。除

---

① MCEACHAN R R C,CONNER M,TAYLOR N J,et al.Prospective prediction of health-related behaviours with the theory of planned behaviour:a meta-analysis[J].Health psychology review,2011,5(2):97-144.

② HAGGER M S,CHATZISARANTIS N L D,BIDDLE S J H.A meta-analytic review of the theories of reasoned action and planned behavior in physical activity:predictive validity and the contribution of additional variables [J].Journal of sport and exercise psychology,2002,24(1):3-32.

③ 同①。

④ AJZEI I.The theory of planned behavior,organizational behavior and human decision processes[J].Journal of leisure research,1991,50(2):176-211.

⑤ GODIN G,CONNER M,SHEERAN P.Bridging the intention-behaviour gap:the role of moral norm[J].British journal of social psychology,2005,44(4):497-512.

⑥ HAGGER M S,CHZATZISARANTIS N L D.Self-identity and the theory of planned behaviour:between-and within participants analyses[J].British journal of social psychology,2006,45(4):731-757.

此之外，意图的稳定性、态度的可及性和假设偏误①也进入研究者的研究范畴。种种迹象表明，与健康相关行为的前因变量相比，该理论的最初设想更为复杂，虽然部分修正相对缓和地增加了对该模型的预测，但将该理论分解为更加具体的构念似乎并不影响对意图和行为的综合预测。② 其次，有研究者认为，意图和行为之间的关系并非完美。比如，在高意向稳定性条件下，意图-行为鸿沟会加剧。此外，它们的测量范式存在不稳定性的问题；自我图式等众多个体差异因素的存在，也是影响二者关系的原因。根据 Cohen 关于效应大小的分类，意图和行为之间的关系在效果上仍然相对适度，远远达不到一个大的效应量。这意味着人们经常不会将自己的意图转化为实际行动。为此，研究者致力于发展相关策略来协调意图-行为关系，从而使个人能够将他们的"良好"意图转化为实际行动。③ 综上，虽然 TPB 因静态观点和操作化而受到批评，但它对理解健康相关行为做出了非常有益的贡献，并且以最简约的形式为干预措施提供信息，以促进个体的体育活动参与④，同时为更全面的健康行为理论和模型发展铺平了道路。

（三）动机层次模型概述

Vallerand 和 Ratelle⑤ 以 SDT 为基础，基于动机构念的相对概括性水平、它们的前因和对理论结果的影响，提出了动机层次模型（hierarchical model of motivation）。动机层次模型是一个综合的动机模型，能够描述不同生活阶段的一般动机和行为类型。该模型假定了一个连续的影响过程：社会因素→动机中

① AJZEN I, BROWN T C, CARVAJAL F.Explaining the discrepancy between intentions and actions：the case of hypothetical bias in contingent valuation[J].Personality and social psychology bulletin, 2004, 30(9):1108-1121.

② TRAFIMOW D.Problems with change in R^2 as applied to theory of reasoned action research[J].British Journal of social psychology, 2004, 43(4):515-530.

③ HAGGER M S, LUSZCZYNSKA A.Implementation intention and action pfenning interventions in health contexts：state of the research and proposals for the way forward[J].Applied psychology：health and well-being, 2014, 6(1):1-47.

④ DARKER C D, FRENCH D P, EVES F F, et al.An intervention to promote walking amongst the general population based on an"extended" theory of planned behaviour：a waiting list randomised controlled trial[J].Psychol health, 2010, 25(1):71-88.

⑤ VALLERAND R J, RATELLE C F.Intrinsic and extrinsic motivation：a hierarchical model[M].New York：University of Rochester Press, 2002:37-63.

介→动机→结果。① 其中，社会因素是指通过直接影响动机中介而间接影响动机的各种变量。Vallerand 认为，对于每个层次的动机水平，社会因素都被假定直接影响动机中介，而动机中介又被假定直接影响动机；动机中介正向影响个体的自我决定动机，这里的动机中介分别是自主性、胜任力和关联性这三种基本心理需求；动机又分为内在动机、外在动机和无动机；不同的中介会引发三种不同的结果，即情感、认知和行为。②

动机层次模型为解释特定类型身体活动的自我决定动机如何转移到相似环境提供了明确的理论基础。Vallerand 和 Ratelle 认为，动机通常被视为一种内心现象，以自上而下的方式从整体到情境层面发展。他们假设动机可以概念化为三个表现水平，即 global（普遍的）、contextual（特定情景的）和 specific（特定条件的）。具体说来，global 反映了自主动机的普遍倾向，并且预计会对多种情境中的行为参与产生影响，它类似于一种人格特质，主要由内在动机或外在动机驱动；contextual 反映了在特定情境下（教育情境或校外情境）参与各种行为的自主动机，同时包括特定情境下的若干特定行为；specific 是指一种动机状态，是特定行为在特定条件下的自主动机，它是高度具体的，不太可能在行为或情境之间转移。动机层次模型的一个关键方面是，每个层次的动机都会影响特定于该层次的认知、情感和行为结果。当两种情境动机的同质性发生时，心理调整和行为的整体水平将受到影响。③

由上可见，在 TCM 结构中，动机层次模型作为一个整合框架，在 SDT 和 TPB 之间起到了桥梁作用，将两个看似没有关系的理论结合起来，从而较好地解释了不同情境下动机的迁移及随之而来的影响结果。

(四) 研究述评

跨环境动机模型自提出以来博得世界各国学者的纷纷关注，尽管该模型的

---

① SHIN M，KWON S.Empirical links between instruction with teaching tools and the hierarchical model of intrinsic and extrinsic motivation in a Korean college tennis class[J].Perceptual and motor skills,2015,120(2):343-354.

② KOWAL J.Testing relationships from the hierarchical model of intrinsic and extrinsic motivation using flow as a motivational consequence[J].Research quarterly for exercise and sport,2000,71(2):171-181.

③ SHEN B.Outside-school physical activity participation and motivation in physical education[J].The British journal of educational psychology,2014,84(1):40-57.

设计初衷是预测教育环境和类似教育环境下动机的迁移及随之而来的一系列适应性结果，然而从已有研究发现，该模型在体育课堂与课外体育环境中的应用占绝大多数。除体育学科外，科学[①]、数学[②]等学科也在纷纷沿用该模型。此外，TCM 的应用范围还涉及运动损伤康复[③]、运动与反兴奋剂[④]等方面。鉴于我国青少年体育活动不足的现状，亟待探寻影响青少年体育参与的核心变量，以期进行针对性干预。在此背景下，TCM 作为先驱，检验了相似教育环境下学习动机及行为的迁移。目前来看，该模型在预测与健康相关行为方面表现良好，为促进青少年课外体育参与提供了理论依据。今后，该模型还需从其他环境入手（如家庭环境等），找寻影响学生课外体育参与的关键变量，从而进行有效干预。

二、课内外体育活动相关性研究

（一）自主支持在课堂中的研究进展

自主支持是当前动机和人格研究领域的热点，是影响个体积极心理的重要因素。自主支持并不代表不关心他人、放任行为人独立行事。学者对自主支持的内涵和外延进行了不同的阐释。Ryan 等[⑤]认为自主支持是促进心理需求、自主动机及适应性结果的核心因素。Reeve[⑥] 认为自主支持是个人通过言语、人

---

① HAGGER M S,HAMILTON K.Motivational predictors of students' participation in out-of-school learning activities and academic attainment in science:an application of the trans-contextual model using bayesian path analysis [J].Learning and individual differences,2018,67:232-244.

② HAGGER M S,SULTAN S,HARDCASTLE S J,et al.Applying the integrated trans-contextual model to mathematics activities in the classroom and homework behavior and attainment[J].Learning and individual differences,2016,45:1-35.

③ CHAN D K C,HAGGER M S.Transcontextual development of motivation in sport injury prevention among elite athletes[J].Journal of sport and exercise psychology,2012,34(5):661-682.

④ CHAN D K C,DIMMOCK J A,DONOVAN R J,et al.Self-determined motivation in sport predicts anti-doping motivation and intention:a perspective from the trans-contextual model[J].Journal of science and medicine in sport,2015,18(3):315-322.

⑤ RYAN R M,DECI E L.Self-determination theory and the facilitation of intrinsic motivation,social development,and well-being[J].American psychologist,2000,55(1):68-78.

⑥ REEVE J.Why teachers adopt a controlling motivating style toward students and how they can become more autonomy supportive[J].Educational psychologist,2009,44(3):159-175.

际情感和行为增强他人内部动机、意志、感知到的选择性及自我认同的过程。
Black 等①认为自主支持是处于权威地位的个人考虑他人的观点，承认他人的感受，为他人提供相关信息、有意义的知识及选择的机会，同时尽量减少实施压力和要求。表 2-1 列出了不同领域研究者对自主支持的界定②。

表 2-1　不同领域研究者对自主支持的界定

领域	界定
教育 （Reeve，2009）	自主支持是培养学生内在动机，为学生提供解释性理由，运用非控制性语言，表现出耐心，让学生有时间根据自我进度学习，承认和接受学生负面影响的表达
亲子 （Grolnick and Apostoleris，2002）	自主支持是重视孩子的自主性，鼓励孩子解决他们自己的问题，接受孩子的观点，尽量减少对孩子的施压和控制
教练 （Mageau and Vallerand，2003）	自主支持是指在特定规则和限制范围内为队员提供选择，为任务和限制提供理由，承认队员的感受和观点，鼓励队员主动采取独立练习，提供非控制性反馈，避免对队员实施控制行为，防止队员有较强的自我意识
组织机构 （Gagné and Deci，2005）	自主支持是采纳员工的观点，为员工提供更多选择，鼓励员工自我驱动
卫生保健 （Williams，et al，2006）	自主支持是承认患者观点，为患者提供选择，响应患者的主动性行为，为患者提供相关信息，最小化对患者的控制行为
心理治疗 （Ryanand Deci，2008）	自主支持是理解和确定患者的内在参考标准，尊重患者经验，通过明确价值观和目标促进患者选择，通过强调所有权、个人责任、意识的方法促进他人成长

① BLACK A E,DECI E L.The effects of instructors' autonomy support and students' autonomous motivation on learning organic chemistry:a self-determination theory perspective[J].Science education,2000,84(6):740-756.

② SU Y L,REEVE J.A meta-analysis of the effectiveness of intervention programs designed to support autonomy [J].Educational psychology review,2011,23(1):159-188.

自主支持在许多研究领域都体现出积极的功效。此外，关于自主支持培训的有效性已经在多个群体中得到证实，如职前教师及不同学段的教师群体①、父母②、教练③、企业管理者④、心理咨询师⑤等。然而事实证明，在教师群体中的培训效果要好于其他群体⑥，即教师在课堂中提供自主支持行为能够给学生带来积极的学习结果。

Shen 等⑦研究认为，每周 3 次、为期 4 个月的自主支持特色模块教学（密歇根示范体育课程的分支内容）能够显著提升美国中西部中学生的心理需求满意度、课堂动机水平及学业成绩。Ntoumanis⑧研究发现，教师提供的支持行为能够积极影响英国中学生的心理需求满意度，而心理需求满意度能够正向预测学生的课堂学习动机。Chang 等⑨以台北市六年级学生为调查对象，实验组学生允许根据单元教学内容自行决定教学项目的先后顺序，自行选择搭档，此外在每堂课中都有分组实践的环节；对照组学生没有这样的选择机会。每周 2 次、每次 40 分钟、持续 6 周的教学干预结束后，实验组学生的课堂自主支持感及课堂动机有显著提升。Edmunds 等⑩以英国中部女大学生为调查对象，实验组的教学匹配 SDT 理念，注重营造支持的学习环境；对照组实施常规教学。

① CHATZAISARANTIS N L D,HAGGER M S.Effects of an intervention based on self-determination theory on self-reported leisure-time physical activity participation[J].Psychology and health,2009,24(1):29-48.

② GROLNICK W S,GURLAND S T,DECOURCEY W,et al.Antecedents and consequences of mothers' autonomy support:an experimental investigation[J].Developmental psychology,2002,38(1):143-155.

③ SULLIVAN G S.The effects of a coaching education workshop on the self-regulated motivation of 6th grade male and female basketball players[J].Gastroenterology,2005,80(1):154-188.

④ HARDRÉ P L,REEVE J.Training corporate managers to adopt a autonomy-supportive motivating style toward employees:An intervention study[J].International journal of training and development,2009,13(3):165-184.

⑤ WILLIAMS G C,MCGREGOR H A,SHARP D,et al.Testing a self-determination theory intervention for motivating tobacco cessation:supporting autonomy and competence in a clinical trial[J].Health psychology,2006,25(1):91-101.

⑥ SU Y L,REEVE J.A meta-analysis of the effectiveness of intervention programs designed to support autonomy [J].Educational psychology review,2011,23(1):159-188.

⑦ SHEN B,MCCAUGHTRY N,MARTIN J,et al.Effects of teacher autonomy support and students' autonomous-motivation on learning in physical education[J].Research quarterly for exercise and sport,2009,80(1):44-53.

⑧ NTOUMANIS N.A prospective study of participation in optional school physical education using a self-determination theory framework[J].Journal of educational psychology,2005,97(3):444-453.

⑨ CHANG Y K,CHEN S,TU K W,et al.Effect of autonomy support on self-determined motivation in elementary physical education[J].Journal of sports science and medicine,2016,15(3):460-466.

⑩ EDMUNDS J,NTOUMANIS N,DUDA J L.Testing a self-determination theory-based teaching style intervention in the exercise domain[J].European journal of social psychology,2008,38(2):375-388.

研究发现，每周 1 次、持续 10 周的搏击操练习显著提升了实验组学生的交往水平和练习动机。

Sánchez-Oliva 等[1]以西班牙中学生为调查对象，组织实验组教师先后接受了 15 小时的培训（包括动机的形式、教师风格对学生需求满意度的影响、需求满意度对动机的影响等），随后通过视频讲解及角色扮演等形式为教师提供满足学生自主、能力、关系需求满意度的策略。10 次体育课干预结束后，实验组学生的体育课堂参与动机及参与意图得到有效提升。Fin 等[2]以巴西初中师生为调查对象，实验组教师在教学干预前接受了 40 小时的自主支持教学培训：表现出对教学的兴趣；耐心聆听学生；重视过程多于结果；尊重学生的学习兴趣、学习节奏等差异；出现冲突时管理好教师自身的情绪；等等。对照组教师采用惯常教学。一周 2 次、每次 40 分钟、共 50 课时的教学干预结束后，实验组学生体育课堂动机及学习满意度有显著提升。Cheon 等[3]以韩国首尔市19 名中学体育教师为调查样本，实验组教师应邀参加了课堂支持行为培训计划（该培训分 3 次进行，每次间隔 6 周，培训内容包括：呈现自主支持和控制型的教学场景，随后进行反思，小组讨论；强化第一阶段自主支持教学的演示，针对近期的自主支持教学交流及教学策略，提出顾虑和存在的障碍；通过小组讨论交流自主支持教学技巧，分享经验），而对照组教师不接受培训。一学期教学干预结束后，实验组学生的心理需求满意度、自主动机、课堂参与水平、学业成绩等均得到不同程度的提升。Tessier 等[4]对 3 名法国新入职中学体育教师进行了课堂支持行为培训（第一阶段只记录学生课堂行为。第二阶段邀请教师参加时长 4 小时的会议：首先讲解 SDT、学生的不同动机类型、教师的不同教学风格；其次讲解教学策略，如提供选择和主动权，提供最适合学生的尝试，提供适合学生发展的反馈，等等；最后分析个人前几节课的教学，规划

① SÁNCHEZ-OLIVA D, PULIDO-GONZÁLEZ J J, LEO F M, et al. Effects of an intervention with teachers in the physical education context: a self-determination theory approach[J]. PloS one, 2017, 12(12): 1-17.

② FIN G, MORENO-MURCIAL J A, JAIME L, et al. Interpersonal autonomy support style and its consequences in physical education classes[J]. PloS one, 2019, 14(5): 1-14.

③ CHEON S H, REEVE J, MOON I S. Experimentally based, longitudinally designed, teacher-focused intervention to help physical education teachers be more autonomy supportive toward their students[J]. Journal of sport and exercise psychology, 2012, 34(3): 365-396.

④ TESSIER D, SARRZAIN P, NTOUMANIS N. The effect of an intervention to improve newly qualified teachers' interpersonal style, students motivation and psychological need satisfaction in sport-based physical education [J]. Contemporary educational psychology, 2010, 35(4): 242-253.

如何采用更加支持的行为实施接下来的教学。第三阶段，研究者与教师每堂课后用20分钟左右的时间交流教师的教学风格，以便更好地激发学生。交流内容包括：尽可能减少直接命令，运用非控制性的言语，尽可能减少学生之间的比较，等等），8课时的教学单元结束后，学生的课堂需求满意度、自主动机、课堂参与行为均得到提高。

由上可见，通过对教师的自主支持行为进行培训，有效提升了学生的课堂学习效果。对于培训形式，多数研究给出大致相同的结构，即研究者通过PPT展示相关知识背景，并阐明自主支持教学策略，教师展示自主支持课堂教学、讨论自主支持教学的可行性、提出疑惑并解决问题等。对于培训的时机，有的研究选择在教学干预前集中培训，有的研究将培训分阶段安排在教学干预前及教学过程中。著者认为，在教学干预前对主要内容进行集中培训是毫无疑问的，然而教学干预过程中适时的讨论与交流是培训付诸实践的必要保证。Su等[1]研究认为，相比有着多年教学经验的教师，对缺乏教学经验或无教学经验的教师进行自主支持培训效果更好；同时使用电子媒体及培训手册的培训效果要好于单独使用其中一种的培训效果；基于策略的培训，效果好于基于教学内容的培训。综上所述，广大教育工作者在教学过程中应结合学生的身心特点，尽可能创设情境、实施策略为学生的学习提供支持，以满足学生的学习需求。

（二）课内外体育活动相关性研究（无实验干预）

教师在课堂中为学生提供支持行为，不仅能够提升学生课堂动机及其他课堂范围内的适应性效果，而且积极的学习动机会迁移至课外类似环境，促进学生课外类似活动的参与。Hagger等[2]认为，通过在体育教学中培养更多内化或自我决定形式的动机，学生在课外参与这种形式的体育活动的可能性就会增加。

---

① SU Y L，REEVE J.A meta-analysis of the effectiveness of intervention programs designed to support autonomy [J].Educational psychology review，2011，23（1）：159-188.

② HAGGER M S，CHATZISARANTIS N L D，CULVERHOUSE T.The processes by which perceived autonomy support in physical education promotes leisure-time physical activity intentions and behavior：a trans-contextual model[J].Journal of educational psychology，2003，95（4）：784-795.

课内外体育活动的相关性在很多研究中已经得到证实。王佃娥等①研究认为：大学生对体育课的学习满意度能够预测出其体育锻炼态度；影响大学生对体育课满意度的重要因素有课堂氛围、教学内容及教师的教学能力。孙开宏等②发现，体育教师营造自主支持的课堂氛围能够正向预测初中女生的内在动机和认同调节，后者又可以积极预测个人的课外体育参与意图。冯玉娟等③以大学生为研究对象，构建了身体活动行为的跨情境预测模型，经研究发现，学生在体育课上的自我效能、他人效能可以激发其课堂动机及积极的情绪体验，后者继而正向影响学生的课外体育动机和行为。在此过程中，自我效能发挥着更为关键的作用。Hagger等④首次提出TCM，较好地解释了课外体育参与的起源。此研究以高中生为调查对象，证实了学生在课堂中的自主支持感对课堂动机的重要作用及不同情境下动机的转移。经研究发现，态度及知觉行为控制完全介导了课外体育动机与课外体育参与意图之间的影响效应。研究还发现，学生的课堂自主支持感对课外体育参与行为有较小的直接效应。尹龙等⑤以中学生为调查对象证实了TCM的主要假设，认为体育教师在课堂中提供支持行为能够积极影响学生的课堂学习动机，课堂学习动机跨环境正向预测了课外体育动机，后者通过计划行为理论的认知变量对课外体育参与意图和行为产生间接影响。Barkoukis等⑥以希腊高中生为调查对象，检验了学生课堂基本心理需求满意度在TCM中的重要性。他们发现基本心理需求满意度不仅可以直接正向预测学生的课堂动机，还可以通过课堂动机的介导来正向预测学生的课外体育

① 王佃娥,毛坤,杜发强.大学生体育课学习满意度与体育锻炼态度关系的研究[J].南京体育学院学报（社会科学版）,2015,29(6):121-127.
② 孙开宏,季浏.体育课上自主支持感、行为调节与课外锻炼意向之间的关系[J].体育学刊,2010,25(2):64-68.
③ 冯玉娟,毛志雄.三重相关效能对大学生休闲时间身体活动行为的影响:跨情境模型的构建与检验[J].天津体育学院学报,2015,30(1):52-57.
④ HAGGER M S, CHATZISARANTIS N L D, CULVERHOUSE T.The processes by which perceived autonomy support in physical education promotes leisure-time physical activity intentions and behavior:a trans-contextual model[J].Journal of educational psychology,2003,95(4):784-795.
⑤ 尹龙,李芳,司虎克.体育课需求支持对青少年闲暇时间体力活动的影响:跨情境模型的构建与检验[J].体育与科学,2018,39(1):90-100.
⑥ BARKOUKIS V,HAGGER M S,LAMBROPOULOS G,et al.Extending the trans-contextual model in physical education and leisure-time contexts:examining the role of basic psychological need satisfaction[J].British journal of educational psychology,2010,80(4):647-670.

参与。Ntovolis 等①以希腊五、六年级学生为调查对象，验证了 TCM 各变量间的影响关系，这也是 TCM 第一次运用到小学生群体中。此研究结果基本支持已有研究所呈现的影响关系。此外，他们发现课外体育动机对课外体育参与意图的影响主要是通过知觉行为控制的介导来实现的。

事实表明，支持性的体育课堂环境不但能够正向影响学生的心理需求满意度及课堂动机，而且引发了课外体育环境的一系列适应性结果。尽管有学者运用其他方式检验体育课堂教学对学生课外体育参与的影响，但不可否认的是，TCM 在国外已经得到了较为广泛的运用并取得了良好的效果。

（三）基于 TCM 的课内外体育活动相关性研究（实验干预）

正是认识到自主支持行为对青少年发展的重要性，专家学者纷纷对教师的课堂自主支持行为进行不同程度的干预，以期最大限度满足学生在课堂中的基本心理需求，并运用 TCM 检验课内外体育学习的相关性。

González-Cutre 等②以西班牙小学高段学生为调查对象，基于 TCM 的假设，设计了促进学生体育参与的视频（通过鼓励代理人提供支持行为来促进学生或孩子的体育活动参与）。实验组针对干预视频在教室里组织了 3 次家长讨论会，每次时长 1 小时，讨论的主题有：久坐的坏处；锻炼的建议；鼓励健康生活方式；影响体育参与的因素；等等。之后，实验组学生每周进行 2 次 50 分钟的体育课（一次为常规性体育课，另一次为模仿干预视频的体育课），而对照组进行 2 次常规性体育课。5 周教学干预结束后，实验组学生感知到的来自体育教师、父母的自主支持显著提升，体育活动参与意图及行为显著提升。Chatzisarantis 等③以英国小学高段学生为调查对象，实验组教师采用自主支持风格的教学（实验组教师在教学干预前接受培训，内容包括提供积极反馈、承认学生在课堂中遇到的困难、表现出中立性的态度、提供给学生更多选择等），而对照组进行惯常教学。5 周教学干预结束后，实验组学生表现出更高的课外体

① NTOVOLIS Y,BARKOUKIS V,MICHELINAKIS E,et al.An application of the trans-contextual model of motivation in elementary school physical education[J].Physical educator,2015,72:123-141.

② GONZÁLEZ-CUTRE D, FERRIZ R, BELTRÁN-CARRILLO V. Promotion of autonomy for participation in physical activity:a study based on the trans-contextual model of motivation[J].Educational psychology,2014,34(3):367-384.

③ CHATZISARANTIS N L D,HAGGER M S.Effects of an intervention based on self-determination theory on self-reported leisure-time physical activity participation[J].Educational psychology,2009,24(1):29-48.

育参与意图及更多的行为，同时发现自主动机和意图介导了干预对课外体育参与行为的效应。

Polet 等[1]以芬兰初中师生为调查对象，在教学干预前对实验组教师进行了持续 2 周、共 12 小时的培训。该培训围绕自主支持教学策略进行，即考虑学生的观点，使用非控制性言语，表现出耐心，提供选择，理解学生消极性的情绪，等等。而对照组教师接受了 4 小时的培训，只是监控学生的身体活动能力。教学干预进行了 1 个月，结果显示，在干预结束后 1 个月、3 个月、6 个月，实验组学生的课外体育参与水平都好于对照组学生。该研究同时体现了实验干预的有效性和稳定性。Yli-Piipari 等[2]基于 TCM，以美国中南部初中师生为调查对象，检验了自主支持的体育课堂对学生课内外的影响。在该研究中，实验组教师接受了两个阶段的培训：第一阶段在教学干预 1 周前进行，为期 3 小时，培训内容为利用 PPT 阐述自主支持教学的理论基础，教师以个人或搭档的形式尝试进行自主支持教学，最后讨论存在的问题；第二阶段在教学干预 3 周后进行，为期 3 小时，旨在讨论几周来取得的成功经验及顾虑所在，为教师阐明自主支持教学要点，并在体育馆指导教师进行教学。而对照组在教学干预前只是进行了课程评价的交流讨论。8 周教学干预结束后，实验组学生的课内外体育动机及课外体育行为都得到了提升，这很好地验证了 TCM 的核心假设。

Müftüler 等[3]以土耳其大学生为调查对象，令实验组教师在教学干预前接受自主支持培训，在教学干预期间每周再进行一次讨论；对照组教师按照惯常教学。实验研究结果表明，为期 12 周，每周 2 次，每次 90 分钟的自主支持体育课堂教学显著改善了学生的课堂需求支持感、课外体育动机及课外体育行为。为了检验实验保真度，该研究对实验组部分学生进行了访谈，访谈结果也验证了 TCM 的有效性。然而，研究发现，自主支持课堂教学未能有效提升学

① POLET J,HASSANDRA M,LINTUNEN T,et al. Using physical education to promote out-of school physical activity in lower secondary school students-a randomized controlled trial protocol[J]. BMC public health,2019, 19(1):157.

② YLI-PIIPARI S,LAYNE T,HINSON J,et al. Motivational pathways to leisure-time physical activity participation in urban physical education: a cluster-randomized trial[J]. Journal of teaching in physical education, 2018,37(2):123-132.

③ MÜFTÜLER M,INCE M L. Use of trans-contextual model-based physical activity course in developing leisure-time physical activity behavior of university students[J]. Percept moter skills,2015,121(1):31-55.

生的课堂动机。Abula 等[①]首次在中国对 TCM 进行了检验。该研究以北京市大学师生为调查对象，在 3 个月的教学干预期间，实验组教师先后 3 次接受了相关培训（第一阶段通过 PPT 呈现动机形式、自主支持教学策略及案例等相关知识，观看 Deci 的自主动机演讲视频，组织教师进行自主支持教学可行性讨论；第二阶段通过 PPT 强化了第一阶段的内容，教师展示近几周教学计划，分享教学经验；第三阶段就如何更好地实施自主支持教学进行了群体讨论），此外，研究者就自主支持教学经验及技巧，每周与教师沟通 1 次。而对照组教师按照惯常教学。教学干预结束后，实验组学生的课外体育动机显著高于对照组学生。

由上可见，研究者基于 TCM 对不同学段教师的课堂自主支持行为进行针对性培训，教学干预一段时间后，学生的课堂自主支持感、体育参与动机均有显著提升，学生的课外体育行为也有一定的增加。整体来看，多数研究都一致支持 TCM 的主要假设：学生在课堂中的自主支持感正向预测课堂动机；课堂动机能够跨环境正向预测课外体育动机；课外体育动机通过态度、知觉行为控制的介导正向预测课外体育参与意图；课外体育参与意图能够正向预测课外体育参与行为。

（四）基于 TCM 的扩展研究

TCM 并不是一劳永逸的，更何况用来预测身体活动行为，因为身体活动行为本来就是一个受多方面因素影响的变量。为此，学者在研究过程中对 TCM 不断进行扩展修订，试图努力构建更加完备的模型，达到精准预测课外体育行为的目的。

Hagger 等[②]扩展了 TCM，在课外环境中加入父母和同伴的支持两个前因变量，并以英国、爱沙尼亚、匈牙利、芬兰的高中生为调查对象检验扩展后的模型。研究发现，来自父母和同伴的支持对学生课外体育动机影响较小且不一致，但是它们对社会认知变量有较强的影响。这是一个新的发现，即除教师

① ABULA K，BECKMANN J，HE Z K，et al.Autonomy support in physical education promotes autonomous moti-vation towards leisure-time physical activity：evidence from a sample of Chinese college students［J］.Health promotion international，2020，35（1）：e1-e10.
② HAGGER M S，CHATZISARANTIS N L D，HEIN V，et al.Teacher，peer and parent autonomy support in physical education and leisure-time physical activity：a trans-contextual model of motivation in four nations［J］.Psychology and health，2009，24（6）：689-711.

外，其他人的支持行为同样可以影响学生的课外体育动机及社会认知变量，而这种影响的原因在于满足了学生身体活动过程中的关系需求。Barkoukis 等[1]以希腊高中生为调查对象，在 TCM 基础上，结合成就目标理论检验了体育课堂的氛围感知（在课堂环境中加入感知的学习氛围和感知的表现氛围两个变量）对体育课及课外体育动机的影响。研究结果表明，感知的学习氛围是体育课堂动机及课外体育动机的最强预测因子，且介导了自主支持感对课堂动机的作用。感知的表现氛围对动机没有显著影响。此外，作者也证实了 TCM 的主要假设。Pihu 等[2]以爱沙尼亚中学生为调查样本，检验了修正版的 TCM。新模型在课堂环境中添加了学习策略运用及感知到的积极反馈，并将这两个变量作为具体化了的自主支持行为。研究结果表明，学习策略运用及感知到的积极反馈能够显著预测学生课堂动机，且课堂动机完全介导了学习策略的运用和感知到的积极反馈对课外体育动机的效应。此外，学生感知到的积极反馈能够直接、间接预测其课外体育行为，而学习策略的运用通过动机序列的介导能够正向预测学生的课外体育参与意图。González-Cutre 等[3]在西班牙青少年群体中证实了 TCM 的适用性，并在 TCM 课外环境中增加了来自父母和同伴的支持。研究结果表明，来自父母和同伴的支持在不同程度上正向影响了学生闲暇时间参与体育活动的需求满意度，其中关系需求虽然不能显著预测课外体育动机，但是能够显著正向预测课外体育行为。因此，他们建议在课外体育参与过程中要注重营造和谐的亲子关系及同伴关系。

　　TCM 是一个灵活的框架，任何对身体活动行为有影响且能够独立于已有因素的变量均可纳入其中。现有的扩展版 TCM，既有在课堂环境中添加的额外变量（如将教师的自主支持细化为具体变量），也有在课外环境中添加的变量（如增加来自父母和同伴的自主支持），还有探索其他影响学生课外体育参与的前因变量等，这无疑都是一种积极的尝试。然而，修正的 TCM 必须在实

① BARKOUKIS V,HAGGER M S.The trans-contextual model:perceived learning and performance motivational climates as analogues of perceived autonomy support[J].European journal of psychology of education,2013,28 (2):353-372.

② PIHU M,HEIN V,KOKA A,et al.How students' perceptions of teachers' autonomy-supportive behaviours affect physical activity behaviour:an application of the trans-contextual model[J].European journal of sport science,2008,8(4):193-204.

③ GONZÁLEZ-CUTRE D,SICILIA Á,BEAS-JIMÉNEZ M,et al.Broadening the trans-contextual model of motivation:a study with Spanish adolescents[J].Scandinavian journal of medicine and science in sports,2014,24 (4):e306-e319.

践中经过大量的检验才能证明其效能。

（五）研究述评

对于课内外体育活动相关性的研究，有学者结合 TCM 进行了跨文化检验。Hagger 等①以 4 个国家的高中生为调查对象，旨在验证 TCM 的跨文化不变性。调查结果表明，虽然 4 个群体在特定路径上表现出一定的差异性，但是他们一致支持 TCM 的主要假设，如课堂动机能够跨环境正向预测课外体育动机。也有学者考察了不同教学内容对学生课外体育参与的影响。Mavropoulou 等②将希腊五、六年级学生随机分为 3 组，分别接受不同的教学内容（多种形式的舞蹈、希腊传统舞蹈、国家课程规定的游戏）。在每周 2 次、持续 6 周的教学干预结束后，接受多种形式舞蹈的学生表现出更高水平的课堂动机及课外体育参与意图。Shen③独树一帜，逆向研究了课外体育锻炼对美国中西部九年级学生体育课堂表现的影响。研究结果表明，积极参与课外体育锻炼的学生表现出了更高的课堂动机。他还研究和考察了运动教育模式（sport education，SE）对学生课外体育参与的影响。Wallhead 等④基于 TCM，发现 12 周 SE 课堂教学能够引起 9—14 岁学生学习动机的适度增强，同时显著提升了学生课外体育参与意图和行为。Knowles 等⑤研究发现，10 周 SE 课堂教学有效满足了六年级学生的基本心理需求，并特别促进了男生的课外体育参与。

首先，要满足学生在课堂中的基本心理需求，就需要教师提供支持型的教学，具体包括自主支持、结构支持、人际支持，也只有同时具备以上 3 个支持

① HAGGER M，CHATZISARANTIS N L D，BARKOUKIS N，et al.Perceived autonomy support in physical education and leisure-time physical activity：a cross-cultural evaluation of the trans-contextual model[J].Journal of educational psychology，2005，97(3)：376-390.

② MAVROPOULOU A，BARKOUKIS V，DOUKA S，et al.The role of autonomy supportive activities on students' motivation and beliefs toward out-of-school activities[J].Journal of educational rsearch，2019，112(2)：223-233.

③ SHEN B.Outside-school physical activity participation and motivation in physical education[J].The British journal of educational psychology，2014，84(1)：40-57.

④ WALLHEAD T，HAGGER M S，SMITH T.Sport education and extracurricular sport participation：an examination using the trans-contextual model of motivation[J].Research quarterly for exercise and sport，2010，81(4)：442-455.

⑤ KNOWLES A，WALLHEAD T L，READDY T.Exploring the synergy between sport education and in-school sport participation[J].Journal of teaching in physical education，2018，37(2)：113-122.

性条件才能最大限度地优化课堂教学效果。[①] 然而，绝大多数已有研究仅从自主支持维度入手。鉴于此，本书沿用尹龙等[②]的学术观点，将 TCM 的自变量"自主支持感"修改为涵盖支持型教学 3 个维度的"需求支持感"，如图 2-3 所示。其次，有学者对 TCM 的部分关键假设提出质疑。Viciana 等[③]发现西班牙高中生较高的体育动机不能引发较高的课外体育活动量。此外，意图-行为效应非常小，作者推测是因为采用了加速度计客观测量体育活动量而非自我报告（已有研究多采用自我报告的方式，其结果表现为意图-行为效应较高）。对于 TCM 的外围假设，学者的研究结果也不尽相同。比如，课外体育动机对课外体育参与意图的间接效应，有的研究认为态度的中介作用较强，而有的研究认为 PBC 的中介作用较强；有的研究认为学生的自主支持感对课外体育行为有直接效应，而有的研究认为它们之间只存在间接效应。再次，当前关于课内外体育活动相关性的研究以小样本为主，很明显，要从长远的推广角度来看，这样的研究借鉴能力有限。最后，目前关于课内外体育活动相关性的研究，只有极少部分呈现出后续的随访调研。缺乏随访调研会让读者或者实践者认为此类研究只是为实验而进行的，难以预见实验干预的长期效应。因此，未来的研究应注重这一点，从而凸显实验干预的稳定性及持久性。

》》 第四节　小结

　　本章围绕"中国健康体育课程模式""课外体育""课堂-课外体育活动"3 个主题梳理相关文献。通过对第 1 个主题的资料查阅得知，目前中国健康体育课程模式的相关研究尚未涉足课外领域。通过对第 2 个主题的资料查阅得知，当前我国课外体育的相关研究很少结合体育与健康课堂，即课堂与课外体育活动的研究基本呈现脱节状态。通过对第 3 个主题的资料查阅得知，当前国

---

① REEVE J，JANG H，CARRELL D，et al.Enhancing students'engagement by increasing teachers'autonomy support[J].Motivation and emotion，2004，28(2):147-169.

② 尹龙，李芳，司虎克.体育课需求支持对青少年闲暇时间体力活动的影响:跨情境模型的构建与检验[J].体育与科学，2018，39(1):90-100.

③ VICIANA J，MAYORGA-VEGA D，MARTÍNEZ-BAENA A，et al.Effect of self-determined motivation in physical education on objectively measured habitual physical activity:a trans-contextual model[J].Kinesiology，2019，51(1):141-146.

外学者较为广泛地运用 TCM 来检验课内外体育活动的相关性。

中国健康体育课程模式简明扼要地提出课堂教学的关键点，著者推测，如此转变势必会激发学生课堂动机，进而提升学生的身心健康水平。此外，课堂中提升的动机水平会迁移至课外体育环境，从而提升学生的课外体育参与水平。倘若这种假设得到证实，相比促进学生课外体育参与的各种外在性对策建议，在课堂中实施中国健康体育课程模式显然更加持久和有效。正是出于这样的考虑，著者尝试探究中国健康体育课程模式对学生课内外体育参与效果的影响，并运用 TCM 明晰影响过程的发生机制，为教学实践提供指引。

关于本书所述研究，需要说明以下 4 个方面。首先，由 TCM 示意图（图 2-2）可以看出，模型的自变量是课堂中学生的需求支持感，采用 TCM 检验中国健康体育课程模式对学生课内外体育参与的影响，出于以下设想：中国健康体育课程模式的结构特点及实施要求（如教学内容、教学方式、课堂氛围等）能够使学生的需求支持感发生积极变化。其次，本书在借鉴 TCM 的基础上进行了发展，如前所述，将自变量"自主支持感"修改为"需求支持感"，旨在最大化教师的支持效应。此外，在课堂环境中添加了两个变量（体质健康、心理健康），目的是检验实验干预能否使学生的课堂学习效果发生变化，如图 2-3 所示。再次，TCM 的最终因变量是课外体育行为，与国外已有研究一致，本书采用课外体育活动量来评价学生的课外体育行为。最后，本书提到的"课外体育"是指除体育与健康课堂外，学生在校内外参与的各种体育活动。

第三章　研究工具修订

　　著者在梳理文献的过程中发现，TCM 中各变量的测试都有现成量表支撑，然而现成量表在编制过程中都选用了特定的研究对象。著者要将 4 张已有量表（体育课需求支持感知量表、体育课堂动机量表、课外体育动机量表、计划行为理论量表）运用于不同学段的学生中，考虑到不同学段的学生对特定条目的理解能力有所差别，因此就量表的内容效度咨询了华东师范大学、苏州大学、南京师范大学、山西师范大学等高校相关领域的部分专家。随后遵从专家的建议，著者就某些条目保持其原意不变，只修改为适合特定学生群体理解的语句。由于 4 张待修订的量表都经过严格的编制程序及信效度检验，因此本次量表修订没有进行探索性因子分析，而是采用验证性因子分析考察其结构效度，随后就修订后的量表进行信效度检验，以提升实验研究过程中测量数据的准确性。

≫ 第一节　研究对象

　　本次量表修订，研究对象为山西省吕梁市的大学生和小学生。先后累计抽取五年级学生 930 名、大二学生 970 名，与班主任老师协商后，问卷调查在自习时间进行。在五年级学生群体中发放问卷 930 份，其中无效问卷 87 份（无效问卷评判标准：未作答题项累计超过 5 项，明显能看出随意填答的问卷）、有效问卷 843 份，有效问卷比例约 91%；在大二学生群体中发放问卷 970 份，其中无效问卷 106 份、有效问卷 864 份，有效问卷比例约 89%。

➢➢ 第二节　体育课需求支持感知量表检验

　　体育课需求支持感知量表由我国学者尹龙[1]编制而成，涵盖自主支持、能力支持、关系支持3个方面的测评。尹龙结合卫生保健气候问卷（health care climate questionnaire，HCCQ），将测评学生自主支持的问卷修改为体育课自主支持问卷，含6个条目；采用Standage编制的问卷来测评学生的能力支持和关系支持，其中能力支持测评涵盖4个条目，关系支持测评涵盖5个条目。通过严格的量表编制程序，尹龙将这3个维度整合为体育课堂需求支持感知量表，新的量表采用Likert 7级计分，根据对条目的认可程度由低到高依次计1~7分。

　　尹龙针对中学生群体编制了体育课需求支持感知量表，根据需要，本书将该量表运用于五年级学生群体。验证性因子分析[2]显示，自主支持维度第13条目"体育老师课堂教学中会认真倾听我们打算怎么做"因子载荷偏低[3]，仅为0.36，故删除此条目，剩余14条目。修正后的模型拟合指标为：$\chi^2/df=3.750$，$RMSEA=0.066$，$CFI=0.880$，$NFI=0.919$，$IFI=0.951$，$GFI=0.920$。上述指标均达到可接受的拟合标准[4]，表明该量表具备较好的结构效度，如图3-1所示。该量表的内在信度采用Cronbach's α指标进行评价，该系数达到0.7及以上，表明量表的内部一致性良好，其中自主支持为0.77、能力支持为0.79、关系支持为0.84。该量表的外在信度采用重测法进行评价，随机选取343名五年级学生，让他们先后两次填写修订后的量表，间隔时间为2周，修订后的量表重测信度分别为自主支持0.78、能力支持0.80、关系支持0.74。

　　根据研究需要，将体育课需求支持感知量表在大二学生群体中进行信效度检验。验证性因子分析显示，关系支持维度第3条目"体育老师支持我们"、自主支持维度第15条目"体育老师提出一种解决问题的新方法之前，会尽力

① 尹龙.青少年体力活动行为预测与干预研究：基于自我决定理论和计划行为理论的跨情境视角[D].上海：上海体育学院，2018：22-24.

② DOLL W J，XIA W，TORKZDEH G.A confirmatory factor analysis of the end-user computing satisfaction instrument[J].MIS quarterly,1994,18(4):453-461.

③ RINDSKOPF D.Structural equation models:empirical identification,heywood cases,and related problems[J].Sociolgical methods and research,1984,13(1):109-119.

④ JACKSON D L,GILLASPY JR J A,PURC-STEPHENSON R.Reporting practices in confirmatory factor analysis:an overview and some recommendations[J].Psychological methods,2009,14(1):6-23.

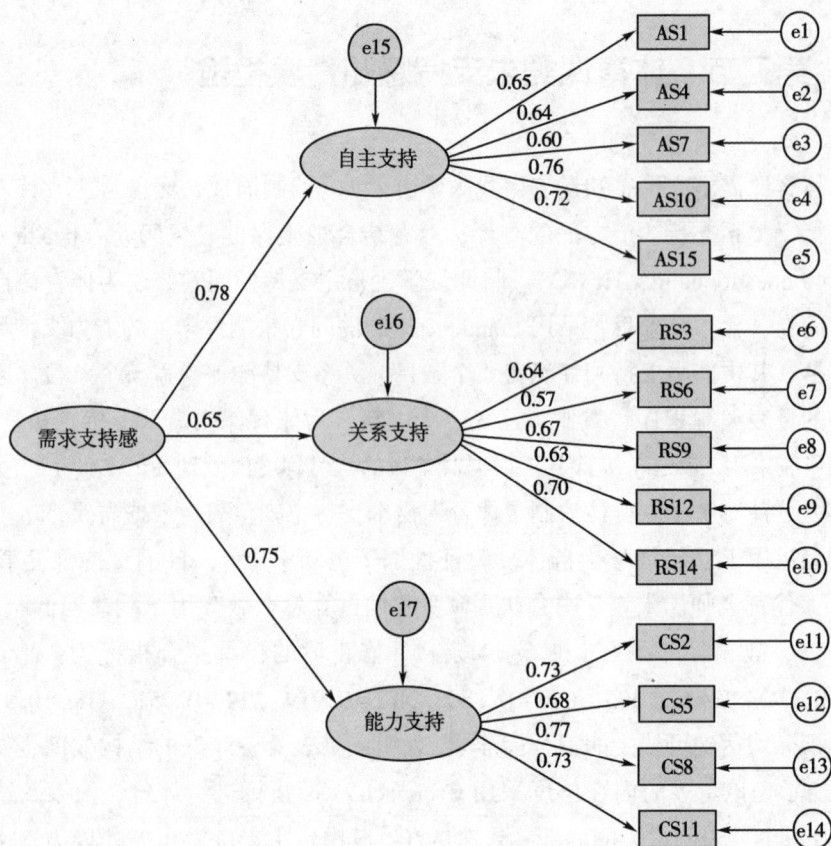

图 3-1　五年级学生体育课需求支持感知量表验证性因子分析

了解我们的想法"因子载荷偏低，分别为 0.28，0.42，故删除这两个条目，剩余 13 条目。修正后的模型拟合指标为：$\chi^2/df=2.932$，RMSEA $=0.077$，CFI $=0.957$，NFI $=0.929$，IFI $=0.945$，GFI $=0.934$。上述指标表明该量表结构效度良好，如图 3-2 所示。该量表的内在信度采用 Cronbach's α 指标进行评价，其中自主支持为 0.71、能力支持为 0.76、关系支持为 0.75。该量表的外在信度采用重测法进行评价，随机选取 247 名大二学生，让他们先后两次填写修订后的量表，间隔时间为 2 周，修订后的量表重测信度分别为自主支持 0.71、能力支持 0.77、关系支持 0.72。

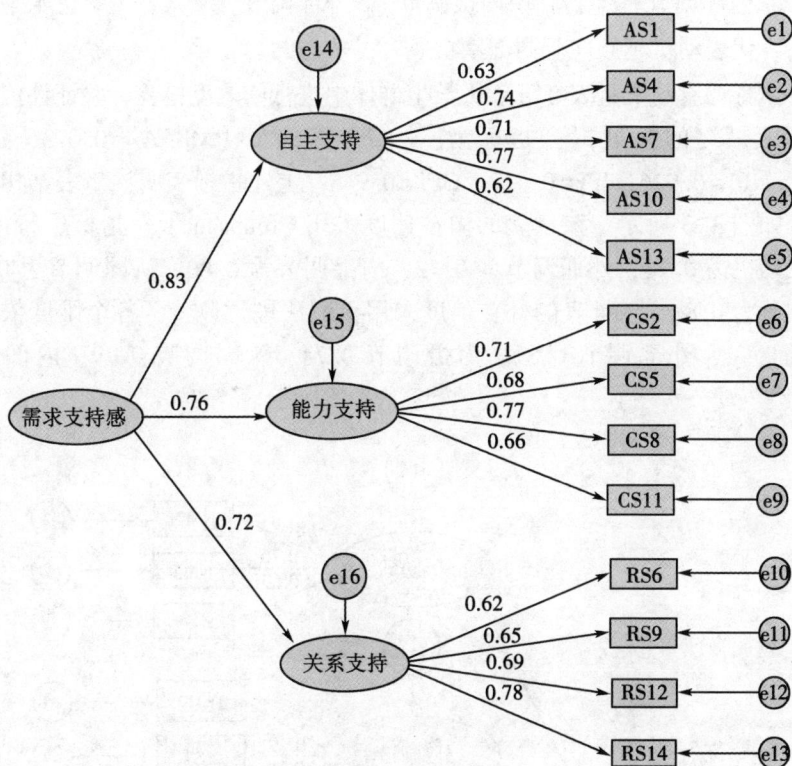

图 3-2 大二学生体育课需求支持感知量表验证性因子分析

》》 第三节 体育课堂动机量表检验

本节采用香港浸会大学钟伯光等[1]翻译并修订的原因知觉量表来测量学生体育课堂动机。体育课堂动机量表以中学生为研究对象，涵盖 5 个维度，分别是无动机、外部调节、内摄调节、认同调节、内部调节，每个维度又包含 3 个条目；采用 Likert 7 级计分，根据对条目的同意程度由低到高依次计 1~7 分。本研究借鉴 Vallerand 和 Standage 等[2]的做法，运用以下公式计算个人自主动机

---

[1] 钟伯光,刘靖东,张春青.原因知觉量表在香港中学生人群中的检验[J].中国运动医学杂志,2014,33 (7):713-720.

[2] STANDAGE M,DUDA J L,NTOUMANIS N.A test of self-determination theory in school physical education [J].British journal of educational psychology,2005,75(3):411-433.

水平：2×内部调节+认同调节−内摄调节−2×外部调节。个人自主动机水平的分数越高，代表动机越倾向于内部动机。

将体育课堂动机量表在五年级学生群体中进行信效度检验。验证性因子分析显示，最终的模型拟合指标为：$\chi^2/df = 2.817$，RMSEA = 0.073，CFI = 0.922，NFI = 0.926，IFI = 0.917，GFI = 0.948。上述指标表明该量表结构效度良好，如图3-3所示。该量表的内在信度采用 Cronbach's α 指标进行评价，其中无动机为0.78、外部调节为0.72、内摄调节为0.80、认同调节为0.75、内部调节为0.83。该量表的外在信度采用重测法进行评价，各个维度依次为无动机0.74、外部调节0.81、内摄调节0.74、认同调节0.79、内部调节0.85。

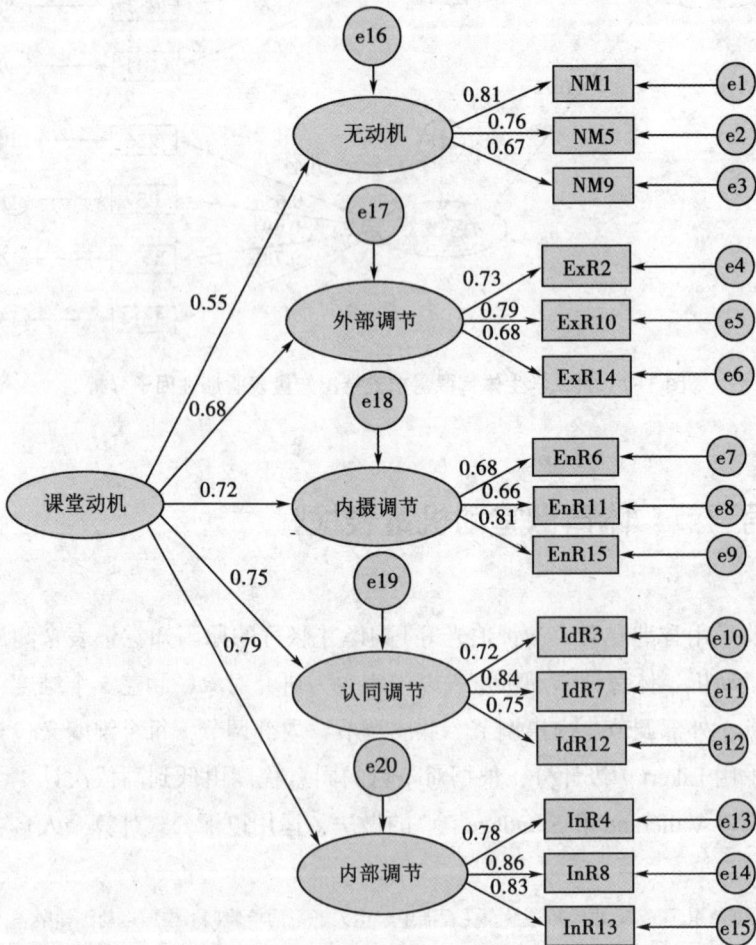

图3-3　五年级学生体育课堂动机量表验证性因子分析

　　将体育课堂动机量表在大二学生群体中进行信效度检验。验证性因子分析显示，最终的模型拟合指标为：$\chi^2/df = 2.690$，RMSEA $= 0.045$，CFI $= 0.921$，NFI $= 0.955$，IFI $= 0.956$，GFI $= 0.935$。从上述指标中可以看出该模型拟合效果较好，表明该量表结构效度良好，如图 3-4 所示。该量表内在信度采用 Cronbach's α 指标进行评价，其中无动机为 0.79、外部调节为 0.76、内摄调节为 0.80、认同调节为 0.81、内部调节为 0.73。该量表外在信度采用重测法进行评价，各个维度依次为无动机 0.71、外部调节 0.83、内摄调节 0.72、认同调节 0.80、内部调节 0.78。

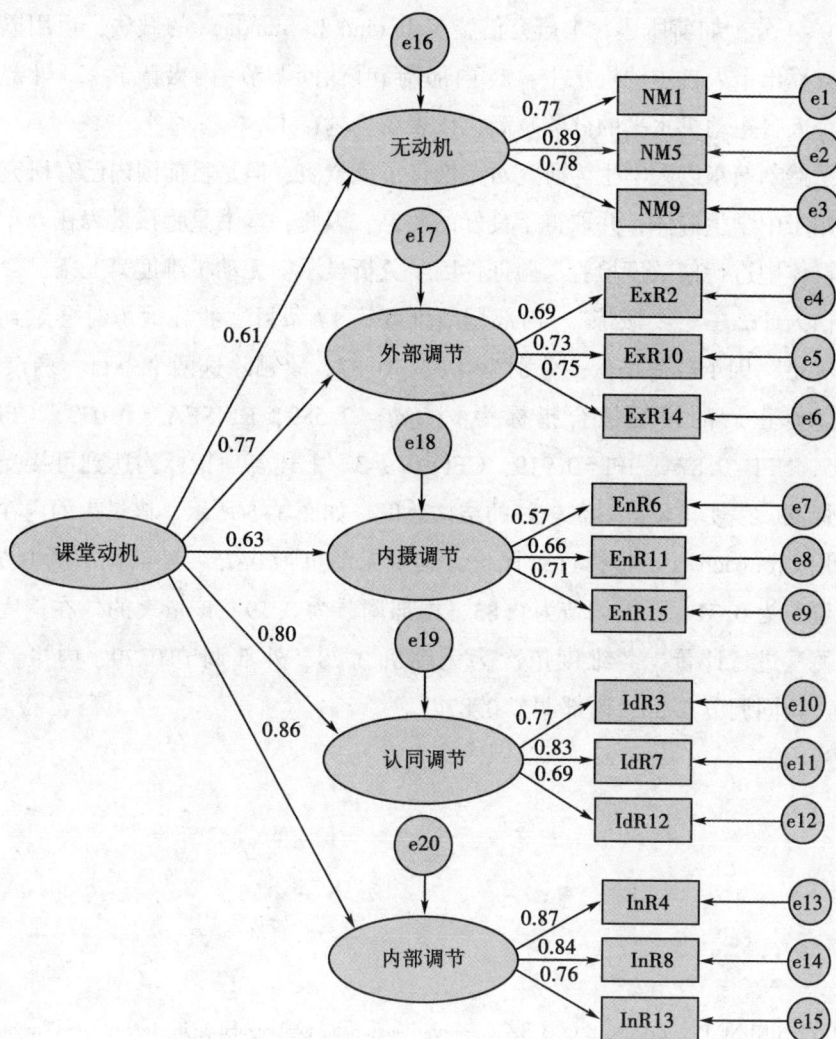

图 3-4　大二学生体育课堂动机量表验证性因子分析

≫≫ 第四节 课外体育动机量表检验

由 Markland 编制的《锻炼行为调节问卷-2》（behavioural regulation in exercise questionnaire-2，BREQ-2），是运用较广泛的测量锻炼行为调节的工具。中国香港学者刘靖东翻译并修订了该问卷，最终形成中国版的锻炼行为调节量表[①]。修订后的量表采用 Likert 5 级计分，根据对条目的认可程度由低到高依次计 0~4 分。如前所述，本研究借鉴 Vallerand 和 Standage 的做法，运用以下公式计算出个人自主动机水平：2×内部调节+认同调节-内摄调节-2×外部调节。个人自主动机水平的分数越高，代表动机越自主。

虽然刘靖东以大学生为研究对象修订了该量表，但是目前国内已有研究将其运用于中学生群体，并取得了良好的效果。因此，本书只将该量表在五年级学生群体中进行信效度检验。验证性因子分析显示，无动机维度第 5 条目 "我不明白为什么一定要锻炼"、内部调节维度第 17 条目 "我在锻炼时会感到快乐和满足" 因子载荷偏低，分别为 0.33、0.37，故删除这两个条目，剩余 16 条目。修正后的模型拟合指标为：$\chi^2/df = 2.589$，RMSEA = 0.072，CFI = 0.905，NFI = 0.874，IFI = 0.919，GFI = 0.943。上述各项指标均达到可接受的拟合标准，表明该量表具备较好的结构效度，如图 3-5 所示。该量表的内在信度采用 Cronbach's α 指标进行评价，其中无动机为 0.75、外部调节为 0.73、内摄调节为 0.71、认同调节为 0.83、内部调节为 0.79。该量表的外在信度采用重测法进行评价，各维度依次为无动机 0.78、外部调节 0.79、内摄调节 0.80、认同调节 0.83、内部调节 0.87。

---

① LIU J D，CHUNG P K，ZHANG C Q，et al.Chinese-translated behavioral regulation in exercise questionnaire-2：evidence from university students in the mainland and Hong Kong of China [J].Journal of sport and health science，2015，4（3）：228-234.

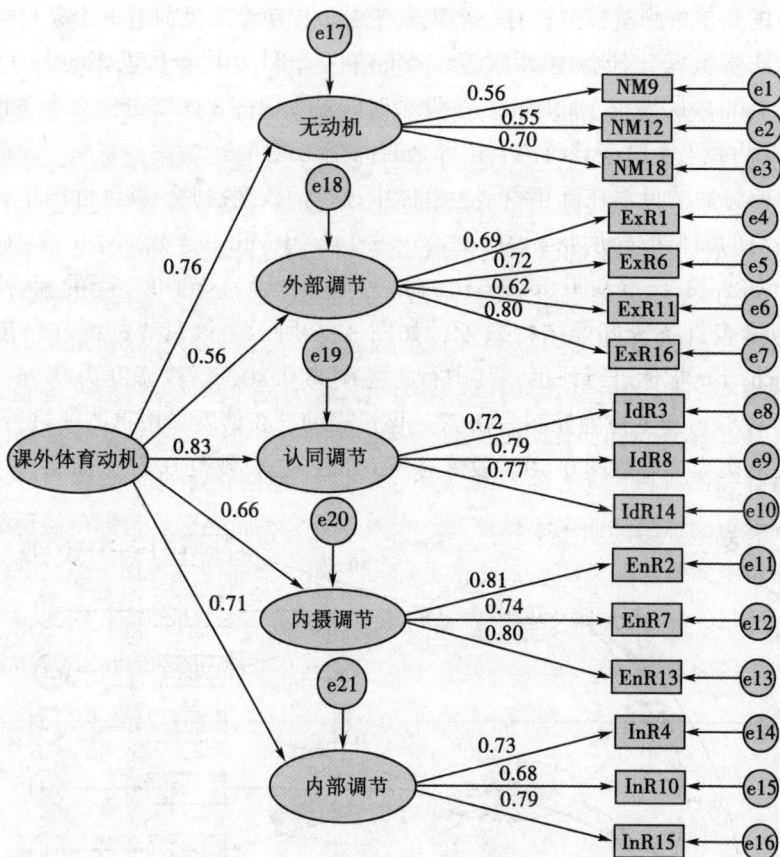

图 3-5 五年级学生课外体育动机量表验证性因子分析

❯❯ 第五节 计划行为理论量表检验

本书采用上海体育学院王丽娟教授的中文版计划行为理论量表①。该量表以中学生为研究对象,涵盖 4 个维度——行为意图、锻炼态度、主观规范、知觉行为控制,采用 Likert 7 级计分。

根据研究需要,将原量表中预测未来 7 天的锻炼行为修改为预测未来 1 个月的锻炼行为,如"我计划下周……"改为"下个月,我计划每周……"。此

---

① WANG L J,ZHANG Y.An extended version of the theory of planned behaviour:the role of self-efficacy and past behaviour in predicting the physical activity of Chinese adolescents[J].Journal of sports sciences,2016,34 (7):587-597.

外，考虑到单个测量模型只有一个观察变量，即单个维度只有一个条目会造成模型无法辨识①，因此将主观规范维度的单一条目"我身边重要的人（父母、朋友、老师）认为我下周应该利用课余时间最少锻炼 3 次"分为 3 个条目，如"父母认为我下个月应该每周利用课余时间至少锻炼 3 次"。

将修订后的量表在五年级学生群体中进行信效度检验。验证性因子分析显示，最终的模型拟合度指标为：$\chi^2/df = 3.142$，RMSEA $= 0.076$，CFI $= 0.913$，NFI $= 0.885$，IFI $= 0.964$，GFI $= 0.945$。上述指标均达到可接受的拟合标准，表明该量表具备较好的结构效度，如图 3-6 所示。该量表的内在信度采用 Cronbach's α 指标进行评价，其中行为意图为 0.80、锻炼态度为 0.76、主观规范为 0.81、知觉行为控制为 0.77。该量表的外在信度采用重测法进行评价，各维度依次为行为意图 0.79、锻炼态度 0.82、主观规范 0.72、知觉行为控制 0.74。

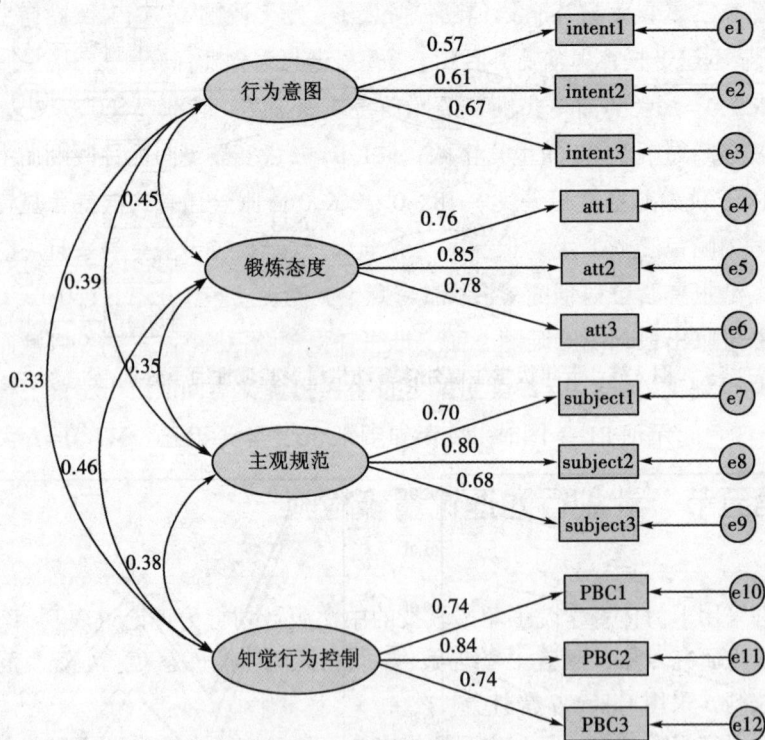

图 3-6 五年级学生计划行为理论量表验证性因子分析

---

① KOLENIKOV S,BOLLEN K A.Testing negative error variances：is a heywood case a symptom of mis-specification？[J].Sociological methods and research,2012,41(1)：124-167.

将修订后的量表在大二学生群体中进行信效度检验。验证性因子分析表明，最终的模型拟合度指标为：$\chi^2/df = 2.946$，RMSEA $= 0.062$，CFI $= 0.929$，NFI $= 0.898$，IFI $= 0.930$，GFI $= 0.955$。上述各项指标均达到可接受的拟合标准，表明该量表具备较好的结构效度，如图 3-7 所示。该量表的内在信度采用Cronbach's α 指标进行评价，其中行为意图为 0.85、锻炼态度为 0.77、主观规范为 0.77、知觉行为控制为 0.71。该量表的外在信度采用重测法进行评价，各维度依次为行为意图 0.72、锻炼态度 0.77、主观规范 0.72、知觉行为控制0.74。

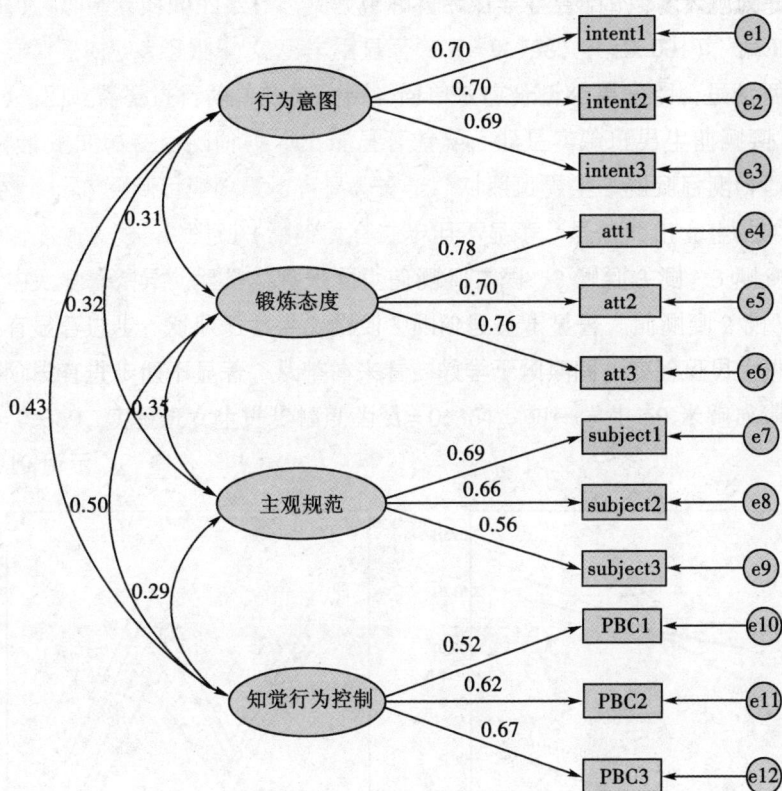

图 3-7 大二学生计划行为理论量表验证性因子分析

≫ 第六节　小结

　　本章所述 4 个量表在编制过程中都有明确的研究对象，考虑到本书实际，为了在后续的结构模型路径分析中比较不同学段学生的效应差异，本书所有实验对象尽可能沿用同样的测评工具。为此，著者在实验研究前就上述 4 个量表在五年级和大二学生群体中进行了修订。研究结果显示，经修订后的量表都体现出较好的信效度，适合用于本书所述研究。

第四章 中国健康体育课程模式对学生课内外体育参与效果及其中介变量影响的实验研究

》》 第一节 实验目的与假设

一、实验目的

通过教学实验，检验中国健康体育课程模式对不同学段学生课堂学习效果的影响；考察中国健康体育课程模式的课堂教学能否跨环境影响学生的课外体育动机及课外体育参与水平；借鉴 TCM，明晰中国健康体育课程模式影响学生课内外体育参与的机制。

二、实验假设

（1）实验干预结束后，实验班学生课堂需求支持感、课堂动机、身心健康水平、课外体育动机及课外体育活动量均有显著提升。

（2）实验干预结束后，各学段实验班学生课外体育活动量增加幅度按照从大到小排序为：小学、初中、大学、高中。

（3）实验干预结束后，实验班男生课外体育活动量增加幅度大于实验班女生课外体育活动量增加幅度。

（4）实验班学生课堂需求支持感正向预测课堂动机。

（5）实验班学生课堂动机正向预测课外体育动机。

（6）实验班学生课外体育动机均能分别通过态度、知觉行为控制的介导正向预测课外体育参与意图；实验班学生课外体育参与意图均能正向预测课外体育行为。

（7）实验班学生课堂需求支持感通过课堂动机的介导正向预测体质健康水平，且课堂需求支持感能够直接正向预测体质健康水平。

（8）实验班学生体质健康水平通过课外体育参与意图的介导正向预测课外体育行为，且体质健康水平能够直接正向预测课外体育行为。

（9）实验班学生课堂需求支持感通过课堂动机的介导正向预测心理健康水平，且课堂需求支持感能够直接正向预测心理健康水平。

（10）实验班学生心理健康水平通过课外体育参与意图的介导正向预测课外体育行为，且心理健康水平能够直接正向预测课外体育行为。

》》 第二节　实验对象与方法

一、实验对象

结合研究实际，在山西省晋中市选择了 4 所学校（小学 2 所，初、高中一体化学校 2 所），在太原市选择了 2 所高校。参与实验的对象为小学五年级学生（3 个实验班和 3 个对照班）、初一学生（3 个实验班和 3 个对照班）、高一学生（3 个实验班和 3 个对照班）、大二学生（4 个实验班和 4 个对照班）。有既往病史、心血管疾病、家族遗传病的学生不参与本次教学实验。

五年级实验班学生 164 人（男生 85 人、女生 79 人）、对照班学生 154 人（男生 79 人、女生 75 人）。五年级实验班与对照班学生的年龄、身高、体重的均值及标准差如表 4-1 所列。

表 4-1　五年级实验班与对照班学生基本情况

班级	男	女	年龄/岁	身高/cm	体重/kg
实验 1 班	29	26	11.15±0.63	144.56±4.68	36.44±7.53
实验 2 班	30	25	11.36±0.48	142.75±5.11	34.77±9.41
实验 3 班	26	28	11.52±0.72	141.40±6.31	37.31±8.35
对照 1 班	25	26	11.31±0.37	142.83±5.49	35.28±7.16
对照 2 班	29	24	11.46±0.62	144.06±6.03	34.92±7.42
对照 3 班	25	25	11.08±0.57	143.37±4.72	34.38±8.33

初一年级实验班学生 165 人（男生 83 人、女生 82 人）、对照班学生 162 人（男生 83 人、女生 79 人）。初一年级实验班与对照班学生的年龄、身高、体重的均值及标准差如表 4-2 所列。

表 4-2 初一年级实验班与对照班学生基本情况

班级	男	女	年龄/岁	身高/cm	体重/kg
实验 1 班	28	28	13.44±0.53	154.56±5.86	48.33±9.77
实验 2 班	27	26	13.39±0.69	152.75±6.35	49.29±9.46
实验 3 班	28	28	13.62±0.51	153.40±5.51	47.38±10.52
对照 1 班	30	25	13.21±0.65	153.83±7.03	49.50±10.19
对照 2 班	26	27	13.74±0.42	154.06±5.92	48.21±11.03
对照 3 班	27	27	13.09±0.47	153.37±6.64	48.57±10.28

高一年级实验班学生 156 人（男生 79 人、女生 77 人）、对照班学生 146 人（男生 76 人、女生 70 人）。高一年级实验班与对照班学生的年龄、身高、体重的均值及标准差如表 4-3 所列。

表 4-3 高一年级实验班与对照班学生基本情况

班级	男	女	年龄/岁	身高/cm	体重/kg
实验 1 班	26	25	16.25±0.68	164.77±6.65	55.47±11.05
实验 2 班	25	27	16.36±0.61	166.25±4.36	54.30±9.57
实验 3 班	28	25	16.44±0.72	165.48±7.28	53.89±11.40
对照 1 班	25	24	16.39±0.50	165.39±5.31	55.35±10.77
对照 2 班	25	22	16.61±0.49	164.58±5.50	55.82±10.05
对照 3 班	26	24	16.46±0.57	165.74±7.78	54.32±9.78

大二年级实验班学生 170 人（男生 88 人、女生 82 人）、对照班学生 161 人（男生 86 人、女生 75 人）。大二年级实验班与对照班学生的年龄、身高、体重的均值及标准差如表 4-4 所列。

表 4-4 大二年级实验班与对照班学生基本情况

班级	人数/人	年龄/岁	身高/cm	体重/kg
实验 1 班	46（男）	21.32±0.57	174.32±7.69	66.75±10.29
实验 2 班	42（男）	20.77±0.42	172.54±7.18	68.12±11.38

表4-4（续）

班级	人数/人	年龄/岁	身高/cm	体重/kg
实验3班	42（女）	20.83±0.76	160.27±7.45	52.17±12.44
实验4班	40（女）	20.60±0.59	161.44±6.06	53.20±9.16
对照1班	44（男）	20.94±0.64	175.37±7.89	67.39±12.03
对照2班	42（男）	21.67±0.82	173.56±8.14	68.57±10.74
对照3班	39（女）	21.46±0.71	158.86±6.57	52.36±10.55
对照4班	36（女）	20.78±0.47	160.22±7.23	51.79±9.30

二、实验方法

结合跨环境动机模型的变量序列，本书所述研究测试指标分为课堂环境指标和课外环境指标，如表4-5所列。

表 4-5　实验研究测试指标

课堂环境指标		课堂需求支持感
		课堂动机
		心理健康
	体质健康	体质指数（BMI）
		肺活量
		50米跑
		坐位体前屈
		1分钟跳绳
		1分钟仰卧起坐/引体向上
		耐力跑（50米×8往返跑/800米跑/1000米跑）
		立定跳远
课外环境指标		课外体育动机
		课外体育活动量

（一）体质健康测试

1. 体质指数（BMI）

BMI 是评价人体肥胖程度及健康状况的重要指标。BMI 虽然不直接显示人体脂肪含量，但是其较为廉价且易于操作，被认为是测量人体脂肪含量的替代方法。

2. 肺活量

本书所述研究采用 TZCS，MINATO 等品牌的肺活量计测量学生肺活量。正式测试前，教师讲解、示范测试方法，然后每名学生有两次测试机会，并取最佳成绩。教师要求学生认真对待每一次测试。

3. 50 米跑

本书所述研究采用 50 米跑测试学生速度素质。教师记录学生成绩，并要求学生在测试之前充分热身且做好拉伸练习，全力以赴完成测试。

4. 坐位体前屈

本书所述研究采用 SANTO，TZCS 等品牌的坐位体前屈测量仪测试学生柔韧素质。正式测试前，教师讲解、示范测试规则，要求学生两脚掌平蹬仪器纵板，两腿伸直，两手中指尖缓缓向前推动游标，直到不能再向前推动为止。学生有两次测试机会，并取最佳成绩。

5. 1 分钟跳绳

学生自备跳绳；教师任意指派学生监督计数，并记录学生跳绳成绩。

6. 1 分钟仰卧起坐/引体向上

教师讲解、示范仰卧起坐技术动作，提醒学生动作要点。学生搭档完成测试：一名学生接受测试，另一名学生协助测试者固定踝关节，同时记录测试者完成个数；测试结束后，两名学生互换测试。

教师强调引体向上完成标准（上拉超过下巴，下杠胳膊伸直），并安排学生搭档计数。

7. 耐力跑（50 米×8 往返跑/800 米跑/1000 米跑）

本书所述研究根据国家推行的学生体质健康测试手段测评学生耐力素质。教师记录学生成绩，要求学生在接受测试前充分热身并做好拉伸练习，提醒学生调整呼吸等安全事宜，使学生全力以赴完成测试。

8. 立定跳远

本书所述研究采用立定跳远测试学生下肢力量。测试前，每名学生试跳一次；测试时，每名学生跳远两次，并取最佳成绩。

（二）量表测试

本书所述研究采用郑日昌等①编制的《小学生心理健康量表》考察五年级学生的心理健康水平。该量表含 5 个维度，共 42 道题目；采取 Likert 5 级计分，根据对题目的认同程度由低到高依次计 1~5 分。信度检验表明该量表的信度良好，验证性因子分析表明该量表的结构效度良好。

本书所述研究采用苏丹等②编制的《中学生心理健康量表》测量初一、高一学生的心理健康水平。该量表含 5 个维度，共 25 道题目；采取 Likert 5 级计分，根据对题目的认同程度由低到高依次计 1~5 分。该量表信效度检验良好，在很多研究中得到广泛使用。

本书所述研究采用程科③编制的《健全人格取向大学生心理健康量表》测量大二学生的心理健康水平。该量表含 6 个维度，共 27 道题目；采取 Likert 5 级计分，根据对题目的认同程度由低到高依次计 1~5 分。该量表具有较好的信效度。

本书所述研究采用梁德清④编制的《体育活动等级量表》测量学生的课外体育行为。该量表从参加体育锻炼的强度、时间、频率 3 个方面考查学生的运动量，计算公式为：运动量＝强度×时间×频率。

课堂需求支持感知量表、课堂动机量表、课外体育动机量表、计划行为理论量表在本书第三章已有描述，此处不再赘述。量表的测试利用学生自习时间在课堂中完成。测试之前，体育教师带领学生逐个研读题目（如有必要）；学生独自完成量表的填答，遇到疑难问题及时向体育教师咨询。待所有学生作答完毕，体育教师当场回收量表。体育教师要求学生认真对待每一次量表测试。

① 郑日昌,张颖,刘视湘.小学生心理健康的结构和量表编制[J].教育测量与评价(理论版),2008,1(2):30-34.

② 苏丹,黄希庭.中学生适应取向的心理健康结构初探[J].心理科学杂志,2007,30(6):1290-1294.

③ 程科.健全人格取向大学生心理健康量表的编制[D].重庆:西南大学,2009:35-37.

④ 梁德清.高校学生应激水平及其与体育锻炼的关系[J].中国心理卫生杂志,1994,8(1):5-6.

>> 第三节 实验程序与方案

一、实验程序

(一) 晋中市 4 所学校

2019 年初，著者与参加本研究教学实验的 4 所学校进行沟通，在征得学校、家长同意后，紧接着组织 3 名实验班体育教师（五年级、初一、高一各 1 名）进行培训。根据 3 名实验班体育教师的实际情况，先后选取 3 个时间点（即 3 个培训阶段，每个阶段持续 2 小时左右）完成此次教师培训。第 1 阶段培训在教室中进行。培训内容：了解本书所述研究的目的、背景；阐述中国健康体育课程模式理论与实践知识（模式的理论基础、深度解读模式的三个关键要点）；讨论在课堂中实施该模式的可行性及可能存在的问题等。培训方式：PPT 呈现主要内容，配发中国健康体育课程模式相关论文集，讨论交流。第 2 阶段培训同样在教室中进行。培训内容：教学计划的撰写（内容的合理布置及格式要求等）；中国健康体育课程模式学习感悟及教学计划的讨论。培训方式：PPT 阐述主要内容、讨论交流。第 3 阶段培训在室外进行，目的是模拟中国健康体育课程模式的课堂教学，并熟悉 POLAR 心率表的操作。其中一名小学体育教师事先备课，自愿模拟此次课堂，并以接力跑为主题开展教学。此次模拟课堂严格把握中国健康体育课程模式的三个关键要点，基本达到了培训的预期目的。

2019 年 3 月初，参与研究的所有学生完成 TCM 变量测试，作为实验研究的前测，具体包括体育课堂环境变量（需求支持感、课堂动机、体质健康、心理健康）和课外体育环境变量（课外体育动机、态度、主观规范、知觉行为控制、课外体育参与意图）。上述测试 4 周后，完成课外体育活动量测试。本次实验研究先后包括 4 次完整测试，每次测试分 2 个时间点完成（这是因为课外环境变量涉及"预测"和"回顾"的效应）。

2019 年 4 月初，开始为期 12 周的教学实验。

2019 年 5 月，在开展教学实验的同时，分 2 个时间点完成 TCM 变量的第 2 次测试（实验干预 4 周后的检验）。

2019 年 6 月，在开展教学实验的同时，分 2 个时间点完成 TCM 变量的第

3 次测试（实验干预 8 周后的检验）。

2019 年 7 月，分 2 个时间点完成 TCM 变量的后测（实验干预 12 周后的检验）。考虑到 7 月末学校已经放假，所以通过问卷星平台收集数据，并由各班班主任叮嘱学生认真填答。小、初、高学生实验流程如表 4-6 所列。

表 4-6 小、初、高学生实验流程

时间	2019 年初	2019 年 3 月（前测）	2019 年 4 月	2019 年 5 月（2 测）	2019 年 6 月（3 测）	2019 年 7 月（后测）
研究任务	选取学校，招募教师；实验班教师培训（分 3 个阶段）	3 月初，完成体育课堂环境变量测试，以及课外体育动机、态度、主观规范、知觉行为控制、课外体育参与意图测试；3 月末完成课外体育活动量测试	开始为期 12 周的教学实验（实验班实施中国健康体育课程模式，对照班实施常规教学）	教学实验；组织第 2 次测试（实验干预 4 周后的检验）	教学实验；组织第 3 次测试（实验干预 8 周后的检验）	组织第 4 次测试（实验干预 12 周后的检验）

（二）太原市 2 所高校

2019 年 5 月，著者与参加本研究教学实验的 2 所大学沟通，征得校方、师生同意后，对 2 名实验班体育教师（健美操教师、篮球教师各 1 名）进行培训。该培训方案同中小学教师的基本一致（除技能和体能练习时间外），并取得了较为理想的培训效果。

2019 年 6 月，参与研究的所有大二学生完成实验研究前测。

2019 年 9 月初，开始为期 12 周的教学实验。

2019 年 10 月，在开展教学实验的同时，分 2 个时间点完成 TCM 变量的第 2 次测试（实验干预 4 周后的检验）。

2019 年 11 月，在开展教学实验的同时，分 2 个时间点完成 TCM 变量的第 3 次测试（实验干预 8 周后的检验）。

2019 年 12 月，分 2 个时间点完成 TCM 变量的后测（实验干预 12 周后的检验）。大二学生实验流程如表 4-7 所列。

表 4-7 大二学生实验流程

时间	2019年5月	2019年6月（前测）	2019年9月	2019年10月（2测）	2019年11月（3测）	2019年12月（后测）
研究任务	选取学校，招募教师；实验班教师培训（分3个阶段）	6月初，完成体育课堂环境变量测试，以及课外体育动机、态度、主观规范、知觉行为控制、课外体育参与意图的测试；6月末完成课外体育活动量测试	开始为期12周的教学实验（实验班实施中国健康体育课程模式，对照班实施常规教学）	教学实验；组织第2次测试（实验干预4周后的检验）	教学实验；组织第3次测试（实验干预8周后的检验）	组织第4次测试（实验干预12周后的检验）

二、实验方案

根据学校场地设施、教师特点、学生学习经验等，实验干预期间五年级教学主题为接力跑、毽球、柔力球（其中，接力跑教学2周，毽球教学5周，柔力球教学5周）；初一年级教学主题为跳远、跳绳（其中，跳远教学6周，跳绳教学6周）；高一年级教学主题为篮球、健美操（其中，篮球教学6周，健美操教学6周）；大二年级男生为篮球选项教学，女生为健美操选项教学。实验班教学计划经著者与教师商讨后共同撰写。

实验班的教学牢牢把握中国健康体育课程模式的三个关键要点。在运动负荷方面，学生持续运动的时间达到课堂总时间的75%左右，学生在课堂上的平均心率达到140~160次/分；在体能练习方面，每堂课都设置专门的体能练习环节，时间在10分钟左右（大二学生为15~20分钟），体能练习注重全面性、补偿性及情境化；在运动技能方面，每堂课的技能学练时间保持在20分钟左右（大二学生为60分钟左右），技能学练以活动和比赛为主。除此之外，实验班教师在学习目标、教学内容、教学方式、课堂氛围及教学评价方面按照中国健康体育课程模式的要求进行教学。对照班实施惯常教学，即传统的动作技术教学，该教学模式有以下几点显著特征：整堂课学生的平均心率在140次/分以下；以单个动作技术教学为主；课堂没有专门的体能练习环节。

作为准实验，本次教学实验不可能像动物实验那样，对无关变量做到精准控制，然而实验实施者在实验过程中尽力避免无关要素对实验结果造成影响。控制过程主要体现在以下几方面。

（1）同一学段的班级课时数、课堂时间一致。遇天气、学校各类活动造成教学实验无法正常开展的情形，校方、体育教师结合学校、学生的情况补足课时数。

（2）同一学段学生设置相同的教学主题，避免不同主题对实验结果造成干扰。

（3）同一学段实验班与对照班教师性别相同，年龄接近。

（4）无论是实验班还是对照班学生，累计缺课3次或超过3次者不参与实验研究的各类测试。

（5）教师培训阶段，模拟中国健康体育课程模式课堂教学的学生不参与本次实验研究。

》》 第四节　实验结果

一、共同方法偏差检验

问卷调查法在调研过程中耗时短、效率高，简便易行，适用于大样本的实证数据采集，因而备受专家学者的青睐。然而，同样的数据来源或参评者、相似的测试环境及题目本身特征等会给自评问卷的结果带来系统误差，这种误差也就是人们通常所说的共同方法偏差（common method biases，CMV）。对于CMV，学界存在以下3种观点：根本不存在CMV[①]；CMV存在，但是对观察变数的影响一致[②]；CMV存在，并且对观察变数的影响不一致[③]。在持续不断的争鸣中，有学者研发了众多检定共同方法偏差的统计程序，其中最常见的就是Harman单因素检验。该检测方法简便易行，但是并不准确，它在进行因素分析时会出现这样的结果：要么析出单独一个因子，要么一个公因子会解释大部分变量差异。[④] 为了确保研究的准确性，以及检定CMV是否会对本次研究

---

① SPECTOR P E.Method variance in organizational research：truth or urban legend？［J］.Organizational research methods,2006,9(2)：221-232.

② LINDELL M K,WHITNEY D J.Accounting for common method variance in cross-sectional research designs ［J］.Journal of applied psychology,2001,86(1)：114-121.

③ WILLIAMS L J,BROWN B K.Method variance in organizational behavior and human rsources research：effects on correlations, path coefficients, and hypothesis testing［J］. Organizational behavior and human decision processes,1994,57(2)：185-209.

④ YLITALO J.Controlling for common method variance with partial least squares path modeling：a monte carlo study［J］.MIS quarterly,2009,33(1)：1-37.

结果产生影响，本书所述研究采用 Liang 等的做法①，即在涵盖本研究易产生偏差变量的验证性因子分析中加入一个 CMV 潜变量，并将该潜变量依次单箭头指向所有题目，用于检定 CMV 对题目的解释能力，如图 4-1 所示。

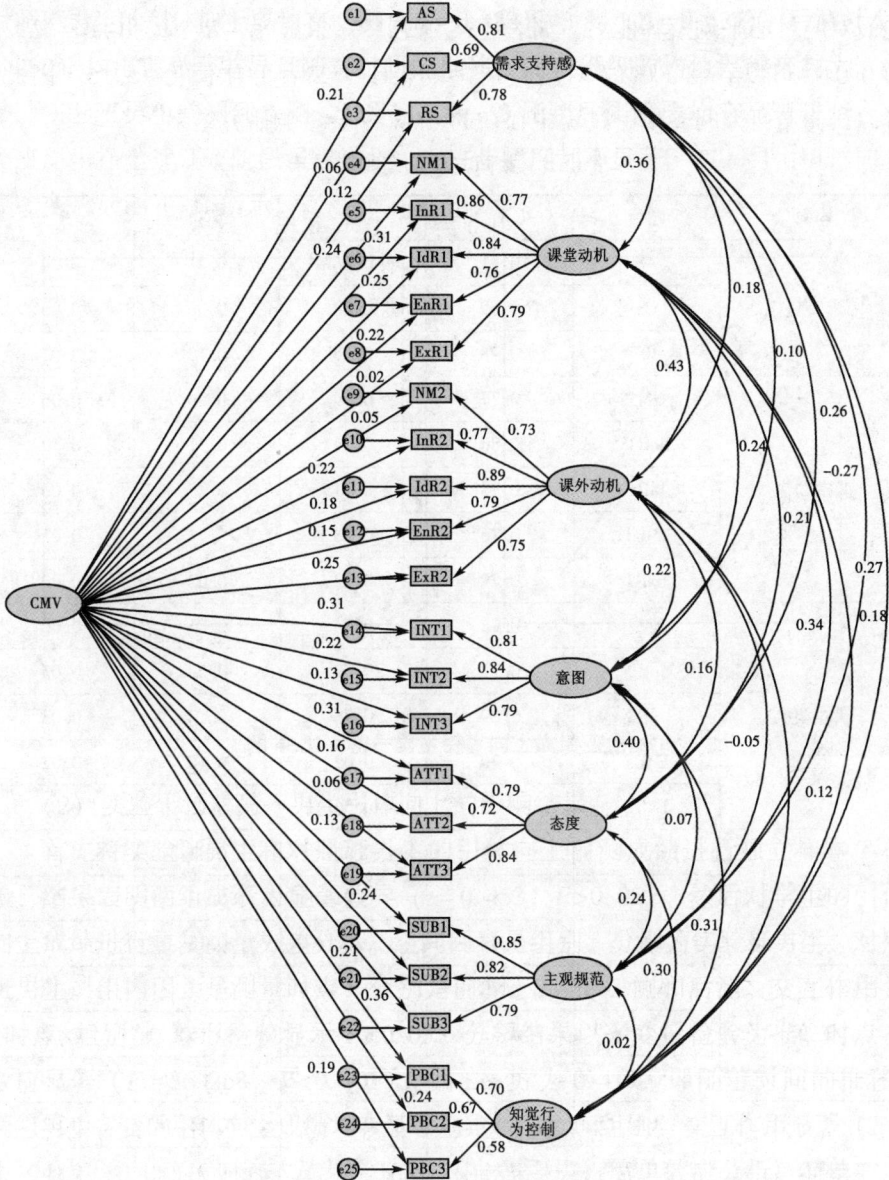

图 4-1 共同方法偏差检定模型图

① LIANG H,SARAF N,XUE H Y.Assimilation of enterprise systems:the effect of institutional pressures and the mediating role of top management[J].MIS quarterly,2007,31(1):59-87.

运行模型后，将原模型的所有因子载荷取平方得到各自的 R_1^2；同样，将 CMV 对题目的因子载荷取平方得到各自的 R_2^2；随后将原构面对所有题目的 R_1^2 取均值得到 R_1^2/n，将 CMV 对所有题目的 R_2^2 取均值得到 R_2^2/n，它们分别代表构面对题目的平均解释能力，如表 4-8 所列。结果显示，R_1^2/n 为 0.61，R_2^2/n 为 0.04。可以看出，CMV 对题目的影响很小，二者的比值为 15.25。因此，可以认为本研究问卷填答过程中存在的 CMV 不会影响研究结果。

表 4-8　共同方法偏差检定结果

构面	题目	R_1	R_1^2	R_2	R_2^2
需求支持感	AS	0.81	0.66	0.21	0.04
	CS	0.69	0.48	0.06	0.00
	RS	0.78	0.60	0.12	0.01
课堂动机	NM1	0.77	0.59	0.24	0.06
	InR1	0.86	0.74	0.31	0.10
	IdR1	0.84	0.71	0.25	0.06
	EnR1	0.76	0.58	0.22	0.05
	ExR1	0.79	0.62	0.02	0.00
课外动机	NM2	0.73	0.54	0.05	0.00
	InR2	0.77	0.59	0.22	0.05
	IdR2	0.89	0.78	0.18	0.03
	EnR2	0.79	0.63	0.15	0.02
	ExR2	0.75	0.56	0.25	0.06
意图	INT1	0.81	0.66	0.31	0.10
	INT2	0.84	0.71	0.22	0.05
	INT3	0.79	0.62	0.13	0.02
态度	ATT1	0.79	0.63	0.31	0.10
	ATT2	0.72	0.52	0.16	0.02
	ATT3	0.84	0.71	0.06	0.00
主观规范	SUB1	0.85	0.72	0.13	0.02
	SUB2	0.82	0.67	0.24	0.06
	SUB3	0.79	0.62	0.21	0.04

表4-8（续）

构面	题目	R_1	R_1^2	R_2	R_2^2
知觉行为控制	PBC1	0.70	0.49	0.36	0.13
	PBC2	0.67	0.44	0.24	0.06
	PBC3	0.58	0.34	0.19	0.03
均值	—	0.78	0.61	0.19	0.04

二、运动强度监测结果

本书所述研究采用芬兰产 POLAR 心率表监控学生运动强度。POLAR 心率表由腕表和胸带两部分组成，能显示佩戴者即刻的心率及整堂课的平均心率。实验干预期间，教师结合经验在各自班级中选取 10 余名运动能力处于中等水平的学生，在此群体中，每次课选取 2 男 2 女佩戴心率表。所有班级每次课都由见习生或实习生负责监控受试者心率，以便教师根据学生心率调整课堂运动负荷，从而达到实验要求。各班级实验干预期间课堂的平均心率范围如表 4-9 所列。

表 4-9　各班级实验干预期间课堂的平均心率范围（M±SD）

年级	实验1班	实验2班	实验3班	实验4班	对照1班	对照2班	对照3班	对照4班
五年级	150.56±3.59	149.79±2.68	151.17±2.43	—	130.62±2.67	127.77±2.80	129.15±3.83	—
初一	146.43±4.17	145.12±3.76	148.11±5.02	—	122.30±4.92	121.74±4.26	124.69±3.63	—
高一	144.39±3.75	142.89±4.06	143.30±4.78	—	113.59±5.06	111.75±3.62	108.80±4.85	—
大二	142.67±4.52	144.92±3.96	147.69±5.03	146.58±4.89	124.39±4.21	122.11±5.47	110.63±5.83	112.54±6.16

注：低段年级的实验对象均只有 3 个实验班和 3 个对照班；"—"表示不存在。

由表 4-9 可以看出，实验干预期间，各学段实验班学生的课堂平均心率都达到中国健康体育课程模式规定的强度范围，这样的运动强度也符合世界卫生组织对儿童青少年所提倡的中高运动强度。对照班学生的课堂平均心率明显低于实验班学生的课堂平均心率，最高课堂平均心率范围为 130.62±2.67。

三、实验干预对 TCM 课堂变量的影响结果

（一）实验干预对学生课堂需求支持感的影响结果

1. 实验干预对五年级学生课堂需求支持感的影响结果

首先将实验班男生和对照班男生的课堂需求支持感前测分值进行独立样本 T 检验，结果显示两组分值无显著差异（$t = 0.265$，$P > 0.05$）；将实验班女生和对照班女生的课堂需求支持感前测分值进行独立样本 T 检验，结果显示两组分值无显著差异（$t = 0.340$，$P > 0.05$）。然后对学生的课堂需求支持感进行重复测量方差分析。组间因素是组别，分别是实验班男生、实验班女生、对照班男生、对照班女生。组内因素是测量时点，分别是前测、2 测、3 测和后测。交互作用为"时点×组别"。球形检验显示 $P < 0.05$，分析结果以多变量检验为准。时点主效应显著（$F = 179.141$，$P < 0.001$），偏 Eta 方为 0.633，即随着时间的推移，实验班和对照班学生各自的课堂需求支持感均有显著差异。"时点×组别"交互作用显著（$F = 409.578$，$P < 0.001$），偏 Eta 方为 0.796，因此需要进行简单效应分析。由于 SPSS 22.0 软件没有简单效应分析模块，所以需要额外编程，语法为"/EMMEANS = TABLES（时点 * 组别）COMPARE（时点）ADJ（SIDAK），/EMMEANS = TABLES（时点 * 组别）COMPARE（组别）ADJ（SIDAK）"。简单效应分析结果表明，两组男生的课堂需求支持感在 3 测（$\Delta = 0.524$）和后测（$\Delta = 0.926$）出现显著差异，即实验班学生分值高于对照班学生分值，且这种差异随时间的推移呈逐步扩大趋势。此外，实验班男生前测到 2 测、2 测到 3 测、3 测到后测阶段均有显著进步，而对照班男生只有前测到 2 测阶段有进步，2 测到 3 测、3 测到后测阶段的变化呈下降趋势；实验班女生的课堂需求支持感只在后测（$\Delta = 0.664$）显著高于对照班女生的课堂需求支持感。然而实验班女生前测到 2 测、2 测到 3 测、3 测到后测阶段均有显著进步，而对照班女生 3 测到后测阶段的变化呈下降趋势。从整体来看，实验干预期间，实验班男生的进步幅度为 $\Delta = 0.631$，实验班女生进步幅度为 $\Delta = 0.807$。五年级学生课堂需求支持感分值变化如图 4-2 所示。

2. 实验干预对初一学生课堂需求支持感的影响结果

首先将两组男生的课堂需求支持感前测分值进行独立样本 T 检验，结果显示两组分值无显著差异（$t = -0.996$，$P > 0.05$）；将两组女生的课堂需求支持感前测分值进行独立样本 T 检验，结果显示两组分值无显著差异（$t = 0.308$，

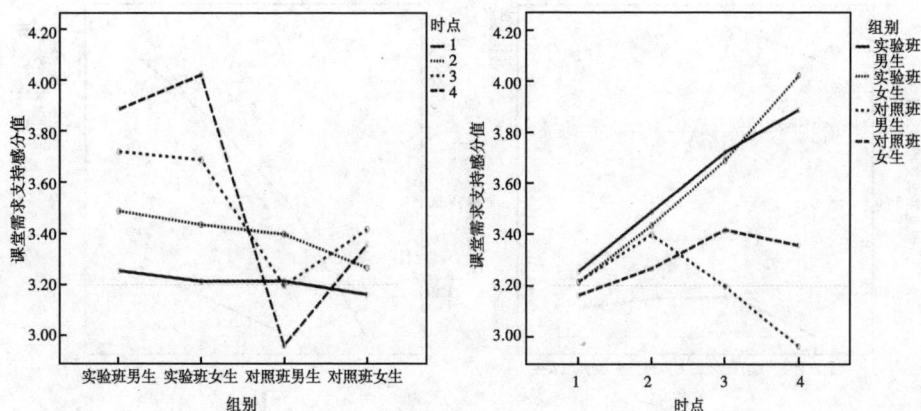

图 4-2 五年级学生课堂需求支持感分值变化图

$P>0.05$）。然后对学生的课堂需求支持感进行重复测量方差分析。组间因素是组别，分别是实验班男生、实验班女生、对照班男生、对照班女生。组内因素是测量时点，分别是前测、2测、3测和后测。交互作用为"时点×组别"。球形检验显示 $P<0.05$，分析结果以多变量检验为准。时点主效应显著（$F=451.824$，$P<0.001$），偏 Eta 方为 0.809，即随着时间的推移，实验班和对照班学生各自的课堂需求支持感均有显著差异。"时点×组别"交互作用显著（$F=243.875$，$P<0.001$），偏 Eta 方为 0.694，因此需要进行简单效应分析。简单效应分析结果表明，两组男生的课堂需求支持感只在后测阶段出现显著差异，然而实验班男生前测到2测、2测到3测、3测到后测阶段均有显著进步，对照班男生前测到2测、2测到3测阶段进步显著，3测到后测阶段的变化呈下降趋势；两组女生的课堂需求支持感在2测（$\Delta=0.215$）、3测（$\Delta=0.362$）、后测（$\Delta=0.531$）均出现显著差异，即实验班女生的分值显著高于对照班女生的分值，且随着时间的推移，均值差逐步扩大。此外，实验班女生前测到2测、2测到3测、3测到后测阶段均出现显著进步，对照班女生2测到3测、3测到后测阶段进步显著，然而前测到2测阶段的变化呈下降趋势。从整体来看，实验干预期间，实验班男生的进步幅度为 $\Delta=0.611$，实验班女生进步幅度为 $\Delta=0.596$。初一学生课堂需求支持感分值变化如图4-3所示。

3. 实验干预对高一学生课堂需求支持感的影响结果

首先将实验班男生和对照班男生的课堂需求支持感前测分值进行独立样本 T 检验，结果显示两组分值无显著差异（$t=-1.443$，$P>0.05$）；将实验班女生

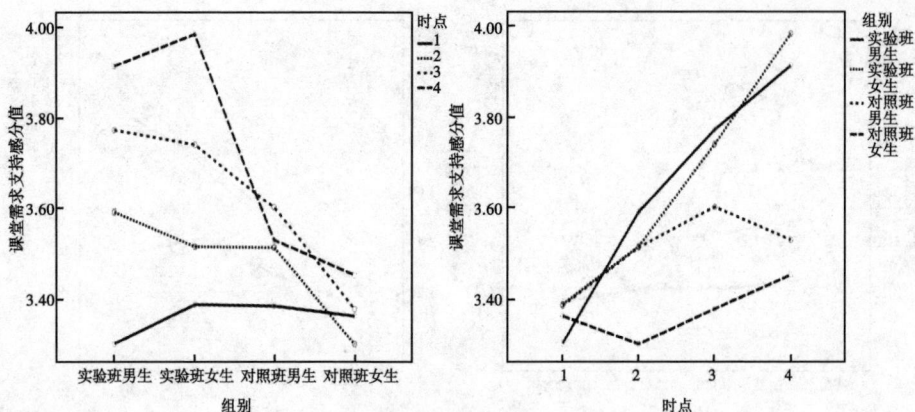

图 4-3 初一学生课堂需求支持感分值变化图

和对照班女生的课堂需求支持感前测分值进行独立样本 T 检验，结果显示两组分值无显著差异（$t=-0.998$，$P>0.05$）。然后对学生的课堂需求支持感进行重复测量方差分析。组间因素是组别，分别是实验班男生、实验班女生、对照班男生、对照班女生。组内因素是测量时点，分别是前测、2 测、3 测和后测。交互作用为"时点×组别"。球形检验显示 $P<0.05$，分析结果以多变量检验为准。时点主效应显著（$F=334.419$，$P<0.001$），偏 Eta 方为 0.772，即随着时间的推移，实验班和对照班学生各自的课堂需求支持感均出现显著差异。"时点×组别"交互作用显著（$F=296.892$，$P<0.001$），偏 Eta 方为 0.749，因此需要进行简单效应分析。简单效应分析结果表明，两组男生的课堂需求支持感在 3 测、后测均有显著差异。此外，实验班男生各阶段均有显著进步；相比之下，对照班男生 2 测到 3 测、3 测到后测阶段出现退步。两组女生的课堂需求支持感在 3 测、后测均出现显著差异。此外，实验班女生各阶段均有显著进步；相比之下，对照班女生前测到 2 测阶段出现退步。从整体来看，教学干预期间，实验班男生的进步幅度为 $\Delta=0.619$，实验班女生进步幅度为 $\Delta=0.671$。高一学生课堂需求支持感分值变化如图 4-4 所示。

4. 实验干预对大二学生课堂需求支持感的影响结果

首先将实验班男生和对照班男生的课堂需求支持感前测分值进行独立样本 T 检验，结果显示两组分值无显著差异（$t=-1.341$，$P>0.05$）；将实验班女生和对照班女生的课堂需求支持感前测分值进行独立样本 T 检验，结果显示两组分值无显著差异（$t=1.612$，$P>0.05$）。然后对学生的课堂需求支持感进行重复测量方差分析。组间因素是组别，分别是实验班男生、实验班女生、对照班

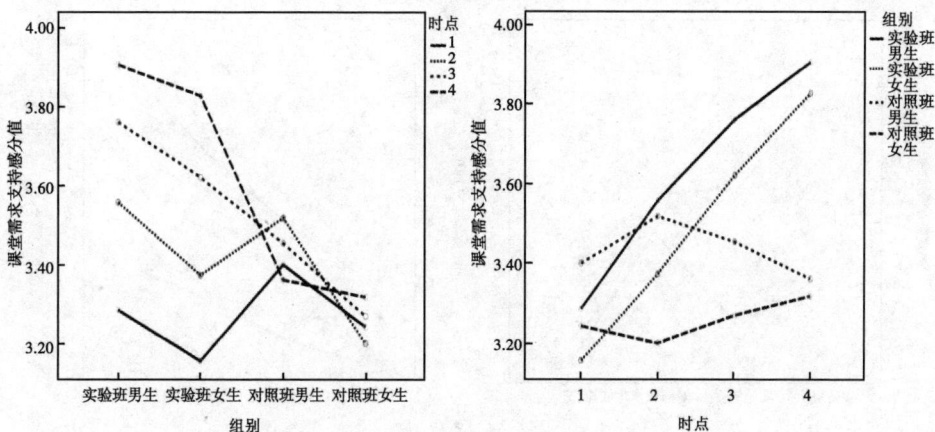

图 4-4 高一学生课堂需求支持感分值变化图

男生、对照班女生。组内因素是测量时点，分别是前测、2 测、3 测和后测。交互作用为"时点×组别"。球形检验显示 $P<0.05$，分析结果以多变量检验为准。时点主效应显著（$F=291.168$，$P<0.001$），偏 Eta 方为 0.732，即随着时间的推移，实验班和对照班学生各自的课堂需求支持感均出现显著差异。"时点×组别"交互作用显著（$F=80.631$，$P<0.001$），偏 Eta 方为 0.429，因此需要进行简单效应分析。简单效应分析结果表明，两组男生的课堂需求支持感只在后测出现显著差异。然而实验班男生各阶段均有显著进步；相比之下，对照班男生前测到 2 测阶段出现退步。同样，两组女生的课堂需求支持感只在后测出现显著差异。然而实验班女生前测到 2 测、2 测到 3 测、3 测到后测阶段均有显著进步；对照班女生虽然在上述 3 个阶段同样进步显著，但是其进步幅度不及实验班女生的进步幅度。两个班级女生进步幅度分别为 $\Delta=0.442$，$\Delta=0.305$。从整体来看，教学干预期间，实验班男生进步幅度为 $\Delta=0.634$，实验班女生进步幅度为 $\Delta=0.442$。大二学生课堂需求支持感分值变化如图 4-5 所示。

（二）实验干预对学生课堂动机的影响结果

1. 实验干预对五年级学生课堂动机的影响结果

首先将两组男生的课堂动机前测分值进行独立样本 T 检验，结果显示两组分值无显著差异（$t=-0.115$，$P>0.05$）；将两组女生的课堂动机前测分值进行独立样本 T 检验，结果显示两组分值无显著差异（$t=-0.140$，$P>0.05$）。

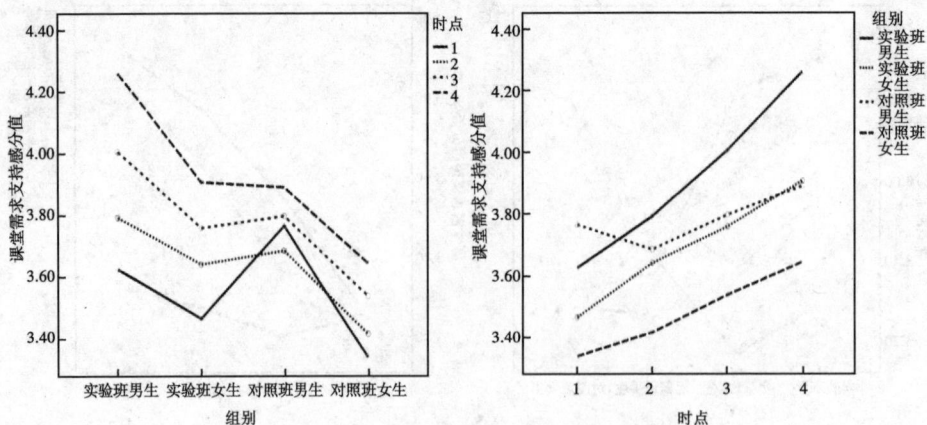

图4-5 大二学生课堂需求支持感分值变化图

然后对学生的课堂动机进行重复测量方差分析。组间因素是组别，分别是实验班男生、实验班女生、对照班男生、对照班女生。组内因素是测量时点，分别是前测、2测、3测和后测。交互作用为"时点×组别"。球形检验显示 $P<0.05$，分析结果以多变量检验为准。时点主效应显著（$F=15.073$，$P<0.001$），偏 Eta 方为 0.127，即随着时间的推移，实验班和对照班学生各自的课堂动机均出现显著差异。"时点×组别"交互作用显著（$F=27.184$，$P<0.001$），偏 Eta 方为 0.206，因此需要进行简单效应分析。由于 SPSS 22.0 软件中没有简单效应分析模块，所以需要进行额外编程，语法为"/EMMEANS = TABLES（时点 * 组别）COMPARE（时点）ADJ（SIDAK），/EMMEANS = TA-BLES（时点 * 组别）COMPARE（组别）ADJ（SIDAK）"。简单效应分析结果表明，两组男生的课堂动机分值在4个阶段均无显著差异。然而，实验班男生前测到2测、2测到3测阶段均有显著进步，3测到后测阶段进步幅度为 $\Delta=0.173$；相比之下，对照班男生前测到2测阶段有进步，2测到3测、3测到后测阶段出现退步。两组女生的课堂动机分值在4个阶段均无显著差异。然而，实验班女生前测到2测、2测到3测、3测到后测阶段均有显著进步；相比之下，对照班女生前测到2测、2测到3测阶段有进步，3测到后测阶段出现退步。从整体来看，教学干预期间，实验班男生进步幅度为 $\Delta=0.643$，实验班女生进步幅度为 $\Delta=0.928$。五年级学生课堂动机分值变化如图4-6所示。

2. 实验干预对初一学生课堂动机的影响结果

首先将两组男生的课堂动机前测分值进行独立样本 T 检验，结果显示两组

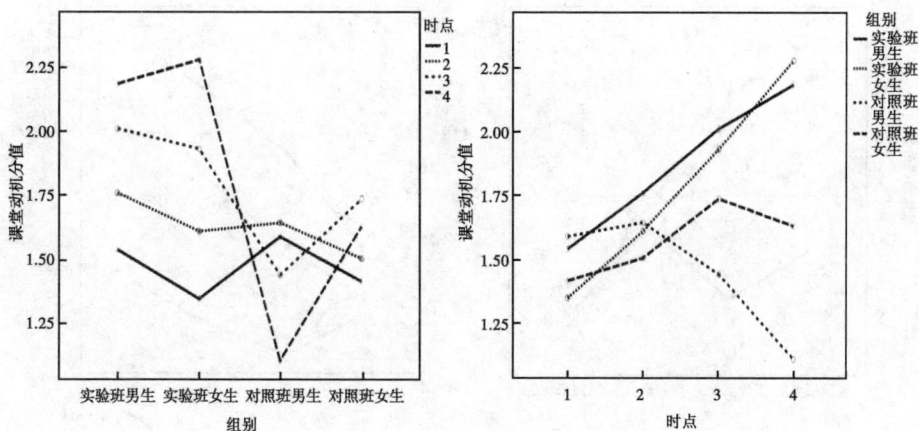

图 4-6 五年级学生课堂动机分值变化图

分值无显著差异（$t=-0.192$，$P>0.05$）；将两组女生的课堂动机前测分值进行独立样本 T 检验，结果显示两组分值无显著差异（$t=0.119$，$P>0.05$）。然后对学生的课堂动机进行重复测量方差分析。组间因素是组别，分别是实验班男生、实验班女生、对照班男生、对照班女生。组内因素是测量时点，分别是前测、2 测、3 测和后测。交互作用为"时点×组别"。球形检验显示 $P<0.05$，分析结果以多变量检验为准。时点主效应显著（$F=12.976$，$P<0.001$），偏 Eta 方为 0.108，即随着时间的推移，实验班和对照班学生各自的课堂动机均有显著差异。"时点×组别"交互作用显著（$F=14.579$，$P<0.001$），偏 Eta 方为 0.119，因此需要进行简单效应分析。简单效应分析结果表明，两组男生的 4 次测试分值均无显著差异。然而，实验班男生前测到 2 测、2 测到 3 测阶段均有显著进步，3 测到后测阶段进步幅度为 $\Delta=0.181$；对照班男生前测到 2 测阶段有进步（$\Delta=0.144$），2 测到 3 测、3 测到后测阶段的变化呈下降趋势。两组女生的 4 次测试分值均无显著差异。然而，实验班女生 2 测到 3 测、3 测到后测阶段均有显著进步，前测到 2 测阶段进步幅度为 $\Delta=0.179$；对照班女生 2 测到 3 测、3 测到后测阶段有进步但不显著，前测到 2 测阶段的变化呈下降趋势。从整体来看，教学干预期间，实验班男生进步幅度为 $\Delta=0.730$，实验班女生进步幅度为 $\Delta=0.727$。初一学生课堂动机分值变化如图 4-7 所示。

3. 实验干预对高一学生课堂动机的影响结果

首先将两组男生的课堂动机前测分值进行独立样本 T 检验，结果显示两组分值无显著差异（$t=0.131$，$P>0.05$）；将两组女生的课堂动机前测分值进行

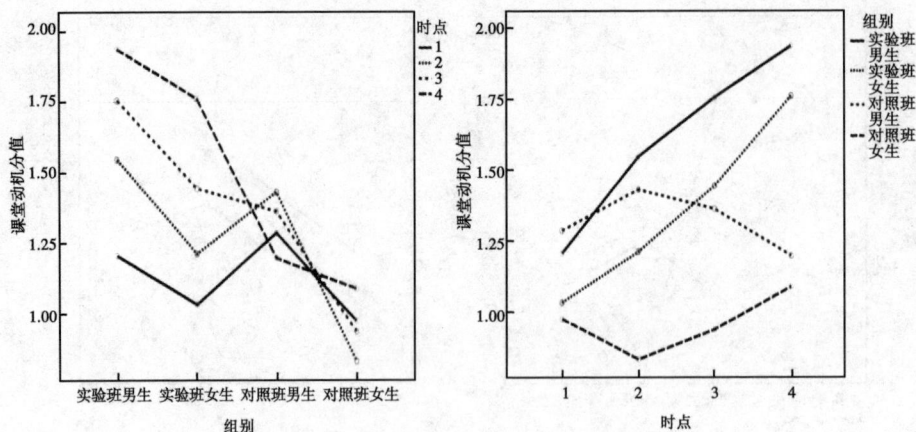

图4-7 初一学生课堂动机分值变化图

独立样本 T 检验，结果显示两组分值无显著差异（$t = -0.160$，$P > 0.05$）。然后对学生的课堂动机进行重复测量方差分析。组间因素是组别，分别是实验班男生、实验班女生、对照班男生、对照班女生。组内因素是测量时点，分别是前测、2 测、3 测和后测。交互作用为"时点×组别"。球形检验显示 $P < 0.05$，分析结果以多变量检验为准。时点主效应显著（$F = 25.682$，$P < 0.001$），偏 Eta 方为 0.207，即随着时间的推移，实验班和对照班学生各自的课堂动机均有显著差异。"时点×组别"交互作用显著（$F = 20.290$，$P < 0.001$），偏 Eta 方为 0.170，因此需要进行简单效应分析。简单效应分析结果表明，两组男生的 4 次测试分值均无显著差异。然而，实验班男生前测到 2 测、2 测到 3 测阶段均有显著进步，3 测到后测阶段进步幅度为 $\Delta = 0.186$；对照班男生前测到 2 测阶段（$\Delta = 0.162$）进步不显著，2 测到 3 测、3 测到后测阶段的变化呈下降趋势。实验班女生和对照班女生的 4 次测试分值均无显著差异。然而，实验班女生前测到 2 测、2 测到 3 测、3 测到后测阶段均有显著进步；对照班女生 2 测到 3 测阶段（$\Delta = 0.071$）、3 测到后测阶段（$\Delta = 0.086$）进步不显著，前测到 2 测阶段的变化呈下降趋势。从整体来看，教学干预期间，实验班男生进步幅度为 $\Delta = 0.772$，实验班女生进步幅度为 $\Delta = 1.156$。高一学生课堂动机分值变化如图4-8 所示。

4. 实验干预对大二学生课堂动机的影响结果

首先将两组男生的课堂动机前测分值进行独立样本 T 检验，结果显示两组分值无显著差异（$t = -0.240$，$P > 0.05$）；将两组女生的课堂动机前测分值进

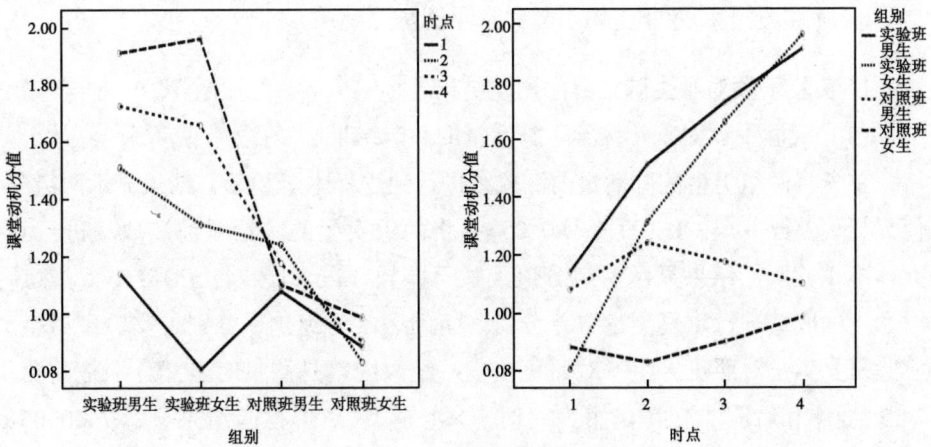

图 4-8 高一学生课堂动机分值变化图

行独立样本 T 检验，结果显示两组分值无显著差异（$t=0.391$，$P>0.05$）。然后对学生的课堂动机分值进行重复测量方差分析。组间因素是组别，分别是实验班男生、实验班女生、对照班男生、对照班女生。组内因素是测量时点，分别是前测、2 测、3 测和后测。交互作用为"时点×组别"。球形检验显示 $P<0.05$，分析结果以多变量检验为准。时点主效应显著（$F=9.709$，$P<0.001$），偏 Eta 方为 0.083，即随着时间的推移，实验班和对照班学生各自的课堂动机分值均出现显著差异。"时点×组别"交互作用不显著（$F=1.200$，$P>0.05$），偏 Eta 方为 0.011。从整体来看，教学干预期间，实验班男生进步幅度为 $\Delta=0.487$，对照班男生进步幅度为 $\Delta=0.132$；实验班女生进步幅度为 $\Delta=0.423$，对照班女生进步幅度为 $\Delta=0.347$。大二学生课堂动机分值变化如图 4-9 所示。

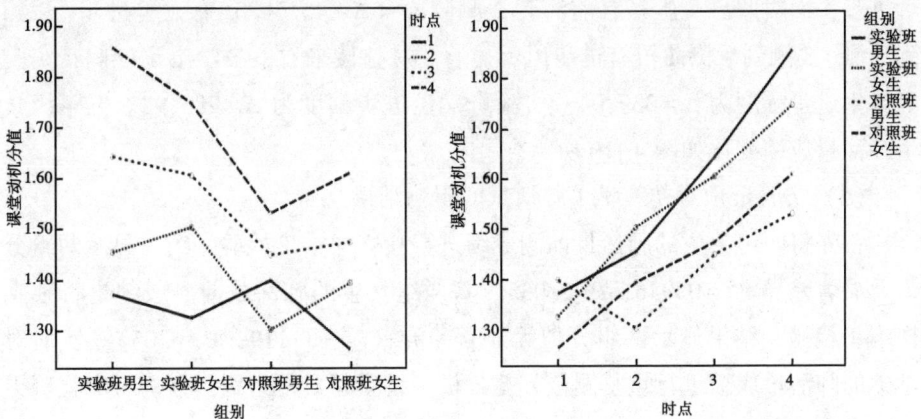

图 4-9 大二学生课堂动机分值变化图

（三）实验干预对学生体质健康水平的影响结果

1. 实验干预对学生肺活量的影响结果

（1）实验干预对五年级学生肺活量的影响结果。

首先将两组男生的肺活量前测成绩进行独立样本 T 检验，结果显示两组分值无显著差异（$t = -1.109$，$P > 0.05$）；将两组女生的肺活量前测成绩进行独立样本 T 检验，结果显示两组分值无显著差异（$t = -1.274$，$P > 0.05$）。然后对学生的成绩进行重复测量方差分析。组间因素为组别，分别是实验班男生、实验班女生、对照班男生、对照班女生。组内因素是测量时点，分别是前测、2 测、3 测和后测。交互作用为"时点×组别"。球形检验结果显示 $P < 0.05$，结果以多变量检验为准。时点主效应显著（$F = 102.302$，$P < 0.001$），偏 Eta 方为 0.496，即随着时间的推移，实验班和对照班学生各自的肺活量成绩均有显著差异。"时点×组别"交互作用显著（$F = 25.966$，$P < 0.001$），偏 Eta 方为 0.199，因此需要进行简单效应分析。由于 SPSS 22.0 软件中没有简单效应分析模块，所以需要进行额外编程，语法为"/EMMEANS = TABLES（时点 * 组别）COMPARE（时点）ADJ（SIDAK），/EMMEANS = TABLES（时点 * 组别）COMPARE（组别）ADJ（SIDAK）"。简单效应分析结果表明，虽然实验班男生的肺活量成绩只在后测阶段显著高于对照班男生的肺活量成绩，但是实验班男生前测到 2 测、2 测到 3 测、3 测到后测阶段均有显著进步；对照班男生前测到 2 测阶段（$\Delta = 71.468$）进步显著，2 测到 3 测、3 测到后测阶段有进步但不显著。虽然实验班女生的肺活量成绩只在后测阶段显著高于对照班女生的肺活量成绩，但是实验班女生前测到 2 测、2 测到 3 测、3 测到后测阶段都有显著进步；而对照班女生只有前测到 2 测阶段（$\Delta = 45.747$）有显著进步，2 测到 3 测、3 测到后测阶段有进步但不显著。从整体来看，教学干预期间，实验班男生进步幅度为 $\Delta = 339.04$，实验班女生进步幅度为 $\Delta = 285.92$。五年级学生肺活量成绩变化如图 4-10 所示。

（2）实验干预对初一学生肺活量的影响结果。

首先将两组男生的肺活量前测成绩进行独立样本 T 检验，结果显示两组分值无显著差异（$t = 0.946$，$P > 0.05$）；将两组女生的肺活量前测成绩进行独立样本 T 检验，结果显示两组分值无显著差异（$t = -1.119$，$P > 0.05$）。然后对学生的肺活量成绩进行重复测量方差分析。组间因素是组别，分别为实验班男生、实验班女生、对照班男生、对照班女生。组内因素是测量时点，分别是前

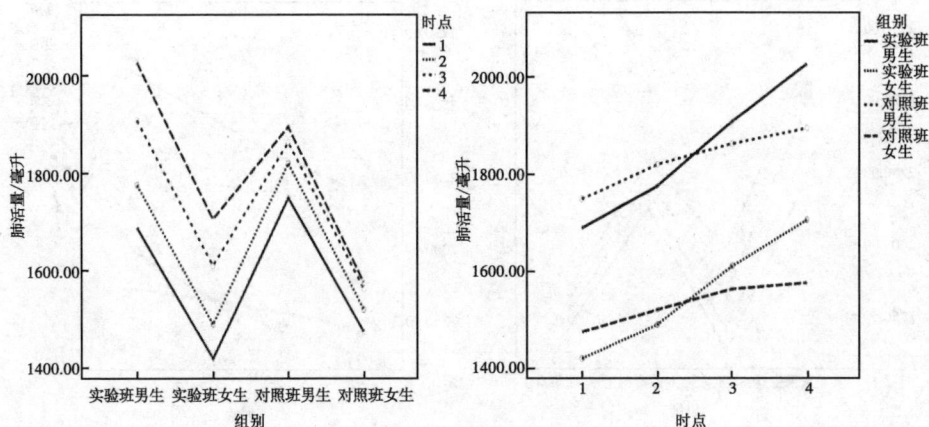

图4-10 五年级学生肺活量成绩变化图

测、2测、3测和后测。交互作用为"时点×组别"。球形检验显示 $P<0.05$，分析结果以多变量检验为准。时点主效应显著（$F=163.858$，$P<0.001$），即随着时间的推移，实验班和对照班学生各自的肺活量成绩均有显著差异。"时点×组别"交互作用显著（$F=39.557$，$P<0.001$），偏 Eta 方为 0.269，因此需要进行简单效应分析。简单效应分析结果表明，实验班男生在 3 测（$\Delta=244.422$）和后测（$\Delta=324.048$）的成绩显著高于对照班男生的成绩，且实验班男生各阶段均有显著进步；相比之下，对照班男生 2 测到 3 测阶段进步不显著。两组女生的 4 次测试成绩均无显著差异。然而，实验班女生各阶段均有显著进步；对照班女生前测到 2 测、2 测到 3 测阶段进步显著，3 测到后测阶段有进步但不显著。从整体来看，教学干预期间，实验班男生进步幅度为 $\Delta=413.51$，实验班女生进步幅度为 $\Delta=364.43$。初一学生肺活量成绩变化如图4-11所示。

（3）实验干预对高一学生肺活量的影响结果。

首先将两组男生的肺活量前测成绩进行独立样本 T 检验，结果显示两组分值无显著差异（$t=-0.541$，$P>0.05$）；将两组女生的肺活量前测成绩进行独立样本 T 检验，结果显示两组分值无显著差异（$t=0.772$，$P>0.05$）。然后对学生的肺活量成绩进行重复测量方差分析。组间因素是组别，分别为实验班男生、实验班女生、对照班男生、对照班女生。组内因素是测量时点，分别是前测、2测、3测和后测。交互作用为"时点×组别"。球形检验显示 $P<0.05$，分析结果以多变量检验为准。时点主效应显著（$F=94.357$，$P<0.001$），即随

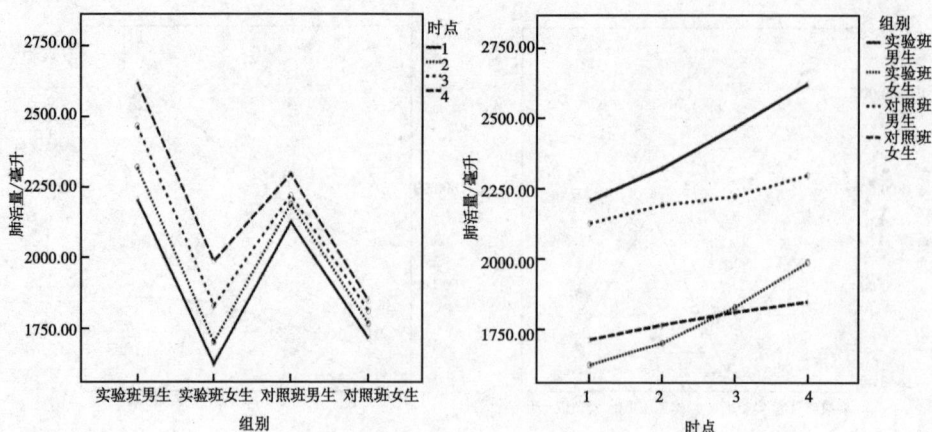

图 4-11　初一学生肺活量成绩变化图

着时间的推移，实验班和对照班学生各自的肺活量成绩均有显著差异。"时点×组别"交互作用显著（$F=23.985$，$P<0.001$），偏 Eta 方为 0.194，需要进行简单效应分析。简单效应分析结果表明，两组男生的成绩只在后测出现显著差异，两组女生的 3 测、后测均有显著差异。此外，实验班学生各阶段均有显著进步；相比之下，对照班男生 3 测到后测阶段进步不显著，对照班女生 2 测到 3 测、3 测到后测阶段进步不显著。从整体来看，教学干预期间，实验班男生进步幅度为 $\Delta=433.33$，实验班女生进步幅度为 $\Delta=429.62$。高一学生肺活量成绩变化如图 4-12 所示。

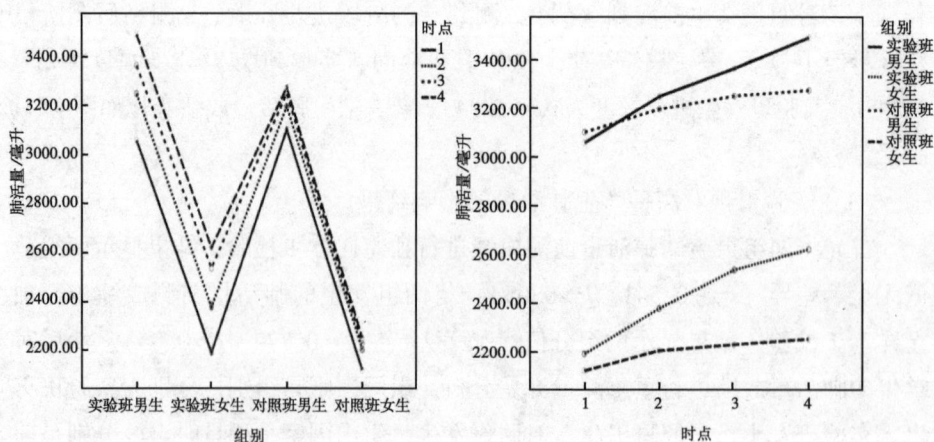

图 4-12　高一学生肺活量成绩变化图

（4）实验干预对大二学生肺活量的影响结果。

首先将两组男生的肺活量前测成绩进行独立样本 T 检验，结果表明两组分值无显著差异（$t = -0.671$，$P > 0.05$）；将两组女生的肺活量前测成绩进行独立样本 T 检验，结果表明两组分值无显著差异（$t = -0.900$，$P > 0.05$）。然后对学生的肺活量成绩进行重复测量方差分析。组间因素是组别，分别为实验班男生、实验班女生、对照班男生、对照班女生。组内因素是测量时点，分别是前测、2 测、3 测和后测。交互作用为"时点×组别"。球形检验显示 $P < 0.05$，分析结果以多变量检验为准。时点主效应显著（$F = 73.001$，$P < 0.001$），即随着时间的推移，实验班和对照班学生各自的肺活量成绩均有显著差异。"时点×组别"交互作用显著（$F = 21,363$，$P < 0.001$），偏 Eta 方为 0.166，需要进行简单效应分析。简单效应分析结果表明，两组男生只有后测成绩存在显著差异。然而，实验班男生各阶段均有显著进步；对照班男生前测到 2 测、2 测到 3 测阶段进步显著，3 测到后测阶段有进步但不显著。从整体来看，实验班男生前测到后测进步幅度为 $\Delta = 411.816$，对照班男生进步幅度为 $\Delta = 144.244$。实验班女生和对照班女生的 4 次成绩均无显著差异。然而，实验班女生前测到 2 测、2 测到 3 测、3 测到后测均有显著进步；对照班女生前测到 2 测、2 测到 3 测阶段进步显著，3 测到后测阶段的变化呈下降趋势。从整体来看，教学干预期间，实验班男生进步幅度为 $\Delta = 411.816$，实验班女生进步幅度为 $\Delta = 301.703$。大二学生肺活量成绩变化如图 4-13 所示。

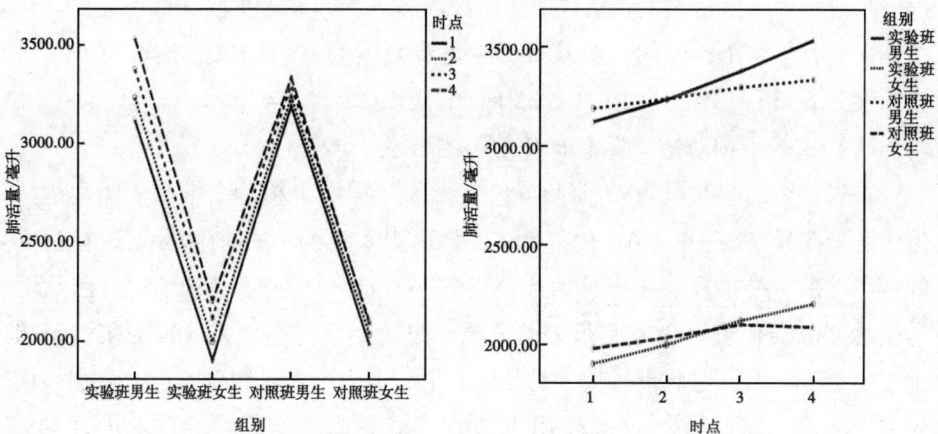

图 4-13 大二学生肺活量成绩变化图

2. 实验干预对学生体质指数（BMI）的影响结果

（1）实验干预对五年级学生 BMI 的影响结果。

首先将两组男生的 BMI 前测分值进行独立样本 T 检验，结果表明两组分值无显著差异（$t=-0.431$, $P>0.05$）；将两组女生的 BMI 前测分值进行独立样本 T 检验，结果表明两组分值无显著差异（$t=-0.188$, $P>0.05$）。然后对学生 BMI 进行重复测量方差分析。组间因素是组别，分别是实验班男生、实验班女生、对照班男生、对照班女生。组内因素是测量时点，分别是前测、2 测、3 测和后测。交互作用为"时点×组别"。球形检验显示 $P<0.05$，分析结果以多变量检验为准。时点主效应显著（$F=20.398$, $P<0.001$），偏 Eta 方为 0.164，即随着时间的推移，实验班和对照班学生各自的 BMI 分值均有显著差异。"时点×组别"交互作用显著（$F=4.303$, $P<0.01$），偏 Eta 方为 0.039，因此需要进行简单效应分析。由于 SPSS 22.0 软件中没有简单效应分析模块，所以需要进行额外编程，语法为"/EMMEANS = TABLES（时点 * 组别）COMPARE（时点）ADJ（SIDAK），/EMMEANS = TABLES（时点 * 组别）COMPARE（组别）ADJ（SIDAK）"。简单效应分析结果表明，虽然两组男生的 BMI 分值在各阶段均无显著差异，但是实验班男生前测到 2 测、3 测到后测阶段都有显著进步，2 测到 3 测阶段也有进步；对照班男生在上述 3 个阶段均有进步，但进步幅度都不显著。虽然两组女生的 BMI 分值在各阶段均无显著差异，但是实验班女生前测到 2 测、2 测到 3 测阶段均有进步，且 3 测到后测阶段进步显著；对照班女生在上述 3 个阶段均有进步，但进步幅度都不显著。从整体来看，教学干预期间，实验班男生进步幅度为 $\Delta=0.670$，实验班女生进步幅度为 $\Delta=0.613$。五年级学生 BMI 分值变化如图 4-14 所示。

（2）实验干预对初一学生 BMI 的影响结果。

首先将两组男生的 BMI 前测分值进行独立样本 T 检验，结果表明两组分值无显著差异（$t=-0.946$, $P>0.05$）；将两组女生的 BMI 前测分值进行独立样本 T 检验，结果表明两组分值无显著差异（$t=-1.238$, $P>0.05$）。然后对学生的 BMI 分值进行重复测量方差分析。组间因素是组别，分别为实验班男生、实验班女生、对照班男生、对照班女生。组内因素是测量时点，分别是前测、2 测、3 测和后测。交互作用为"时点×组别"。球形检验显示 $P<0.05$，分析结果以多变量检验为准。时点主效应显著（$F=4.880$, $P<0.01$），即随着时间的推移，实验班和对照班学生各自的 BMI 成绩均有显著差异。"时点×组别"交互作用显著（$F=3.264$, $P<0.05$），偏 Eta 方为 0.030，因此需要进行

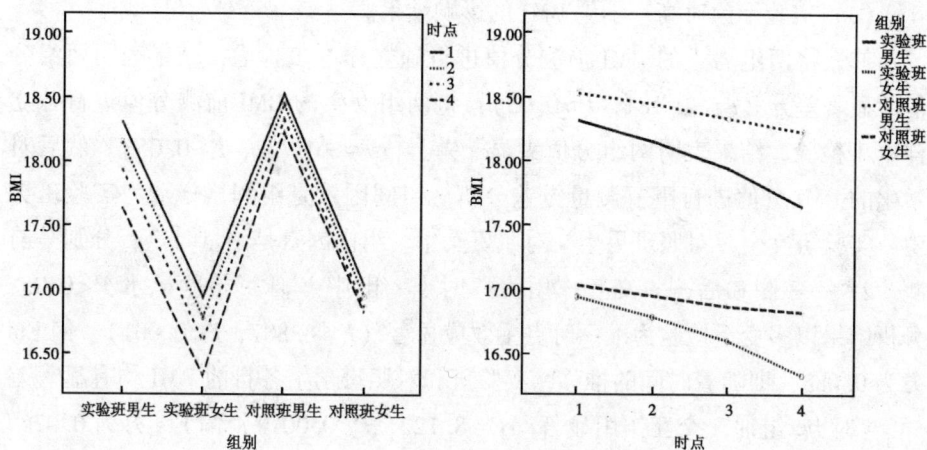

图4-14 五年级学生BMI分值变化图

简单效应分析。简单效应分析结果表明，实验班男生和对照班男生的BMI在4次测试中均无显著差异，且实验班男生和对照班男生各自的BMI在前测到2测、2测到3测、3测到后测阶段均出现进步，但进步幅度均不显著，其中实验班男生前测到后测进步幅度为$\Delta=0.464$，对照班男生前测到后测阶段进步幅度为$\Delta=0.197$。实验班女生和对照班女生的BMI在4次测试中均无显著差异，但是实验班女生前测到后测阶段的变化一直呈下降趋势；相比之下，对照班女生只有前测到2测阶段的变化呈下降趋势，2测到3测、3测到后测阶段的变化出现了不降反增趋势。从整体来看，教学干预期间，实验班男生进步幅度为$\Delta=0.464$，实验班女生进步幅度为$\Delta=0.386$。初一学生BMI分值变化如图4-15所示。

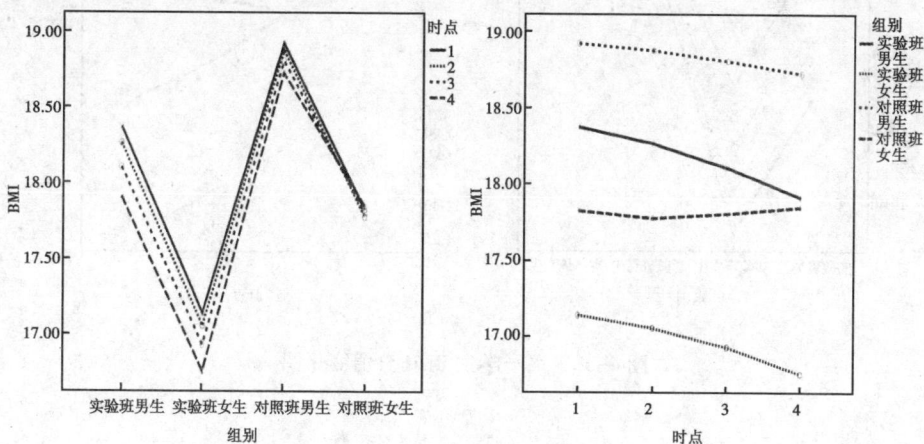

图4-15 初一学生BMI分值变化图

（3）实验干预对高一学生 BMI 的影响结果。

首先将两组男生的 BMI 前测分值进行独立样本 T 检验，结果表明两组分值无显著差异（$t=-0.181$，$P>0.05$）；将两组女生的 BMI 前测分值进行独立样本 T 检验，结果表明两组分值无显著差异（$t=-0.752$，$P>0.05$）。然后对学生的 BMI 分值进行重复测量方差分析。组间因素是组别，分别为实验班男生、实验班女生、对照班男生、对照班女生。组内因素是测量时点，分别是前测、2 测、3 测和后测，交互作用为"时点×组别"。球形检验显示 $P<0.05$，分析结果以多变量检验为准。时点主效应显著（$F=8.887$，$P<0.001$），偏 Eta 方为 0.083，即随着时间的推移，实验班和对照班学生各自的 BMI 均有显著差异。"时点×组别"交互作用显著（$F=8.122$，$P<0.001$），偏 Eta 方为 0.076，因此需要进行简单效应分析。简单效应分析结果表明，实验班男生和对照班男生的 BMI 在 4 次测试中均无显著差异。然而，实验班男生前测到 2 测、2 测到 3 测阶段进步显著，3 测到后测阶段进步幅度为 $\Delta=0.098$；对照班男生前测到 2 测、2 测到 3 测阶段有进步但不显著，3 测到后测阶段的变化呈上升趋势。同样，实验班女生和对照班女生的 BMI 在 4 次测试中均无显著差异。但是实验班女生前测到 2 测、2 测到 3 测、3 测到后测阶段均有显著进步；对照班女生只有前测到 2 测阶段有进步，2 测到 3 测、3 测到后测阶段的变化出现了不降反增趋势。从整体来看，教学干预期间，实验班男生进步幅度为 $\Delta=0.376$，实验班女生进步幅度为 $\Delta=0.389$。高一学生 BMI 变化如图 4-16 所示。

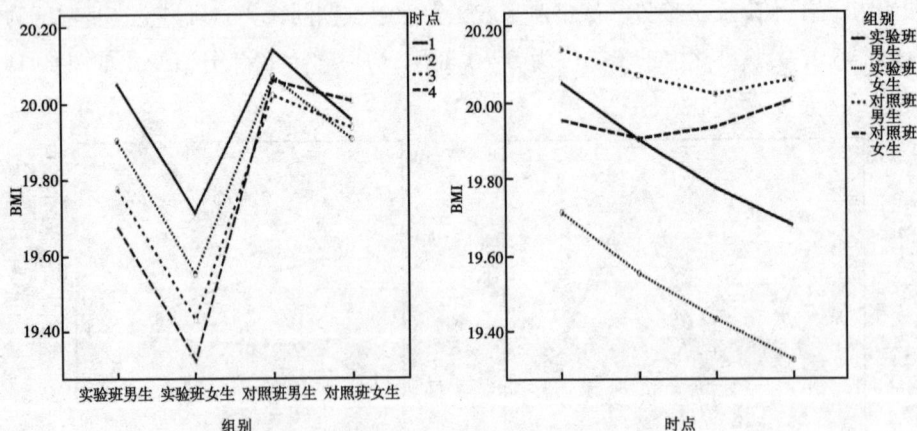

图 4-16　高一学生 BMI 分值变化图

（4）实验干预对大二学生 BMI 的影响结果。

首先将两组男生的 BMI 前测分值进行独立样本 T 检验，结果表明两组分值无显著差异（$t=0.547$，$P>0.05$）；将两组女生的 BMI 前测分值进行独立样本 T 检验，结果表明两组分值无显著差异（$t=1.439$，$P>0.05$）。然后对学生的 BMI 分值进行重复测量方差分析。组间因素是组别，分别为实验班男生、实验班女生、对照班男生、对照班女生。组内因素是测量时点，分别是前测、2 测、3 测和后测。交互作用为"时点×组别"。球形检验显示 $P<0.05$，分析结果以多变量检验为准。时点主效应显著（$F=6.317$，$P<0.001$），即随着时间的推移，实验班和对照班学生各自的 BMI 均有显著差异。"时点×组别"交互作用不显著（$F=0.739$，$P>0.05$），即不同组别随着时间的推移 BMI 差异不显著。综合来看，所有学生前测到 2 测、2 测到 3 测、3 测到后测阶段都有进步，然而各阶段进步幅度都不显著。其中，实验班男生前测到后测进步幅度为 $\Delta=0.320$，对照班男生前测到后测进步幅度为 $\Delta=0.173$；实验班女生前测到后测进步幅度为 $\Delta=0.344$，对照班女生前测到后测进步幅度为 $\Delta=0.175$。大二学生 BMI 变化如图 4-17 所示。

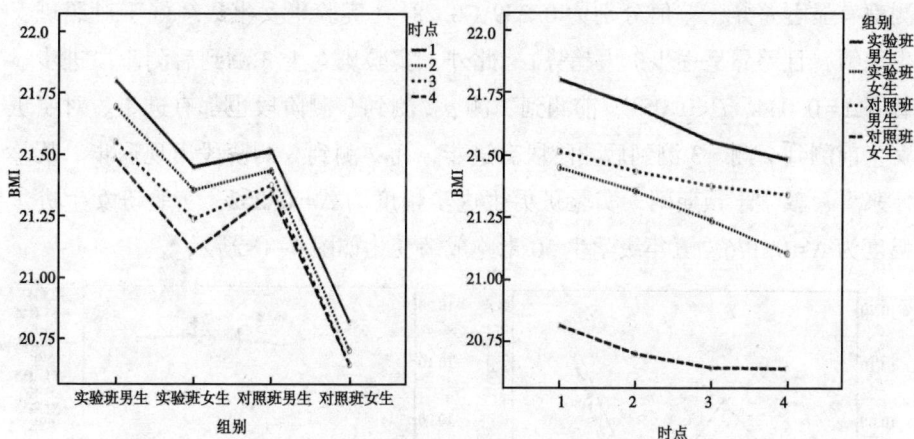

图 4-17 大二学生 BMI 分值变化图

3. 实验干预对学生 50 米跑的影响结果

（1）实验干预对五年级学生 50 米跑的影响结果。

首先将两组男生的 50 米跑前测成绩进行独立样本 T 检验，结果表明两组成绩无显著差异（$t=0.227$，$P>0.05$）；将两组女生的 50 米跑前测成绩进行独立样本 T 检验，结果表明两组成绩无显著差异（$t=-1.004$，$P>0.05$）。然后对学生的50米跑成绩进行重复测量方差分析。组间因素是组别,分别是实验班男生、实验班女生、对照班男生、对照班女生。组内因素是测量时点,分别是前测、2测、3测和后测。交互作用为"时点×组别"。球形检验显示$P<0.05$,分析结果以多变量检验为准。时点主效应显著($F=33.094$,$P<0.001$),偏Eta方为0.241,即随着时间的推移,实验班和对照班学生各自的50米跑成绩均有显著差异。"时点×组别"交互作用显著($F=9.287$,$P<0.001$),偏Eta方为0.081,因此需要进行简单效应分析。由于SPSS 22.0软件没有简单效应分析模块,因此需要进行编程,语法为"/EMMEANS=TABLES(时点 * 组别)COMPARE(时点)ADJ(SIDAK),/EMMEANS=TABLES(时点 * 组别)COMPARE(组别)ADJ(SIDAK)"。简单效应分析结果表明,虽然实验班男生和对照班男生的50米跑成绩在各阶段均无显著差异,但是实验班男生前测到2测、2测到3测、3测到后测阶段都有显著进步;对照班男生前测到2测、3测到后测阶段进步显著,2测到3测阶段有进步但不显著($\Delta=0.002$,$P>0.05$)。此外,实验班男生前测到后测进步幅度为$\Delta=0.252$,对照班男生前测到后测进步幅度为$\Delta=0.134$。两组女生的50米跑成绩在3测、后测都有显著差异,差值分别为0.239,0.281(实验班女生成绩好于对照班女生成绩,且差异呈逐步扩大趋势)。此外,实验班女生3测到后测阶段进步显著($\Delta=0.044$,$P<0.05$),前测到2测、2测到3测阶段也都有进步。对照班女生前测到2测、3测到后测阶段有进步,而2测到3测阶段出现退步。从整体来看,教学干预期间,实验班男生进步幅度为$\Delta=0.252$,实验班女生进步幅度为$\Delta=0.176$。五年级学生50米跑成绩变化如图4-18所示。

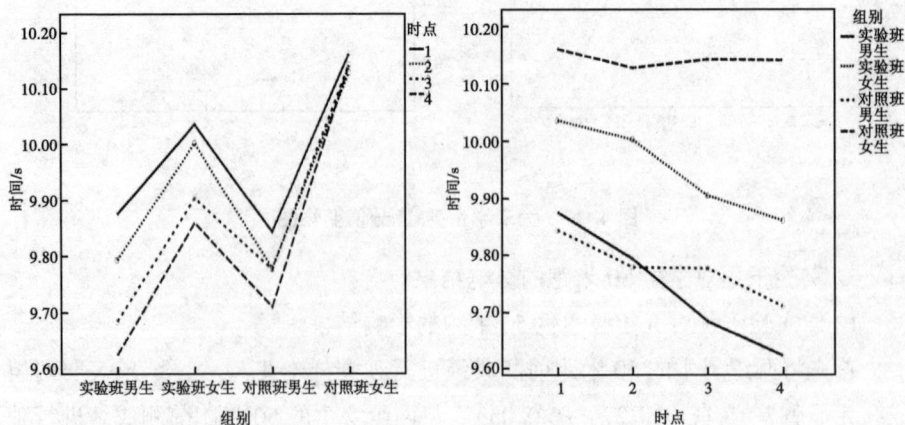

图 4-18　五年级学生 50 米跑成绩变化图

（2）实验干预对初一学生 50 米跑的影响结果。

首先将两组男生的 50 米跑前测成绩进行独立样本 T 检验，结果表明两组成绩无显著差异（$t=-0.802$，$P>0.05$）；将两组女生的 50 米跑前测成绩进行独立样本 T 检验，结果表明两组成绩无显著差异（$t=0.757$，$P>0.05$）。然后对学生的 50 米跑成绩进行重复测量方差分析。组间因素是组别，分别为实验班男生、实验班女生、对照班男生、对照班女生。组内因素是测量时点，分别是前测、2 测、3 测和后测。交互作用为"时点×组别"。球形检验显示 $P<0.05$，分析结果以多变量检验为准。时点主效应显著（$F=64.199$，$P<0.001$），即随着时间的推移，实验班和对照班学生各自的 50 米跑成绩均有显著差异。"时点×组别"交互作用显著（$F=9.758$，$P<0.001$），偏 Eta 方为 0.084，因此需要进行简单效应分析。简单效应分析结果表明，虽然两组男生的 50 米跑成绩在后测阶段才出现显著差异，但是实验班男生前测到 2 测、2 测到 3 测、3 测到后测阶段均有显著进步；对照班男生 3 测到后测阶段进步显著，前测到 2 测、2 测到 3 测阶段有进步但不显著。虽然两组女生的 4 次测试成绩均无显著差异，但是实验班女生前测到 2 测、2 测到 3 测、3 测到后测阶段均有显著进步；对照班女生 2 测到 3 测阶段进步显著，前测到 2 测、3 测到后测阶段有进步但不显著。从整体来看，教学干预期间，实验班男生进步幅度为 $\Delta=0.369$，实验班女生进步幅度为 $\Delta=0.364$。初一学生 50 米跑成绩变化如图 4-19 所示。

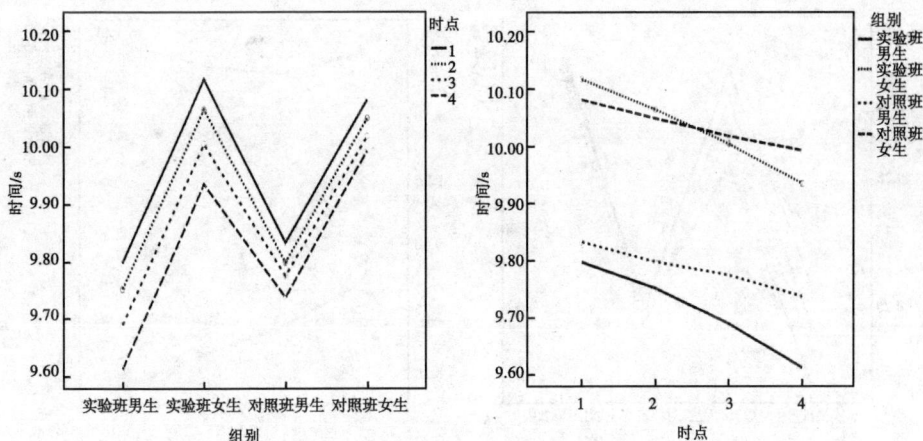

图 4-19 初一学生 50 米跑成绩变化图

（3）实验干预对高一学生 50 米跑的影响结果。

首先将两组男生的 50 米跑前测成绩进行独立样本 T 检验，结果表明两组成绩无显著差异（$t=0.799$，$P>0.05$）；将两组女生的 50 米跑前测成绩进行独立样本 T 检验，结果表明两组成绩无显著差异（$t=-0.565$，$P>0.05$）。然后对学生的 50 米跑成绩进行重复测量方差分析。组间因素是组别，分别为实验班男生、实验班女生、对照班男生、对照班女生。组内因素是测量时点，分别是前测、2 测、3 测和后测。交互作用为"时点×组别"。球形检验显示 $P<0.05$，分析结果以多变量检验为准。时点主效应显著（$F=23.598$，$P<0.001$），即随着时间的推移，实验班和对照班学生各自的 50 米跑成绩均有显著差异。"组别×时点"交互作用显著（$F=38.469$，$P<0.001$），偏 Eta 方为 0.279，因此需要进行简单效应分析。简单效应分析结果表明，虽然两组男生的 50 米跑成绩在后测阶段才出现显著差异，但是实验班男生各阶段均有显著进步，对照班男生只有前测到 2 测阶段有进步（$\Delta=0.080$），2 测到 3 测、3 测到后测阶段出现退步。实验班女生和对照班女生的 50 米跑成绩在 3 测、后测阶段出现显著差异。此外，实验班女生前测到 2 测、2 测到 3 测、3 测到后测阶段均有显著进步；对照班女生只有前测到 2 测阶段有进步（$\Delta=0.079$），2 测到 3 测、3 测到后测阶段出现退步。从整体来看，教学干预期间，实验班男生进步幅度为 $\Delta=0.375$，实验班女生进步幅度为 $\Delta=0.371$。高一学生 50 米跑成绩变化如图 4-20 所示。

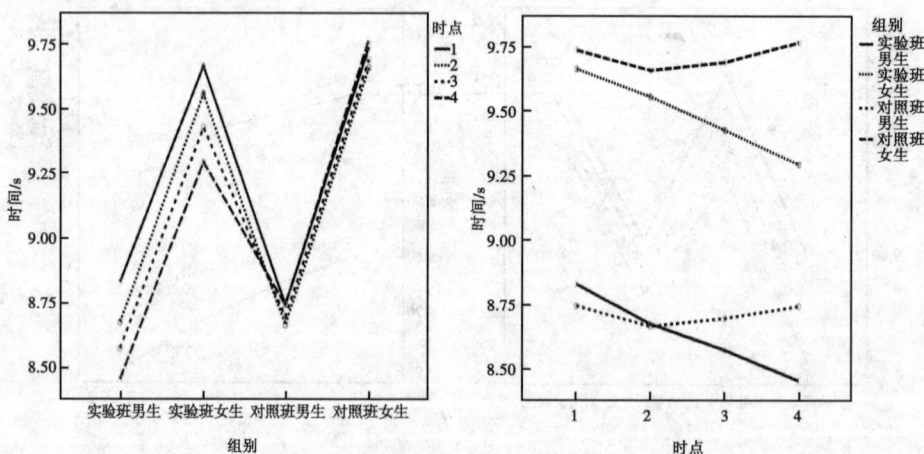

图 4-20　高一学生 50 米跑成绩变化图

（4）实验干预对大二学生 50 米跑的影响结果。

首先将两组男生的 50 米跑前测成绩进行独立样本 T 检验，结果表明两组成绩无显著差异（$t = 0.906$，$P > 0.05$）；将两组女生的 50 米跑前测成绩进行独立样本 T 检验，结果表明两组成绩无显著差异（$t = 1.034$，$P > 0.05$）。然后对学生的 50 米跑成绩进行重复测量方差分析。组间因素是组别，分别为实验班男生、实验班女生、对照班男生、对照班女生。组内因素是测量时点，分别是前测、2 测、3 测和后测，交互作用为"时点×组别"。球形检验显示 $P < 0.05$，分析结果以多变量检验为准。时点主效应显著（$F = 18.979$，$P < 0.001$），即随着时间的推移，实验班和对照班学生各自的 50 米跑成绩均有显著差异。"时点×组别"交互作用显著（$F = 16.819$，$P < 0.001$），偏 Eta 方为 0.135，因此需要进行简单效应分析。简单效应分析结果表明，两组男生的 4 次测试成绩均无显著差异。然而，实验班男生前测到 2 测、3 测到后测阶段均有显著进步，2 测到 3 测阶段进步幅度为 $\Delta = 0.079$（$P > 0.05$）；对照班男生只有前测到 2 测阶段有进步（$\Delta = 0.031$，$P > 0.05$），2 测到 3 测、3 测到后测阶段出现退步。同样，两组女生的 4 次测试成绩均无显著差异。然而，实验班女生前测到 2 测、2 测到 3 测阶段均有显著进步，3 测到后测阶段进步幅度为 $\Delta = 0.061$（$P > 0.05$）；对照班女生前测到 2 测阶段（$\Delta = 0.053$，$P > 0.05$）、3 测到后测阶段（$\Delta = 0.015$，$P > 0.05$）有进步，2 测到 3 测阶段出现退步。从整体来看，教学干预期间，实验班男生进步幅度为 $\Delta = 0.206$，实验班女生进步幅度为 $\Delta = 0.277$。大二学生 50 米跑成绩变化如图 4-21 所示。

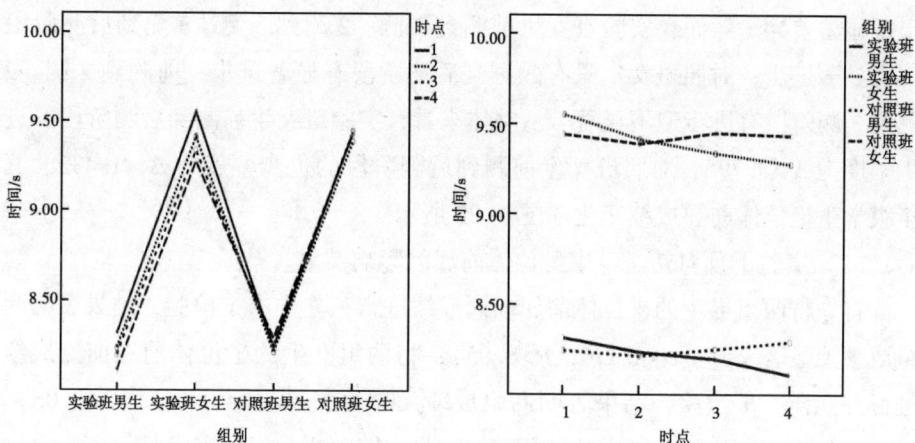

图 4-21 大二学生 50 米跑成绩变化图

4. 实验干预对学生坐位体前屈的影响结果

（1）实验干预对五年级学生坐位体前屈的影响结果。

首先将两组男生的坐位体前屈前测成绩进行独立样本 T 检验，结果表明两组成绩无显著差异（$t = 0.355$，$P > 0.05$）；将两组女生的坐位体前屈前测成绩进行独立样本 T 检验，结果表明两组成绩无显著差异（$t = 0.168$，$P > 0.05$）。然后对学生坐位体前屈成绩进行重复测量方差分析。组间因素是组别，分别是实验班男生、实验班女生、对照班男生、对照班女生。组内因素是测量时点，分别是前测、2 测、3 测和后测。交互作用为"时点×组别"。球形检验显示 $P < 0.05$，分析结果以多变量检验为准。时点主效应显著（$F = 94.359$，$P < 0.001$），偏 Eta 方为 0.476，即随着时间的推移，实验班和对照班学生各自的坐位体前屈成绩都有显著差异。"时点×组别"交互作用显著（$F = 21.325$，$P < 0.001$），偏 Eta 方为 0.169，因此需要进行简单效应分析。由于 SPSS 22.0 软件没有简单效应分析模块，所以需要额外编程，语法为"/EMMEANS = TABLES（时点 * 组别）COMPARE（时点）ADJ（SIDAK），/EMMEANS = TABLES（时点 * 组别）COMPARE（组别）ADJ（SIDAK）"。简单效应分析结果表明，实验班男生和对照班男生的坐位体前屈成绩只在后测阶段出现显著差异。然而，实验班男生前测到 2 测、2 测到 3 测、3 测到后测阶段都有显著进步；相比之下，对照班男生 2 测到 3 测、3 测到后测阶段的进步不显著。从整体来看，实验班男生前测到后测阶段的进步幅度为 $\Delta = 3.454$，对照班男生前测到后测阶段的进步幅度为 $\Delta = 1.392$。两组女生的坐位体前屈成绩只在后测出现显著差异。然而，实验班女生前测到 2 测、2 测到 3 测、3 测到后测阶段都有显著进步；对照班女生只有 3 测到后测阶段有显著进步，前测到 2 测、2 测到 3 测阶段有进步但不显著。从整体来看，实验班女生前测到后测阶段的进步幅度为 $\Delta = 3.796$，对照班女生前测到后测阶段的进步幅度为 $\Delta = 1.432$。五年级学生坐位体前屈成绩变化如图 4-22 所示。

（2）实验干预对初一学生坐位体前屈的影响结果。

首先将两组男生的坐位体前屈前测成绩进行独立样本 T 检验，结果表明两组成绩无显著差异（$t = 0.176$，$P > 0.05$）；将两组女生的坐位体前屈前测成绩进行独立样本 T 检验，结果表明两组成绩无显著差异（$t = 0.543$，$P > 0.05$）。然后对学生的坐位体前屈成绩进行重复测量方差分析。组间因素是组别，分别为实验班男生、实验班女生、对照班男生、对照班女生。组内因素是测量时点，分别是前测、2 测、3 测和后测。交互作用为"时点×组别"。球形检验显

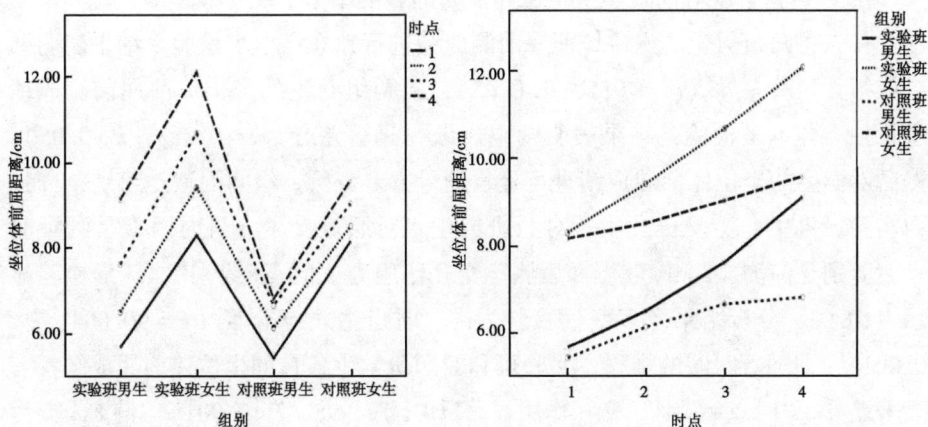

图4-22 五年级学生坐位体前屈成绩变化图

示 $P<0.05$，分析结果以多变量检验为准。时点主效应显著（$F=86.046$，$P<0.001$），即随着时间的推移，实验班和对照班学生各自的坐位体前屈成绩都有显著差异。"时点×组别"交互作用显著（$F=18.376$，$P<0.001$），偏 Eta 方为0.146，需要进行简单效应分析。简单效应分析结果表明，两组男生只有后测成绩有显著差异，两组女生也呈现同样的结果。然而，实验班学生各阶段均有显著进步；相比之下，对照班男生前测到2测、3测到后测阶段进步不显著，对照班女生3测到后测阶段进步不显著。从整体来看，教学干预期间，实验班男生进步幅度为 $\Delta=3.228$，实验班女生进步幅度为 $\Delta=3.161$。初一学生坐位体前屈成绩变化如图4-23所示。

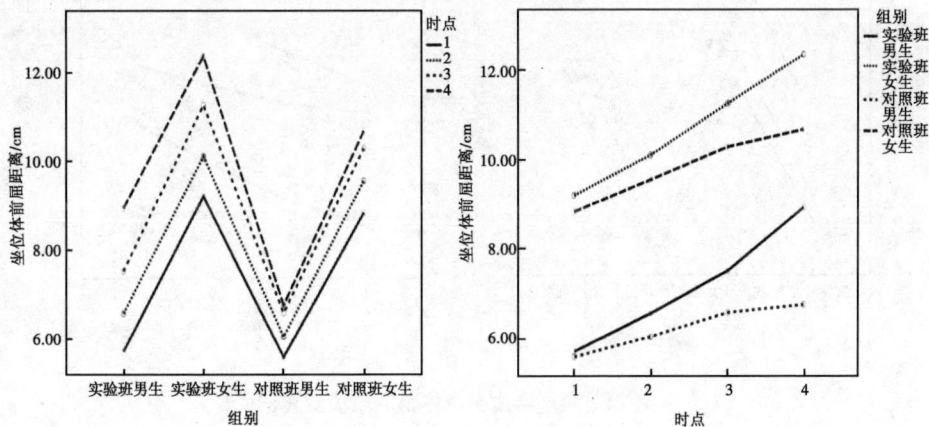

图4-23 初一学生坐位体前屈成绩变化图

（3）实验干预对高一学生坐位体前屈的影响结果。

首先将两组男生的坐位体前屈前测成绩进行独立样本 T 检验，结果表明两组成绩无显著差异（$t=0.985$，$P>0.05$）；将两组女生的坐位体前屈前测成绩进行独立样本 T 检验，结果表明两组成绩为显著差异（$t=0.883$，$P>0.05$）。然后对学生的坐位体前屈成绩进行重复测量方差分析。组间因素是组别，分别为实验班男生、实验班女生、对照班男生、对照班女生。组内因素是测量时点，分别是前测、2 测、3 测和后测。交互作用为"时点×组别"。球形检验显示 $P<0.05$，分析结果以多变量检验为准。时点主效应显著（$F=90.004$，$P<0.001$），即随着时间的推移，实验班和对照班学生各自的坐位体前屈成绩都有显著差异。"时点×组别"交互作用显著（$F=19.998$，$P<0.001$），偏 Eta 方为 0.168，因此需要进行简单效应分析。简单效应分析结果表明，虽然两组男生的坐位体前屈成绩在后测才出现显著差异，但是实验班男生前测到 2 测、2 测到 3 测、3 测到后测阶段均有显著进步；相比之下，对照班男生在上述几个阶段的进步幅度均不显著。同样，虽然实验班女生和对照班女生的成绩只在后测出现显著差异，但是实验班女生前测到 2 测、2 测到 3 测、3 测到后测阶段均有显著进步；而对照班女生只有 3 测到后测阶段进步显著，前测到 2 测、2 测到 3 测阶段有进步但不显著。从整体来看，教学干预期间，实验班男生进步幅度为 $\Delta=2.411$，实验班女生进步幅度为 $\Delta=2.739$。高一学生坐位体前屈成绩变化如图 4-24 所示。

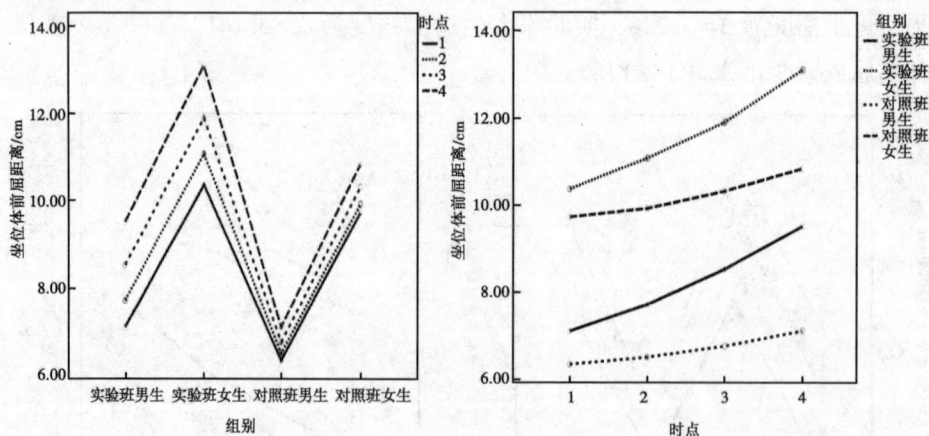

图 4-24 高一学生坐位体前屈成绩变化图

（4）实验干预对大二学生坐位体前屈的影响结果。

首先将两组男生的坐位体前屈前测成绩进行独立样本 T 检验，结果表明两组成绩无显著差异（$t=-1.321$，$P>0.05$）；将两组女生的坐位体前屈前测成绩进行独立样本 T 检验，结果表明两组成绩无显著差异（$t=-0.869$，$P>0.05$）。然后对学生的坐位体前屈成绩进行重复测量方差分析。组间因素是组别，分别为实验班男生、实验班女生、对照班男生、对照班女生。组内因素是测量时点，分别是前测、2 测、3 测和后测。交互作用为"时点×组别"。球形检验显示 $P<0.05$，分析结果以多变量检验为准。时点主效应显著（$F=26.470$，$P<0.001$），即随着时间的推移，实验班和对照班学生各自的坐位体前屈成绩都有显著差异。"时点×组别"交互作用显著（$F=13.423$，$P<0.001$），偏 Eta 方为 0.111，因此需要进行简单效应分析。简单效应分析结果表明，虽然两组男生的 4 次测试成绩均无显著差异，但是实验班男生前测到 2 测阶段进步显著，2 测到 3 测阶段（$\Delta=0.286$）、3 测到后测阶段（$\Delta=0.516$）也都有进步；对照班男生前测到 2 测阶段（$\Delta=0.233$）、2 测到 3 测阶段（$\Delta=0.083$）都有进步，然而 3 测到后测阶段的变化呈下降趋势。虽然两组女生的 4 次测试成绩均无显著差异，但是实验班女生前测到 2 测、3 测到后测阶段进步显著，2 测到 3 测阶段进步幅度为 $\Delta=0.516$；对照班女生前测到 2 测、3 测到后测阶段有进步但不显著，2 测到 3 测阶段的变化呈下降趋势。从整体来看，教学干预期间，实验班男生进步幅度为 $\Delta=1.767$，实验班女生进步幅度为 $\Delta=2.465$。大二学生坐位体前屈成绩变化如图 4-25 所示。

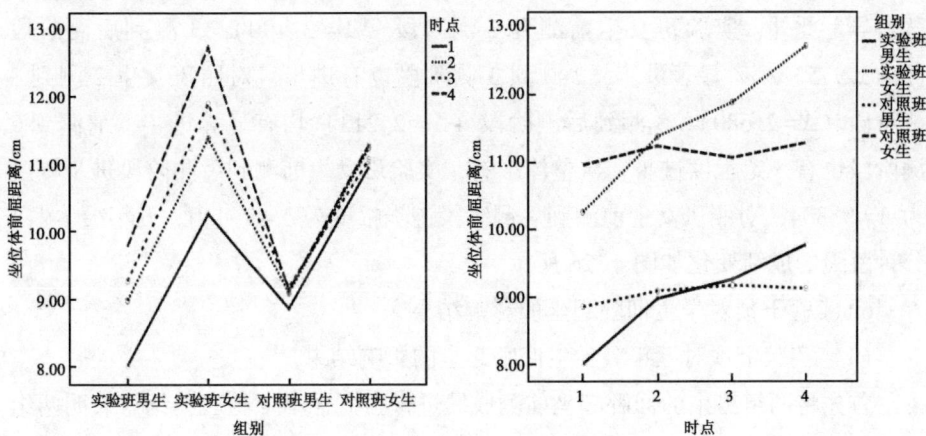

图 4-25 大二学生坐位体前屈成绩变化图

5. 实验干预对五年级学生 1 分钟跳绳的影响结果

首先将两组男生的跳绳前测成绩进行独立样本 T 检验，结果表明两组成绩无显著差异（$t=-0.356$，$P>0.05$）；将两组女生的跳绳前测成绩进行独立样本 T 检验，结果表明两组成绩无显著差异（$t=-0.775$，$P>0.05$）。然后对学生的跳绳成绩进行重复测量方差分析。组间因素是组别，分别是实验班男生、实验班女生、对照班男生、对照班女生。组内因素是测量时点，分别是前测、2 测、3 测和后测。交互作用为"时点×组别"。球形检验显示 $P<0.05$，分析结果以多变量检验为准。时点主效应显著（$F=37.816$，$P<0.001$），偏 Eta 方为 0.267，即随着时间的推移，实验班和对照班学生各自的跳绳成绩均出现显著差异。"时点×组别"交互作用显著（$F=11.826$，$P<0.001$），偏 Eta 方为 0.102，因此需要进行简单效应分析。由于 SPSS 22.0 软件没有简单效应分析模块，所以需要额外编程，语法为"/EMMEANS = TABLES（时点 * 组别）COMPARE（时点）ADJ（SIDAK），/EMMEANS = TABLES（时点 * 组别）COMPARE（组别）ADJ（SIDAK）"。简单效应分析结果表明，虽然实验班男生和对照班男生的跳绳成绩在 4 个阶段均无显著差异，但是实验班男生前测到 2 测阶段（$\Delta=4.082$）、3 测到后测阶段（$\Delta=3.235$）都有显著进步，2 测到 3 测阶段也有进步；对照班男生只有 2 测到 3 测阶段有显著进步（$\Delta=2.949$），3 测到后测阶段有进步但不显著，前测到 2 测阶段的变化呈下降趋势。从整体来看，实验班男生前测到后测阶段进步幅度为 $\Delta=9.518$，对照班男生前测到后测阶段进步幅度为 $\Delta=1.595$。实验班女生和对照班女生的 4 次跳绳成绩均无显著差异。此外，实验班女生前测到 2 测阶段（$\Delta=3.190$）、3 测到后测阶段（$\Delta=3.975$）都有显著进步，2 测到 3 测阶段也有进步；对照班女生 2 测到 3 测阶段（$\Delta=2.680$）、3 测到后测阶段（$\Delta=2.213$）均有显著进步，前测到 2 测阶段也有一定程度进步。从整体来看，实验班女生前测到后测阶段进步幅度为 $\Delta=9.304$，对照班女生前测到后测阶段进步幅度为 $\Delta=7.440$。五年级学生 1 分钟跳绳的成绩变化如图 4-26 所示。

6. 实验干预对学生仰卧起坐的影响结果

（1）实验干预对五年级学生仰卧起坐的影响结果。

首先将两组男生的仰卧起坐前测成绩进行独立样本 T 检验，结果表明两组成绩无显著差异（$t=-1.044$，$P>0.05$）；将两组女生的仰卧起坐前测成绩进行独立样本 T 检验，结果表明两组成绩无显著差异（$t=-1.078$，$P>0.05$）。然后对学生的仰卧起坐成绩进行重复测量方差分析。组间因素是组别，分别是

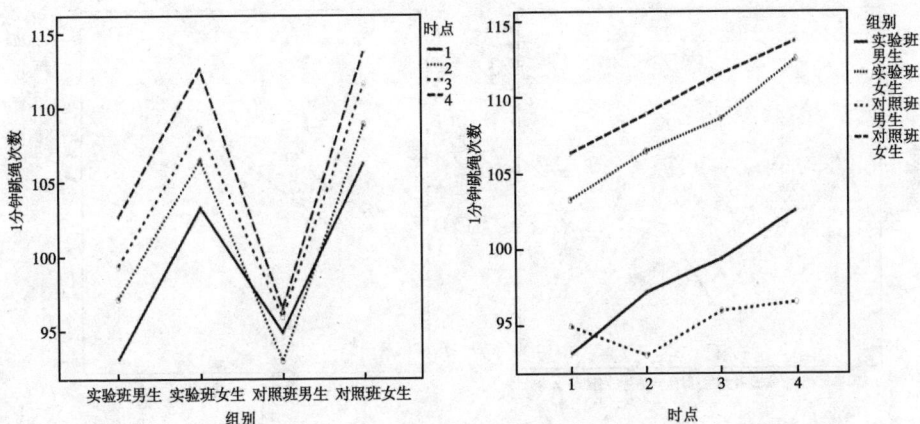

图 4-26 五年级学生 1 分钟跳绳成绩变化图

实验班男生、实验班女生、对照班男生、对照班女生。组内因素是测量时点，分别是前测、2 测、3 测和后测。交互作用为"时点×组别"。球形检验显示 $P <$ 0.05，分析结果以多变量检验为准。时点主效应显著（$F = 83.846$，$P <$ 0.001），偏 Eta 方为 0.446，即随着时间的推移，实验班和对照班学生各自的仰卧起坐成绩均有显著差异。"时点×组别"交互作用显著（$F = 29.635$，$P <$ 0.001），偏 Eta 方为 0.221，因此需要进行简单效应分析。由于 SPSS 22.0 软件中没有简单效应分析模块，所以需要进行额外编程，语法为"/EMMEANS = TABLES（时点 * 组别）COMPARE（时点）ADJ（SIDAK），/EMMEANS = TA-BLES（时点 * 组别）COMPARE（组别）ADJ（SIDAK）"。简单效应分析结果表明，虽然两组男生的 4 次测试成绩均无显著差异，但是实验班男生各阶段均有显著进步；对照班男生前测到 2 测、2 测到 3 测阶段进步显著，3 测到后测阶段有进步但不显著（$\Delta = 0.468$，$P > 0.05$）。从整体来看，实验班男生前测到后测阶段进步幅度为 $\Delta = 5.447$，对照班男生前测到后测阶段进步幅度为 $\Delta =$ 3.203。两组女生的仰卧起坐成绩在 4 次测试中均无显著差异。然而，实验班女生前测到 2 测、2 测到 3 测、3 测到后测阶段均有显著进步；对照班女生只有 2 测到 3 测阶段有显著进步，前测到 2 测、3 测到后测阶段的变化呈下降趋势。从整体来看，实验班女生前测到后测阶段的进步幅度为 $\Delta = 3.848$，对照班女生前测到后测阶段的进步幅度为 $\Delta = 1.080$。五年级学生 1 分钟仰卧起坐的成绩变化如图 4-27 所示。

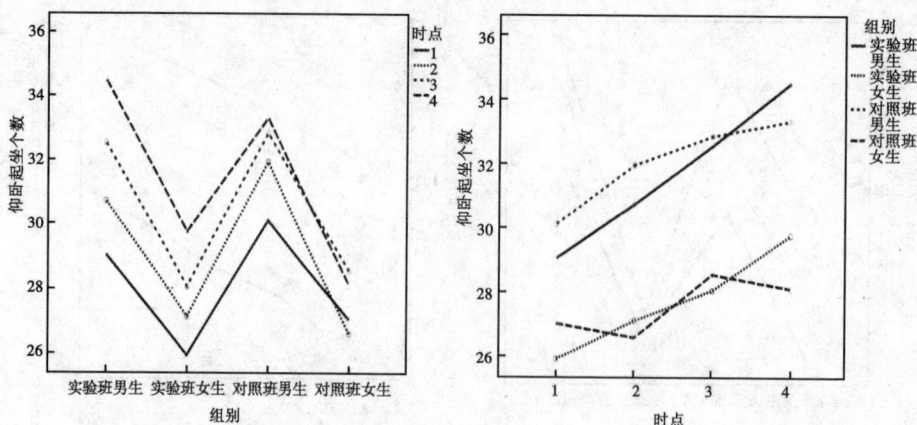

图 4-27　五年级学生仰卧起坐成绩变化图

（2）实验干预对初一女生仰卧起坐的影响结果。

首先将两组女生的仰卧起坐前测成绩进行独立样本 T 检验，结果表明两组成绩无显著差异（$t=-1.659$，$P>0.05$）。然后对学生的成绩实施重复测量方差分析。组间因素是组别，分别指实验班女生、对照班女生。组内因素是测量时点，分别是前测、2 测、3 测和后测。交互作用为"时点×组别"。球形检验显示 $P<0.05$，分析结果以多变量检验为准。时点主效应显著（$F=48.348$，$P<0.001$），即随着时间的推移，两组女生各自的仰卧起坐成绩均有显著差异。"时点×组别"交互作用显著（$F=16.956$，$P<0.001$），偏 Eta 方为 0.246，因此需要进行简单效应分析。简单效应分析结果表明，虽然两组女生的仰卧起坐成绩只在后测出现显著差异，但是实验班女生前测到 2 测、2 测到 3 测、3 测到后测阶段均有显著进步；对照班女生在上述几个阶段虽然都有进步，但进步幅度都不显著。初一女生仰卧起坐成绩变化如图 4-28 所示。

（3）实验干预对高一女生仰卧起坐的影响结果。

首先将两组女生的仰卧起坐前测成绩进行独立样本 T 检验，结果表明两组成绩无显著差异（$t=-1.106$，$P>0.05$）。然后对学生的仰卧起坐成绩进行重复测量方差分析。组间因素是组别，分别为实验班女生、对照班女生。组内因素是测量时点，分别是前测、2 测、3 测和后测。交互作用为"组别×时点"。球形检验显示 $P<0.05$，分析结果以多变量检验为准。时点主效应显著（$F=48.271$，$P<0.001$），即随着时间的推移，两组女生各自的仰卧起坐成绩均有显著差异。"时点×组别"交互作用显著（$F=33.351$，$P<0.001$），偏 Eta 方为 0.412，因此需要进行简单效应分析。简单效应分析结果表明，虽然实验班女

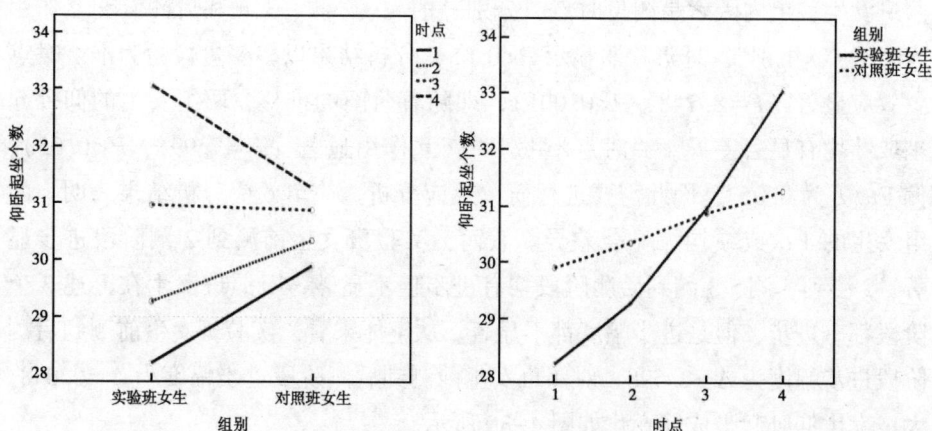

图 4-28 初一女生仰卧起坐成绩变化图

生和对照班女生的仰卧起坐成绩只在后测出现显著差异，但是实验班女生前测到 2 测、2 测到 3 测、3 测到后测阶段均有显著进步；对照班女生只有 2 测到 3 测阶段有显著进步，前测到 2 测阶段进步幅度为 $\Delta = 0.371$，3 测到后测阶段的变化呈下降趋势。高一女生仰卧起坐成绩变化如图 4-29 所示。

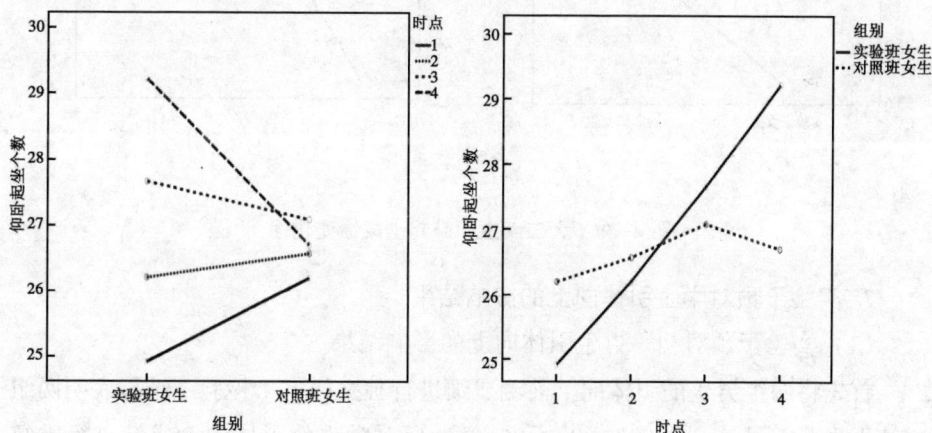

图 4-29 高一女生仰卧起坐成绩变化图

（4）实验干预对大二女生仰卧起坐的影响结果。

首先将实验班女生和对照班女生的仰卧起坐前测成绩进行独立样本 T 检验，结果表明两组成绩无显著差异（$t = -1.084$，$P > 0.05$）。然后对学生的仰卧起坐成绩进行重复测量方差分析。组间因素是组别，分别为实验班女生、对照班女生。组内因素是测量时点，分别是前测、2测、3测和后测。交互作用为"时点×组别"。球形检验显示 $P<0.05$，分析结果以多变量检验为准。时点主效应显著（$F=8.748$，$P<0.001$），即随着时间的推移，两组女生的仰卧起坐成绩均有显著差异。"时点×组别"交互作用显著（$F=2.991$，$P<0.05$），偏 Eta 方为 0.057，因此需要进行简单效应分析。简单效应分析结果表明，两组女生的4次成绩均无显著差异。然而，实验班女生前测到2测阶段进步显著，2测到3测、3测到后测阶段均有进步但不显著；对照班女生在上述3个阶段都有进步，但是进步幅度都不显著。从整体来看，实验班女生前测到后测阶段进步幅度为 $\Delta=2.598$，对照班女生前测到后测阶段进步幅度为 $\Delta=0.648$。大二女生仰卧起坐成绩变化如图4-30所示。

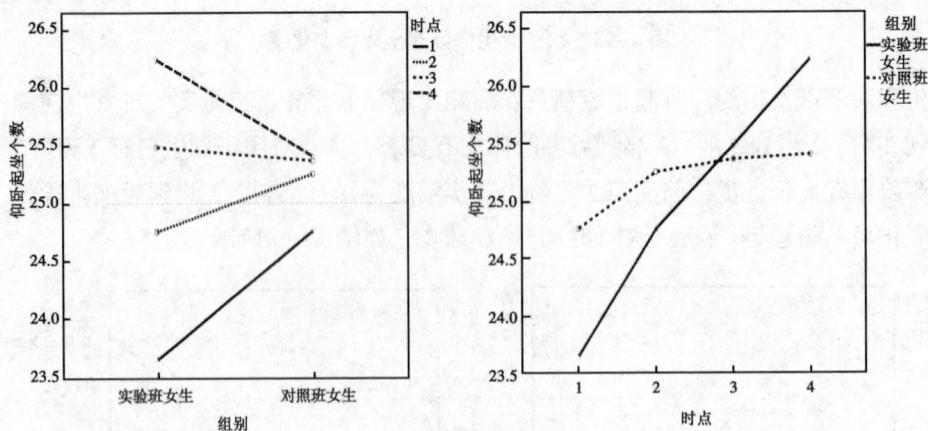

图4-30 大二女生仰卧起坐成绩变化图

7. 实验干预对学生引体向上的影响结果

（1）实验干预对初一男生引体向上的影响结果。

首先将两组男生的引体向上前测成绩进行独立样本 T 检验，结果表明两组成绩无显著差异（$t=0.877$，$P>0.05$）。然后对学生的引体向上成绩进行重复测量方差分析。组间因素是组别，分别为实验班男生、对照班男生。组内因素是测量时点，分别是前测、2测、3测和后测。交互作用为"时点×组别"。球形检验显示 $P<0.05$，分析结果以多变量检验为准。时点主效应显著（$F=30.310$，$P<0.001$），即随着时间的推移，两组男生各自的引体向上成绩均有显著差异。"时点×组别"交互作用显著（$F=12.150$，$P<0.001$），偏 Eta 方为0.184，因此需要进行简单效应分析。由于 SPSS 22.0 软件没有简单效应分析

模块，所以需要进行额外编程，语法为"/EMMEANS=TABLES（时点＊组别）COMPARE（时点）ADJ（SIDAK），/EMMEANS = TABLES（时点＊组别）COMPARE（组别）ADJ（SIDAK）"。简单效应分析结果表明，实验班男生和对照班男生的引体向上成绩在2测（$\Delta = 0.482$）、3测（$\Delta = 0.627$）、后测（$\Delta = 0.998$）均出现显著差异且随着时间的推移，两个班级的均值差越来越大。此外，实验班男生前测到2测、2测到3测、3测到后测阶段均有显著进步；对照班男生在上述几个阶段虽有进步，但进步幅度都不显著。初一男生引体向上成绩变化如图4-31所示。

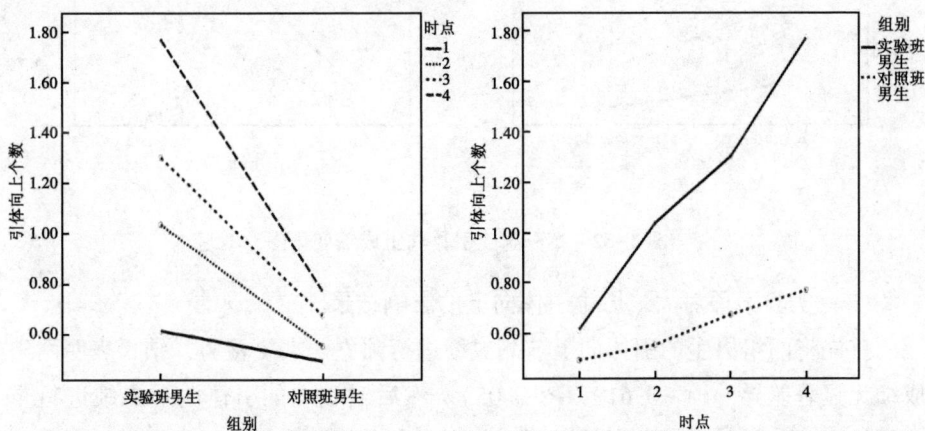

图4-31 初一男生引体向上成绩变化图

（2）实验干预对高一男生引体向上的影响结果。

首先将实验班男生和对照班男生的引体向上前测成绩进行独立样本T检验，结果表明两组成绩为显著差异（$t = 0.453$，$P > 0.05$）。然后对学生的引体向上成绩进行重复测量方差分析。组间因素是组别，分别为实验班男生、对照班男生。组内因素是测量时点，分别是前测、2测、3测和后测。交互作用为"时点×组别"。球形检验显示$P < 0.05$，分析结果以多变量检验为准。时点主效应显著（$F = 36.268$，$P < 0.001$），偏Eta方为0.419，即随着时间的推移，两组男生各自的引体向上成绩均有显著差异。"时点×组别"交互作用显著（$F = 6.124$，$P < 0.01$），偏Eta方为0.108，因此需要进行简单效应分析。简单效应分析结果表明，实验班男生和对照班男生的引体向上成绩在3测、后测均出现显著差异。此外，实验班男生前测到2测、2测到3测、3测到后测阶段均有显著进步，对照班男生前测到2测、3测到后测阶段进步显著，2测到3测阶

段有进步但不显著。从整体来看，实验班男生前测到后测阶段进步幅度为 $\Delta = 1.671$，对照班男生前测到后测阶段进步幅度为 $\Delta = 0.684$。高一男生引体向上成绩变化如图 4-32 所示。

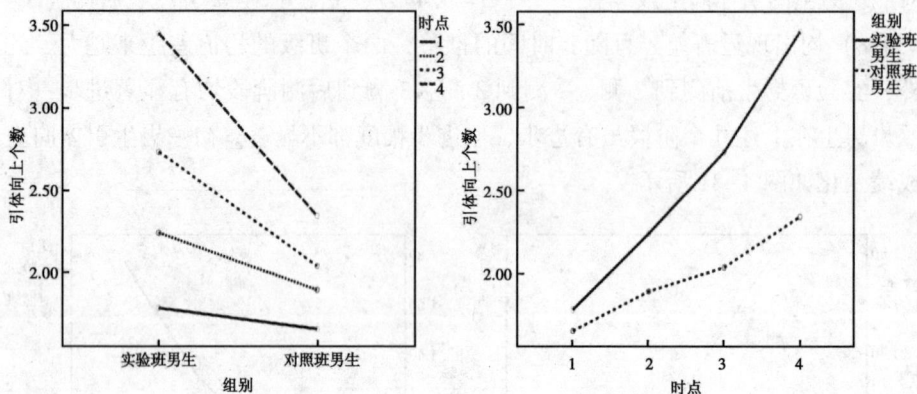

图4-32　高一男生引体向上成绩变化图

（3）实验干预对大二男生引体向上的影响结果。

首先将两组男生的引体向上前测成绩进行独立样本 T 检验，结果表明两组成绩无显著差异（$t = -0.610$，$P > 0.05$）。然后对学生的引体向上成绩进行重复测量方差分析。组间因素是组别，分别为实验班男生、对照班男生。组内因素是测量时点，分别是前测、2 测、3 测和后测。交互作用为"时点×组别"。球形检验显示 $P < 0.05$，分析结果以多变量检验为准。时点主效应显著（$F = 9.401$，$P < 0.001$），即随着时间的推移，两组男生各自的引体向上成绩均有显著差异。"时点×组别"交互作用显著（$F = 7.145$，$P < 0.001$），偏 Eta 方为 0.113，需要进行简单效应分析。简单效应分析结果表明，两组男生的后测成绩有显著差异。此外，实验班男生前测到 2 测、3 测到后测阶段进步显著，2 测到 3 测阶段也有进步；对照班男生前测到 2 测、3 测到后测阶段有进步但不显著，2 测到 3 测阶段的变化呈下降趋势。大二男生引体向上成绩变化如图 4-33 所示。

8. 实验干预对学生立定跳远的影响结果

（1）实验干预对初一学生立定跳远的影响结果。

首先将两组男生的立定跳远前测成绩进行独立样本 T 检验，结果表明两组成绩无显著差异（$t = -0.817$，$P > 0.05$）；将两组女生的立定跳远前测成绩进行独立样本 T 检验，结果表明两组成绩无显著差异（$t = -1.139$，$P > 0.05$）。

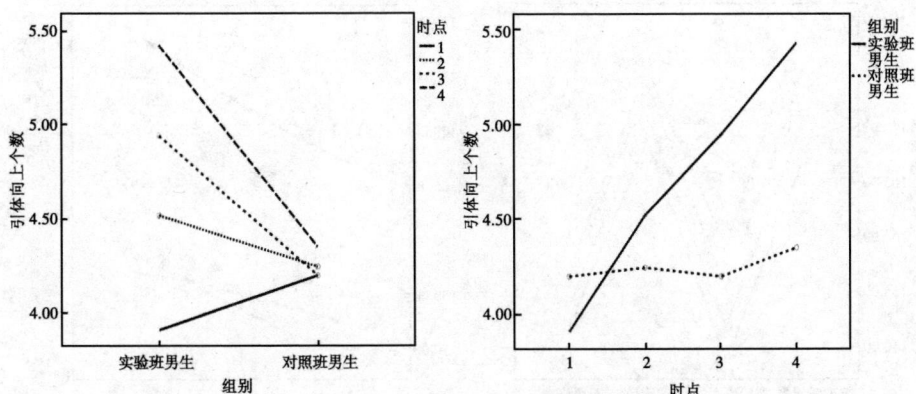

图 4-33 大二男生引体向上成绩变化图

然后对学生的立定跳远成绩进行重复测量方差分析。组间因素是组别，分别为实验班男生、实验班女生、对照班男生、对照班女生。组内因素是测量时点，分别是前测、2 测、3 测和后测。交互作用为"时点×组别"。球形检验显示 $P<0.05$，分析结果以多变量检验为准。时点主效应显著（$F = 108.664$，$P<0.001$），即随着时间的推移，所有学生各自的成绩均有显著差异。"时点×组别"交互作用显著（$F = 17.545$，$P<0.001$），偏 Eta 方为 0.140，因此需要进行简单效应分析。由于 SPSS 22.0 软件中没有简单效应分析模块，所以需要进行额外编程，语法为"/EMMEANS = TABLES（时点 * 组别）COMPARE（时点）ADJ（SIDAK），/EMMEANS = TABLES（时点 * 组别）COMPARE（组别）ADJ（SIDAK）"。简单效应分析结果表明，虽然两组男生的 4 次测试成绩均无显著差异，但是实验班男生各阶段均有显著进步；对照班男生前测到 2 测、2 测到 3 测阶段进步显著，3 测到后测阶段有进步但不显著。从整体来看，实验班男生前测到后测阶段的进步幅度为 $\Delta = 13.012$，对照班男生前测到后测阶段的进步幅度为 $\Delta = 6.361$。实验班女生和对照班女生的 4 次立定跳远成绩均无显著差异，但是实验班女生前测到 2 测、2 测到 3 测、3 测到后测阶段均有显著进步；对照班女生只有 2 测到 3 测阶段有显著进步，前测到 2 测、3 测到后测阶段有进步但不显著。从整体来看，实验班女生前测到后测阶段进步幅度为 $\Delta = 10.383$，对照班女生前测到后测阶段进步幅度为 $\Delta = 5.127$。初一学生立定跳远成绩变化如图 4-34 所示。

（2）实验干预对高一学生立定跳远的影响结果。

首先将两组男生的立定跳远前测成绩进行独立样本 T 检验，结果表明两组

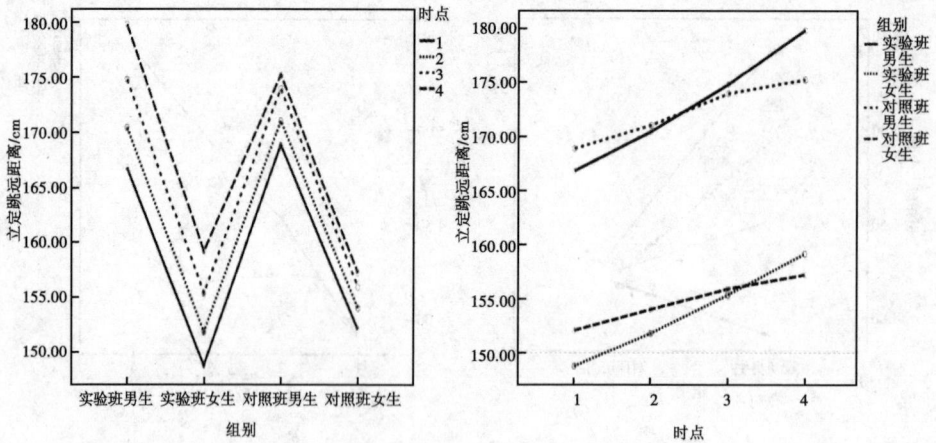

图 4-34 初一学生立定跳远成绩变化图

成绩无显著差异 ($t=-0.738$，$P>0.05$)；将两组女生的立定跳远前测成绩进行独立样本 T 检验，结果表明两组成绩无显著差异 ($t=-0.595$，$P>0.05$)。然后对学生的成绩进行重复测量方差分析。组间因素是组别，分别为实验班男生、实验班女生、对照班男生、对照班女生。组内因素是测量时点，分别是前测、2 测、3 测和后测。交互作用为"时点×组别"。球形检验显示 $P<0.05$，分析结果以多变量检验为准。时点主效应显著 ($F=74.798$，$P<0.001$)，即随着时间的推移，实验班和对照班学生各自的立定跳远成绩均有显著差异。"时点×组别"交互作用显著 ($F=23.228$，$P<0.001$)，偏 Eta 方为 0.190，因此需要进行简单效应分析。简单效应分析结果表明，虽然两组男生的 4 次测试成绩均无显著差异，但是实验班男生前测到 2 测、2 测到 3 测、3 测到后测阶段均有显著进步；对照班男生前测到 2 测、3 测到后测阶段有显著进步，2 测到 3 测阶段进步幅度为 $\Delta=0.533$ ($P>0.05$)。从整体来看，实验班男生前测到后测阶段进步幅度为 $\Delta=6.848$，对照班男生前测到后测阶段进步幅度为 $\Delta=3.171$。两组女生的 4 次测试成绩均无显著差异，但是实验班女生前测到 2 测、2 测到 3 测、3 测到后测阶段均有显著进步；对照班女生只有前测到 2 测阶段进步显著，2 测到 3 测阶段进步幅度为 $\Delta=0.556$ ($P>0.05$)，3 测到后测阶段的变化呈下降趋势。从整体来看，实验班女生前测到后测阶段进步幅度为 $\Delta=6.170$，对照班女生前测到后测阶段进步幅度为 $\Delta=1.227$。高一学生跳远成绩变化如图 4-35 所示。

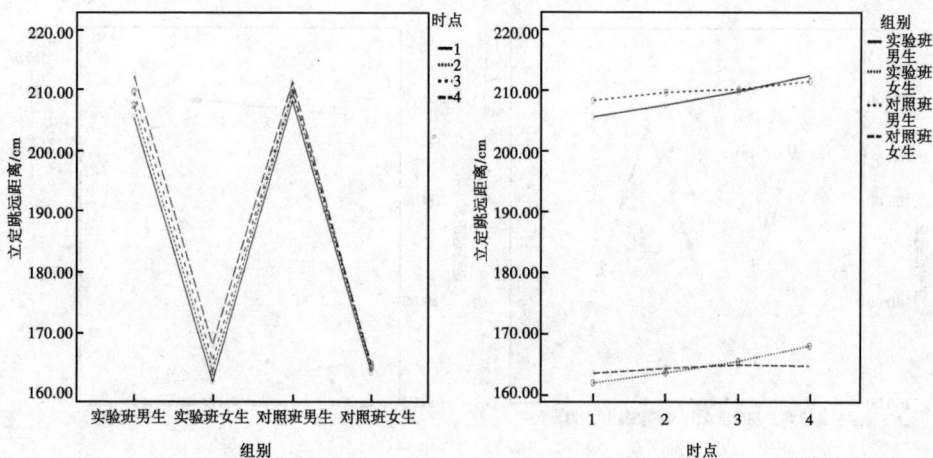

图4-35 高一学生立定跳远成绩变化图

（3）实验干预对大二学生立定跳远的影响结果。

首先将两组男生的立定跳远前测成绩进行独立样本T检验，结果表明两组成绩无显著差异（$t=0.840$，$P>0.05$）；将两组女生的立定跳远前测成绩进行独立样本T检验，结果表明两组成绩无显著差异（$t=0.063$，$P>0.05$）。然后对学生的成绩进行重复测量方差分析。组间因素是组别，分别为实验班男生、实验班女生、对照班男生、对照班女生。组内因素是测量时点，分别是前测、2测、3测和后测。交互作用为"时点×组别"。球形检验显示$P<0.05$，分析结果以多变量检验为准。时点主效应显著（$F=4.597$，$P<0.01$），即随着时间的推移，实验班和对照班学生各自的立定跳远成绩均有显著差异。"时点×组别"交互作用显著（$F=36.501$，$P<0.001$），偏Eta方为0.254，需要进行简单效应分析。简单效应分析结果表明，两组男生只有后测成绩出现显著差异。然而，实验班男生2测到3测、3测到后测阶段进步显著，前测到2测阶段进步幅度为$\Delta=1.184$；相比之下，对照班男生只是2测到3测阶段有进步，前测到2测、3测到后测阶段出现退步。同样，两组女生只是后测成绩有显著差异。然而，实验班女生各阶段都有显著进步；相比之下，对照班女生上述3个阶段的变化都呈下降趋势。从整体来看，教学干预期间，实验班男生进步幅度为$\Delta=5.011$，实验班女生进步幅度为$\Delta=3.646$。大二学生立定跳远成绩变化如图4-36所示。

9. 实验干预对学生耐力跑的影响结果

（1）实验干预对五年级学生50米×8往返跑的影响结果。

首先将两组男生的往返跑前测成绩进行独立样本T检验，结果表明两组成

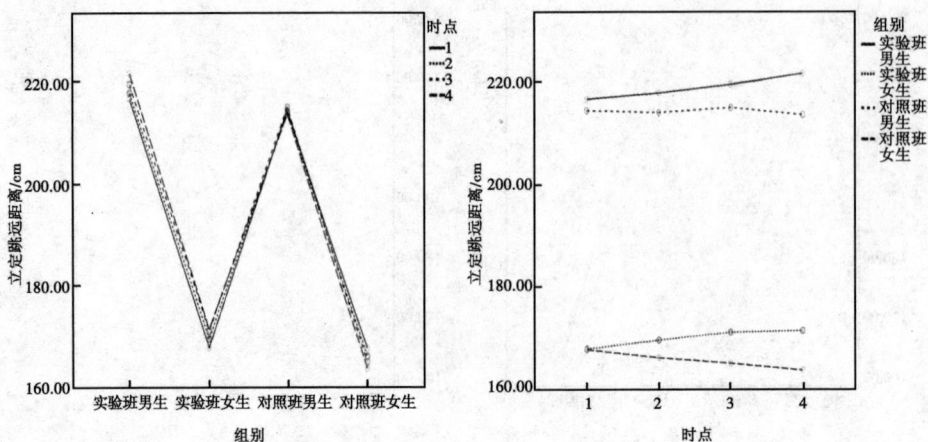

图 4-36 大二学生立定跳远成绩变化图

绩无显著差异（$t=-0.313$，$P>0.05$）；将两组女生的往返跑前测成绩进行独立样本 T 检验，结果表明两组成绩无显著差异（$t=-0.189$，$P>0.05$）。然后对学生的成绩进行重复测量方差分析。组间因素是组别，分别是实验班男生、实验班女生、对照班男生、对照班女生。组内因素是测量时点，分别是前测、2 测、3 测和后测。交互作用为"时点×组别"。球形检验显示 $P<0.05$，分析结果以多变量检验为准。时点主效应显著（$F=21.715$，$P<0.001$），偏 Eta 方为 0.173，即随着时间的推移，实验班和对照班学生各自的往返跑成绩均有显著差异。"时点×组别"交互作用显著（$F=18.525$，$P<0.001$），偏 Eta 方为 0.150，因此需要进行简单效应分析。由于 SPSS 22.0 软件没有简单效应分析模块，所以需要额外编程，语法为"/EMMEANS = TABLES（时点 * 组别）COMPARE（时点）ADJ（SIDAK），/EMMEANS = TABLES（时点 * 组别）COMPARE（组别）ADJ（SIDAK）"。简单效应分析结果表明，两组男生的往返跑成绩只在后测阶段有显著差异。然而，实验班男生各阶段均有显著进步；相比之下，对照班男生在上述 3 个阶段都有进步，但进步幅度都不显著。实验班女生和对照班女生的往返跑成绩在 3 测、后测阶段出现显著差异。此外，实验班女生前测到 2 测、2 测到 3 测、3 测到后测阶段均有显著进步；对照班女生只有 3 测到后测阶段有进步，前测到 2 测、2 测到 3 测阶段出现退步。从整体来看，教学干预期间，实验班男生进步幅度为 $\Delta=8.459$，实验班女生进步幅度为 $\Delta=7.025$。五年级学生 50 米×8 往返跑成绩变化如图 4-37 所示。

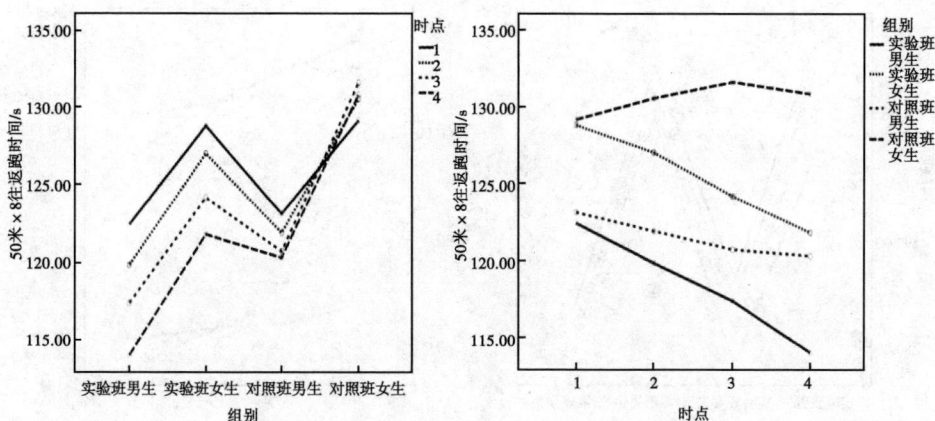

图 4-37　五年级学生 50 米×8 往返跑成绩变化图

（2）实验干预对初一学生耐力跑的影响结果。

首先将两组男生的耐力跑前测成绩进行独立样本 T 检验，结果表明两组成绩无显著差异（$t = 0.628$，$P > 0.05$）；将两组女生的耐力跑前测成绩进行独立样本 T 检验，结果表明两组成绩无显著差异（$t = 1.549$，$P > 0.05$）。然后对学生的耐力跑成绩进行重复测量方差分析。组间因素是组别，分别为实验班男生、实验班女生、对照班男生、对照班女生。组内因素是测量时点，分别是前测、2 测、3 测和后测。交互作用为"时点×组别"。球形检验显示 $P < 0.05$，分析结果以多变量检验为准。时点主效应显著（$F = 52.488$，$P < 0.001$），即随着时间的推移，实验班和对照班学生各自的耐力跑成绩均有显著差异。"时点×组别"交互作用显著（$F = 13.716$，$P < 0.001$），偏 Eta 方为 0.113，因此需要进行简单效应分析。简单效应分析结果表明，虽然两组男生的 4 次测试成绩均无显著差异，但是实验班男生各阶段均有显著进步；而对照班男生只有前测到 2 测阶段进步显著，2 测到 3 测、3 测到后测阶段虽有进步但不显著。虽然两组女生的耐力跑成绩 4 次测试均无显著差异，但是实验班女生 2 测到 3 测、3 测到后测阶段均有显著进步，前测到 2 测阶段有进步但不显著；对照班女生在上述 3 个阶段均无显著进步。初一学生耐力跑成绩变化如图 4-38 所示。

（3）实验干预对高一学生耐力跑的影响结果。

首先将两组男生的耐力跑前测成绩进行独立样本 T 检验，结果表明两组成绩无显著差异（$t = 0.573$，$P > 0.05$）；将两组女生的耐力跑前测成绩进行独立样本 T 检验，结果表明两组成绩无显著差异（$t = -0.604$，$P > 0.05$）。然后对

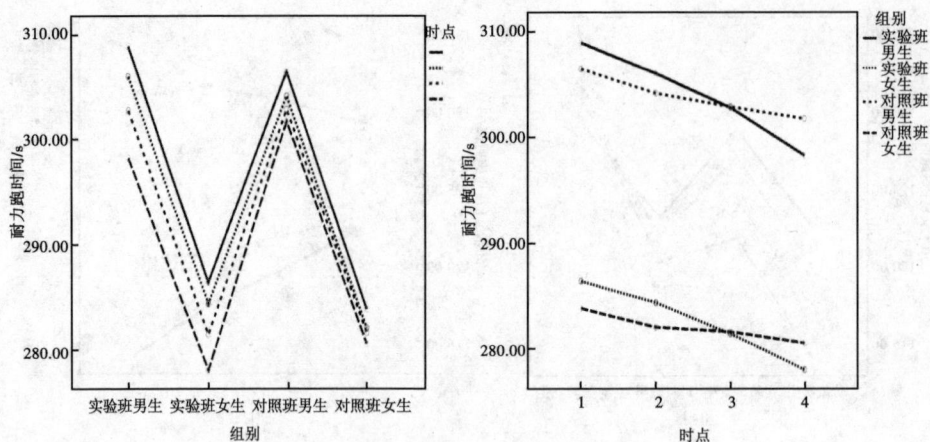

图 4-38 初一学生耐力跑成绩变化图

学生的耐力跑成绩进行重复测量方差分析。组间因素是组别，分别为实验班男生、实验班女生、对照班男生、对照班女生。组内因素是测量时点，分别是前测、2 测、3 测和后测。交互作用为"时点×组别"。球形检验显示 $P < 0.05$，分析结果以多变量检验为准。时点主效应显著（$F = 47.055$，$P < 0.001$），即随着时间的推移，实验班和对照班学生各自的耐力跑成绩均有显著差异。"时点×组别"交互作用显著（$F = 25.143$，$P < 0.001$），偏 Eta 方为 0.202，因此需要进行简单效应分析。简单效应分析结果表明，实验班男生和对照班男生的耐力跑成绩 4 次测试均无显著差异。然而，实验班男生前测到 2 测、2 测到 3 测、3 测到后测阶段均有显著进步；对照班男生前测到 2 测、2 测到 3 测阶段进步显著，3 测到后测阶段（$\Delta = 0.776$）进步不显著。实验班女生和对照班女生的耐力跑成绩只在后测有显著差异。然而，实验班女生前测到 2 测、2 测到 3 测、3 测到后测阶段均有显著进步；对照班女生前测到 2 测阶段（$\Delta = 1.143$）、2 测到 3 测阶段（$\Delta = 0.629$）进步不显著，3 测到后测阶段出现退步。高一学生耐力跑成绩变化如图 4-39 所示。

（4）实验干预对大二学生耐力跑的影响结果。

首先将两组男生的耐力跑前测成绩进行独立样本 T 检验，结果表明两组成绩无显著差异（$t = 0.645$，$P > 0.05$）；将两组女生的耐力跑前测成绩进行独立样本 T 检验，结果表明两组成绩无显著差异（$t = -1.389$，$P > 0.05$）。然后对学生的耐力跑成绩进行重复测量方差分析，组间因素是组别，分别为实验班男生、实验班女生、对照班男生、对照班女生。组内因素是测量时点，分别是前

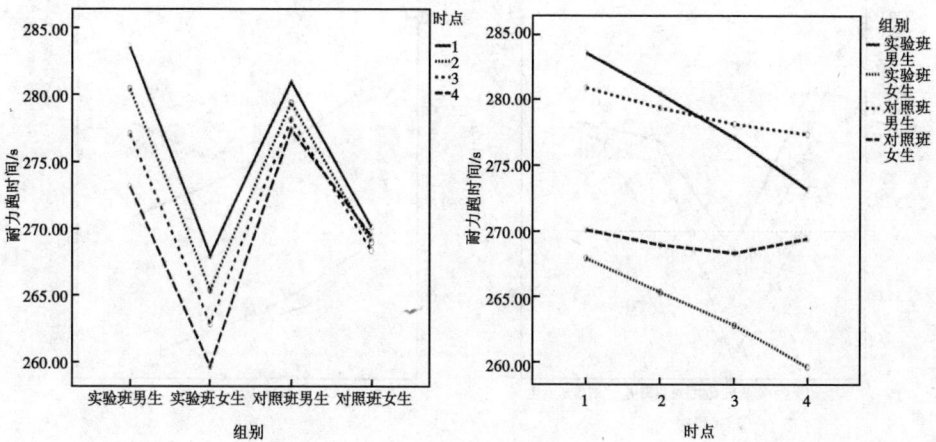

图4-39 高一学生耐力跑成绩变化图

测、2测、3测和后测。交互作用为"时点×组别"。球形检验显示 $P<0.05$，分析结果以多变量检验为准。时点主效应显著（$F=5.309$，$P<0.01$），即随着时间的推移，实验班和对照班学生各自的耐力跑成绩均有显著差异。"时点×组别"交互作用显著（$F=9.116$，$P<0.001$），偏 Eta 方为 0.078，因此需要进行简单效应分析。简单效应分析结果表明，实验班男生和对照班男生的耐力跑成绩在4次测试中均无显著差异。然而，实验班男生前测到2测阶段进步显著，2测到3测、3测到后测阶段也都有一定程度的进步；相比之下，对照班男生只有前测到2测阶段有进步，2测到3测、3测到后测阶段出现退步。实验班女生和对照班女生的2测、3测、后测均有显著差异。此外，实验班女生前测到2测阶段进步显著，2测到3测、3测到后测阶段也都有一定程度进步；相比之下，对照班女生只有2测到3测阶段有进步，前测到2测、3测到后测阶段出现退步。大二学生耐力跑成绩变化如图4-40所示。

（四）实验干预对学生心理健康水平的影响结果

1. 实验干预对五年级学生心理健康水平的影响结果

首先将两组男生的心理健康前测分值进行独立样本 T 检验，结果表明两组成绩无显著差异（$t=-0.549$，$P>0.05$）；将两组女生的心理健康前测分值进行独立样本 T 检验，结果表明两组成绩无显著差异（$t=0.501$，$P>0.05$）。然后对学生的心理健康分值进行重复测量方差分析。组间因素是组别，分别是实验班男生、实验班女生、对照班男生、对照班女生。组内因素是测量时点，分

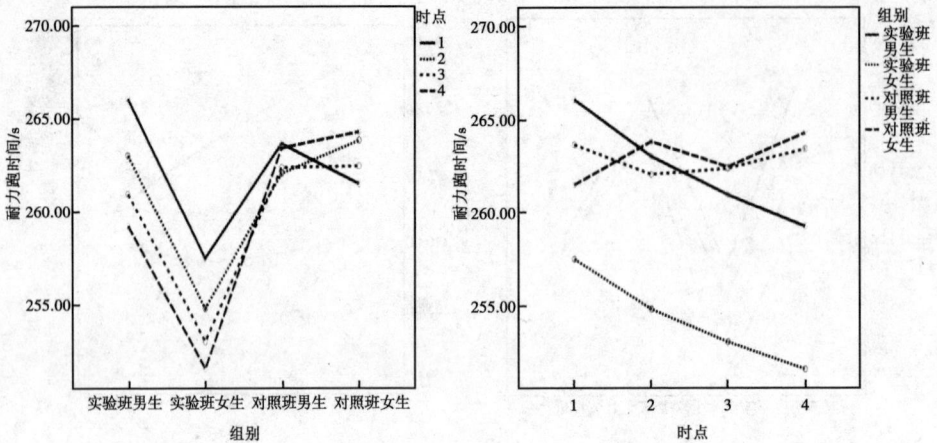

图4-40 大二学生耐力跑成绩变化图

别是前测、2 测、3 测和后测。交互作用为"时点×组别"。球形检验显示 $P <$ 0.05，分析结果以多变量检验为准。时点主效应显著（$F = 889.757$，$P <$ 0.001），偏 Eta 方为 0.895，即随着时间的推移，实验班和对照班学生各自的心理健康分值均出现显著差异。"时点×组别"交互作用显著（$F = 485.679$，$P <$ 0.001），偏 Eta 方为 0.823，因此需要进行简单效应分析。由于 SPSS 22.0 软件没有简单效应分析模块，所以需要额外编程，语法为"/EMMEANS = TA-BLES（时点 * 组别）COMPARE（时点）ADJ（SIDAK），/EMMEANS = TA-BLES（时点 * 组别）COMPARE（组别）ADJ（SIDAK）"。简单效应分析结果表明，实验班男生和对照班男生的心理健康分值在 3 测（$\Delta = 0.179$）、后测（$\Delta = 0.408$）出现显著差异，即实验班男生得分好于对照班，且均值差随时间的推移呈逐步扩大趋势。此外，实验班男生前测到 2 测、2 测到 3 测、3 测到后测阶段均有显著进步；对照班男生前测到 2 测阶段进步显著，2 测到 3 测阶段有进步但不显著，3 测到后测阶段的变化呈下降趋势。从整体来看，实验班男生前测到后测阶段进步幅度为 $\Delta = 0.492$，对照班男生前测到后测阶段进步幅度为 $\Delta = 0.046$。实验班女生和对照班女生的心理健康分值在 3 测（$\Delta = 0.179$）和后测（$\Delta = 0.408$）出现显著差异，即实验班女生分值好于对照班女生，且均值差随时间的推移呈逐步扩大趋势。此外，实验班女生和对照班女生在 3 个阶段均有显著进步。从整体来看，实验班女生前测到后测阶段进步幅度为 $\Delta = 0.520$，对照班女生前测到后测阶段进步幅度为 $\Delta = 0.121$。五年级学生心理健康分值变化如图 4-41 所示。

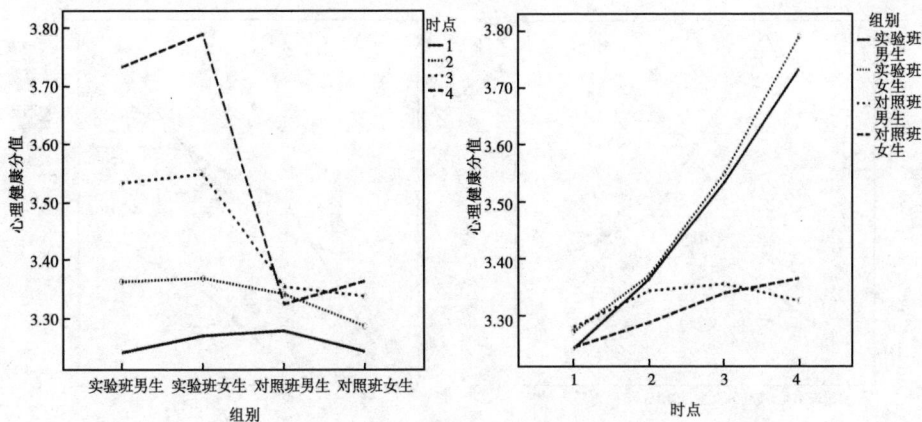

图4-41 五年级学生心理健康分值变化图

2. 实验干预对初一学生心理健康水平的影响结果

首先将两组男生的心理健康前测分值进行独立样本 T 检验，结果表明两组成绩无显著差异（$t=-0.633$，$P>0.05$）；将两组女生的心理健康前测分值进行独立样本 T 检验，结果表明两组成绩无显著差异（$t=1.324$，$P>0.05$）。然后对学生的心理健康分值进行重复测量方差分析。组间因素是组别，分别为实验班男生、实验班女生、对照班男生、对照班女生。组内因素是测量时点，分别是前测、2 测、3 测和后测。交互作用为"时点×组别"。球形检验显示 $P<0.05$，分析结果以多变量检验为准。时点主效应显著（$F=440.735$，$P<0.001$），即随着时间的推移，实验班和对照班学生各自的心理健康分值均有显著差异。"时点×组别"交互作用显著（$F=176.359$，$P<0.001$），偏 Eta 方为 0.621，需要进行简单效应分析。简单效应分析结果表明，两组男生的心理健康分值在 4 次测试中均无显著差异。然而，实验班男生前测到 2 测、2 测到 3 测、3 测到后测阶段均有显著进步；对照班男生前测到 2 测、2 测到 3 测阶段进步显著，3 测到后测阶段的变化呈下降趋势。两组女生的心理健康分值在 2 测、后测出现显著差异。此外，实验班女生前测到 2 测、2 测到 3 测、3 测到后测阶段均有显著进步；相比之下，对照班女生 2 测到 3 测、3 测到后测阶段进步显著，前测到 2 测阶段的变化呈下降趋势。初一学生心理健康分值变化如图4-42 所示。

3. 实验干预对高一学生心理健康水平的影响结果

首先将两组男生的心理健康前测分值进行独立样本 T 检验，结果表明两组分值无显著差异（$t=-0.724$，$P>0.05$）；将两组女生的心理健康前测分值进

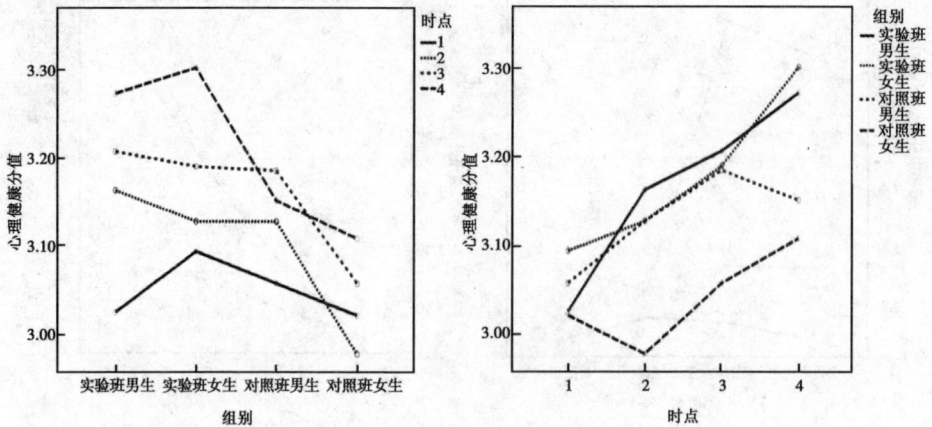

图 4-42 初一学生心理健康分值变化图

行独立样本 T 检验，结果表明两组分值无显著差异（$t=0.971$，$P>0.05$）。对学生的心理健康分值进行重复测量方差分析。组间因素是组别，分别为实验班男生、实验班女生、对照班男生、对照班女生。组内因素是测量时点，分别是前测、2 测、3 测和后测。交互作用为"时点×组别"。球形检验显示 $P<0.05$，分析结果以多变量检验为准。时点主效应显著（$F=383.408$，$P<0.001$），即随着时间的推移，实验班和对照班学生各自的心理健康分值均有显著差异。"时点×组别"交互作用显著（$F=253.006$，$P<0.001$），偏 Eta 方为 0.718，需要进行简单效应分析。简单效应分析结果表明，两组男生的心理健康分值在 3 测、后测均有显著差异。两组女生的心理健康分值在 2 测、3 测、后测均有显著差异。此外，实验班学生各阶段均有显著进步。相比之下，对照班男生只有前测到 2 测阶段进步显著，2 测到 3 测、3 测到后测阶段的变化呈下降趋势；对照班女生 2 测到 3 测、3 测到后测阶段进步显著，然而前测到 2 测阶段的变化呈下降趋势。高一学生心理健康分值变化如图 4-43 所示。

4. 实验干预对大二学生心理健康水平的影响结果

首先将两组男生的心理健康前测分值进行独立样本 T 检验，结果表明两组分值无显著差异（$t=-1.700$，$P>0.05$）；将两组女生的心理健康前测分值进行独立样本 T 检验，结果表明两组分值无显著差异（$t=0.851$，$P>0.05$）。然后对学生的心理健康分值进行重复测量方差分析。组间因素是组别，分别为实验班男生、实验班女生、对照班男生、对照班女生。组内因素是测量时点，分别是前测、2 测、3 测和后测，交互作用为"组别×时点"。球形检验显示 $P<0.05$，分析结果以多变量检验为准。时点主效应显著（$F=285.869$，$P<$

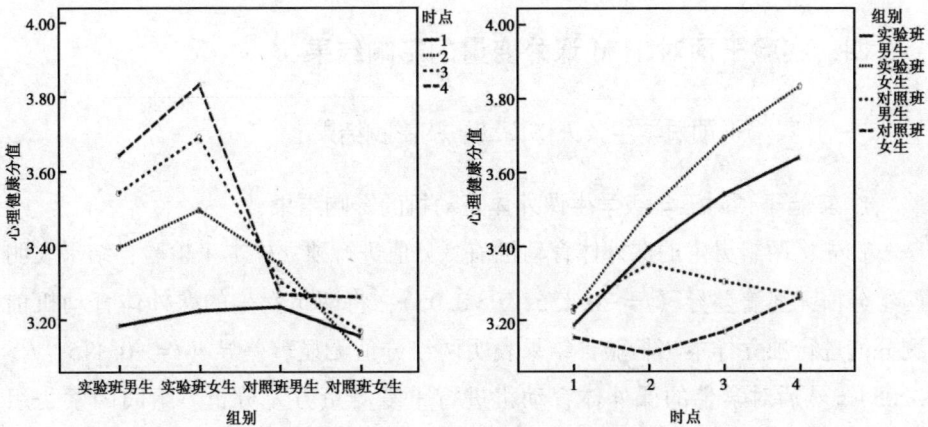

图 4-43　高一学生心理健康分值变化图

0.001），即随着时间的推移，实验班和对照班学生各自的心理健康分值均出现显著差异。"时点×组别"交互作用显著（$F = 367.761$，$P < 0.001$），偏 Eta 方为 0.774，因此需要进行简单效应分析。简单效应分析结果表明，两组男生的心理健康分值只在后测出现显著差异。然而，实验班男生各阶段均有显著进步，相比之下，对照班男生前测到 2 测、2 测到 3 测阶段进步显著，3 测到后测阶段出现退步。两组女生的心理健康分值在 3 测、后测均有显著差异。此外，实验班女生前测到 2 测、2 测到 3 测、3 测到后测阶段均有显著进步；相比之下，对照班女生只有前测到 2 测阶段进步显著，2 测到 3 测、3 测到后测阶段出现退步。大二学生心理健康分值变化如图 4-44 所示。

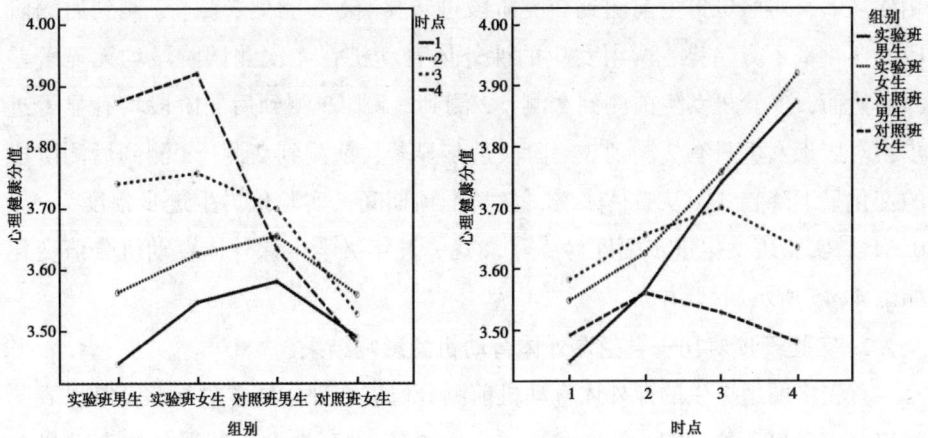

图 4-44　大二学生心理健康分值变化图

四、实验干预对 TCM 课外变量的影响结果

（一）实验干预对学生课外体育动机的影响结果

1. 实验干预对五年级学生课外体育动机的影响结果

首先将两组男生的课外体育动机前测分值进行独立样本 T 检验，结果表明两组分值无显著差异（$t = -0.155$，$P > 0.05$）；将两组女生的课外体育动机前测分值进行独立样本 T 检验，结果表明两组分值无显著差异（$t = -0.115$，$P > 0.05$）。然后对学生的课外体育动机进行重复测量方差分析。组间因素是组别，分别是实验班男生、实验班女生、对照班男生、对照班女生。组内因素是测量时点，分别是前测、2 测、3 测和后测。交互作用为"时点×组别"。球形检验显示 $P < 0.05$，分析结果以多变量检验为准。时点主效应显著（$F = 34.631$，$P < 0.001$），偏 Eta 方为 0.250，即随着时间的推移，实验班和对照班学生各自的课外体育动机都有显著差异。"时点×组别"交互作用显著（$F = 32.401$，$P < 0.001$），偏 Eta 方为 0.236，因此需要进行简单效应分析。由于 SPSS 22.0 软件没有简单效应分析模块，所以需要进行额外编程，语法为"/EMMEANS = TABLES（时点 * 组别）COMPARE（时点）ADJ（SIDAK），/EMMEANS = TABLES（时点 * 组别）COMPARE（组别）ADJ（SIDAK）"。简单效果分析结果表明，两组男生的课外体育动机在 4 次测试中均无显著差异。然而，实验班男生前测到 2 测、2 测到 3 测、3 测到后测阶段均有显著进步；相比之下，对照班男生前测到 2 测阶段进步显著，2 测到 3 测、3 测到后测阶段的变化呈下降趋势。两组女生的课外体育动机在 4 次测试阶段均无显著差异。然而，实验班女生前测到 2 测、2 测到 3 测、3 测到后测阶段均有显著进步；对照班女生只有 2 测到 3 测阶段进步显著，前测到 2 测、3 测到后测阶段的变化呈下降趋势。从整体来看，教学干预期间，实验班男生进步幅度为 $\Delta = 0.644$，实验班女生进步幅度为 $\Delta = 0.878$。五年级学生课外体育动机分值变化如图 4-45 所示。

2. 实验干预对初一学生课外体育动机的影响结果

首先将两组男生的课外体育动机前测分值进行独立样本 T 检验，结果表明两组分值无显著差异（$t = -0.271$，$P > 0.05$）；将两组女生的课外体育动机前测分值进行独立样本 T 检验，结果表明两组分值无显著差异（$t = 0.297$，$P >$

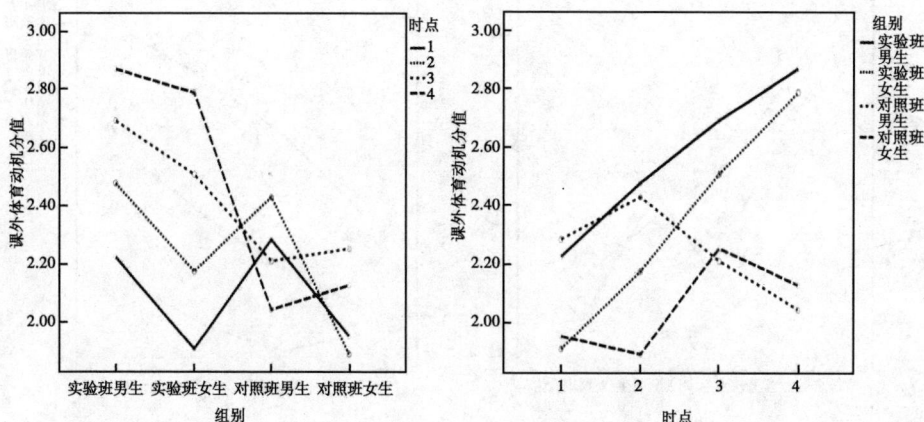

图4-45　五年级学生课外体育动机分值变化图

0.05)。然后对学生的课外体育动机进行重复测量方差分析。组间因素是组别，分别是实验班男生、实验班女生、对照班男生、对照班女生。组内因素是测量时点，分别是前测、2测、3测和后测。交互作用为"时点×组别"。球形检验显示 $P < 0.05$，分析结果以多变量检验为准。时点主效应显著（$F = 27.440$，$P<0.001$），偏 Eta 方为 0.204，即随着时间的推移，实验班和对照班学生各自的课外体育动机都有显著差异。"时点×组别"交互作用显著（$F = 23.177$，$P<0.001$），偏 Eta 方为 0.177，需要进行简单效应分析。简单效应分析结果表明，两组男生的 4 次测试分值均无显著差异。然而，实验班男生前测到 2 测、2 测到 3 测、3 测到后测阶段均有显著进步；对照班男生前测到 2 测阶段进步显著，2 测到 3 测、3 测到后测阶段的变化呈下降趋势。实验班女生和对照班女生的 4 次测试分值均无显著差异。然而，实验班女生前测到 2 测、2 测到 3 测、3 测到后测阶段均有显著进步；相比之下，对照班女生只有 3 测到后测阶段进步显著，2 测到 3 测阶段进步幅度为 $\Delta = 0.086$，前测到 2 测阶段的变化呈下降趋势。从整体来看，教学干预期间，实验班男生进步幅度为 $\Delta = 0.615$，实验班女生进步幅度为 $\Delta = 0.524$。初一学生课外体育动机分值变化如图 4-46 所示。

3. 实验干预对高一学生课外体育动机的影响结果

首先将两组男生的课外体育动机前测分值进行独立样本 T 检验，结果表明两组分值无显著差异（$t=0.265$，$P>0.05$）；将两组女生的课外体育动机前测分值进行独立样本 T 检验，结果表明两组分值无显著差异（$t = 0.207$，$P >$

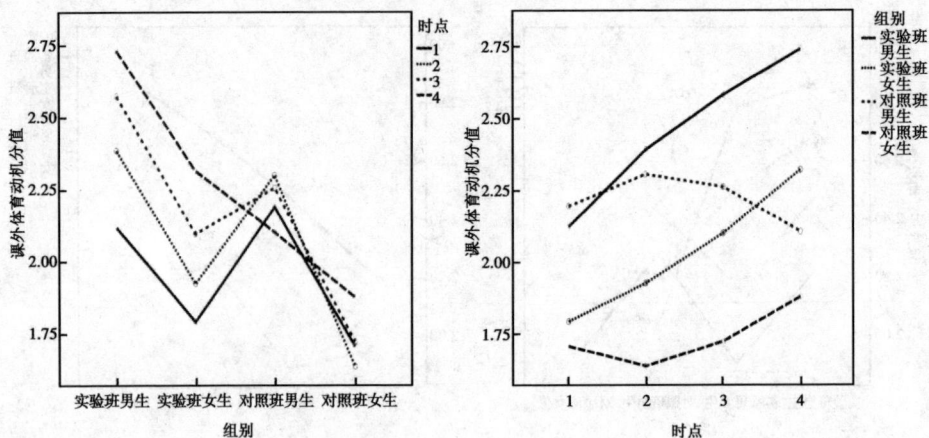

图 4-46 初一学生课外体育动机分值变化图

0.05)。然后对学生的课外体育动机进行重复测量方差分析。组间因素是组别，分别是实验班男生、实验班女生、对照班男生、对照班女生。组内因素是测量时点，分别是前测、2 测、3 测和后测。交互作用为"时点×组别"。球形检验显示 $P<0.05$，分析结果以多变量检验为准。时点主效应显著（$F=22.943$，$P<0.001$），偏 Eta 方为 0.189，即随着时间的推移，实验班和对照班学生各自的课外体育动机都有显著差异。"时点×组别"交互作用显著（$F=17.671$，$P<0.001$），偏 Eta 方为 0.151，因此需要进行简单效应分析。简单效应分析结果表明，实验班男生和对照班男生的 4 次测试分值均无显著差异。然而，实验班男生前测到 2 测阶段进步显著，2 测到 3 测、3 测到后测阶段也都有进步；相比之下，对照班男生前测到 2 测阶段的进步幅度不显著，2 测到 3 测、3 测到后测阶段的变化呈下降趋势。同样，两组女生的 4 次测试分值均无显著差异。然而，实验班女生前测到 2 测、2 测到 3 测、3 测到后测阶段均有显著进步；对照班女生虽然上述 3 个阶段都有进步，但是进步幅度都不显著。高一学生课外体育动机分值变化如图 4-47 所示。

4. 实验干预对大二学生课外体育动机的影响结果

首先将两组男生的课外体育动机前测分值进行独立样本 T 检验，结果表明两组分值无显著差异（$t=0.518$，$P>0.05$）；将两组女生的课外体育动机前测分值进行独立样本 T 检验，结果表明两组分值无显著差异（$t=0.601$，$P>0.05$）。然后对学生的课外体育动机进行重复测量方差分析。组间因素是组别，分别是实验班男生、实验班女生、对照班男生、对照班女生。组内因素是

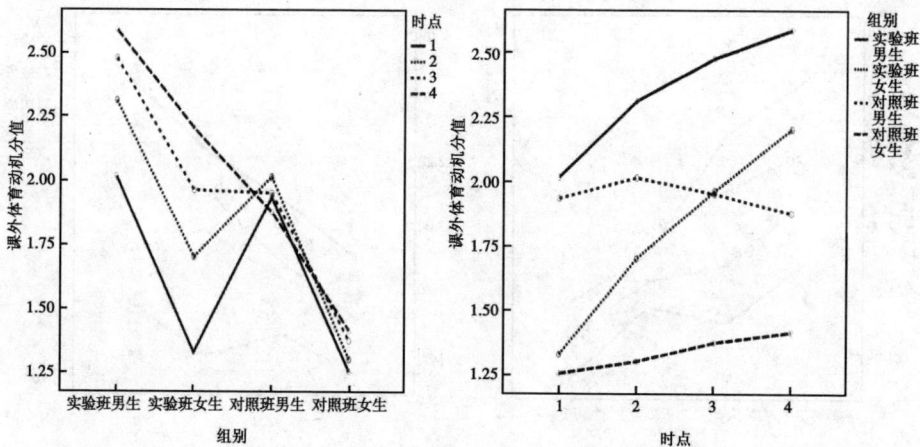

图 4-47 高一学生课外体育动机分值变化图

测量时点，分别是前测、2 测、3 测和后测。交互作用为"时点×组别"。球形检验显示 $P < 0.05$，分析结果以多变量检验为准。时点主效应显著（$F = 24.854$，$P<0.001$），偏 Eta 方为 0.208，即随着时间的推移，实验班和对照班学生各自的课外体育动机都有显著差异。"时点×组别"交互作用显著（$F = 6.709$，$P<0.001$），偏 Eta 方为 0.059，因此需要进行简单效应分析。简单效应分析结果表明，实验班男生和对照班男生的 4 次测试分值均无显著差异。然而，实验班男生前测到 2 测、3 测到后测阶段进步显著，2 测到 3 测阶段也有进步；对照班男生前测到 2 测、2 测到 3 测阶段有进步但不显著，3 测到后测阶段的变化呈下降趋势。同样，实验班女生和对照班女生的 4 次测试分值均无显著差异。然而，实验班女生前测到 2 测、2 测到 3 测、3 测到后测阶段均有显著进步；对照班女生前测到 2 测、3 测到后测阶段有进步但不显著，2 测到 3 测阶段的变化呈下降趋势。大二学生课外体育动机分值变化如图 4-48 所示。

（二）实验干预对学生课外体育活动量的影响结果

1. 实验干预对五年级学生课外体育活动量的影响结果

首先将实验班男生和对照班男生的课外体育活动量前测分值进行独立样本 T 检验，结果表明两组分值无显著差异（$t = 0.570$，$P>0.05$）；将实验班女生和对照班女生的课外体育活动量前测分值进行独立样本 T 检验，结果表明两组分值无显著差异（$t = -0.585$，$P>0.05$）。然后对学生的课外体育活动量进行重复测量方差分析。组间因素是组别，分别是实验班男生、实验班女生、对照

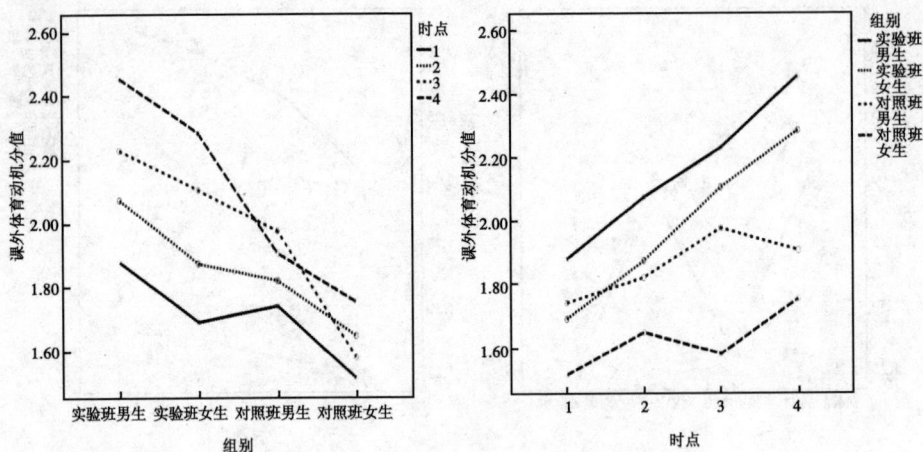

图 4-48 大二学生课外体育动机分值变化图

班男生、对照班女生。组内因素是测量时点，分别是前测、2 测、3 测和后测。交互作用为"时点×组别"。球形检验显示 $P < 0.05$，分析结果以多变量检验为准。时点主效应显著（$F = 43.715$，$P < 0.001$），偏 Eta 方为 0.296，即随着时间的推移，实验班和对照班学生各自的课外体育活动量均有显著差异。"时点×组别"交互作用显著（$F = 37.083$，$P < 0.001$），偏 Eta 方为 0.262，因此需要进行简单效应分析。由于 SPSS 22.0 软件没有简单效应分析模块，所以需要额外编程，语法为"/EMMEANS = TABLES（时点 * 组别）COMPARE（时点）ADJ（SIDAK），/EMMEANS = TABLES（时点 * 组别）COMPARE（组别）ADJ（SIDAK）"。简单效应分析结果表明，两组男生在 3 测（$\Delta = 10.257$）和后测（$\Delta = 16.826$）出现显著差异。此外，实验班男生前测到 2 测、2 测到 3 测、3 测到后测阶段均有显著增加；对照班男生前测到 2 测阶段提升显著，2 测到 3 测、3 测到后测阶段的变化呈下降趋势。两组女生只在后测出现显著差异。然而，实验班女生各阶段均有显著提升；相比之下，对照班女生 2 测到 3 测阶段增加但不显著，3 测到后测阶段的变化呈下降趋势。五年级学生课外体育活动量变化如图 4-49 所示。

2. 实验干预对初一学生课外体育活动量的影响结果

首先将实验班男生和对照班男生的课外体育活动量前测分值进行独立样本 T 检验，结果表明两组分值无显著差异（$t = -0.123$，$P > 0.05$）；将实验班女生和对照班女生的课外体育活动量前测分值进行独立样本 T 检验，结果表明两组

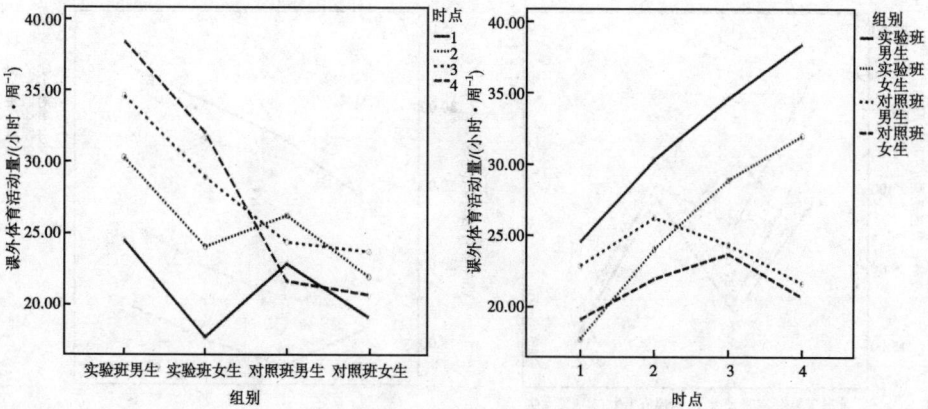

图 4-49　五年级学生课外体育活动量变化图

分值为显著差异（$t=0.667$，$P>0.05$）。然后对学生的课外体育活动量进行重复测量方差分析。组间因素是组别，分别是实验班男生、实验班女生、对照班男生、对照班女生。组内因素是测量时点，分别是前测、2 测、3 测和后测。交互作用为"时点×组别"。球形检验显示 $P<0.05$，分析结果以多变量检验为准。时点主效应显著（$F=20.300$，$P<0.001$），偏 Eta 方 0.159，即随着时间的推移，实验班和对照班学生各自的课外体育活动量均有显著差异。"时点×组别"交互作用显著（$F=18.974$，$P<0.001$），偏 Eta 方为 0.150，因此需要进行简单效应分析。简单效应分析结果表明，两组男生的课外体育活动量只在后测出现显著差异，两组女生的课外体育活动量也呈现同样的结果。然而，实验班男生各阶段均有显著提升；对照班男生前测到 2 测阶段提升显著，2 测到3 测阶段增加幅度为 $\Delta=1.157$，3 测到后测阶段的变化呈下降趋势。实验班女生 2 测到 3 测、3 测到后测阶段均有显著提升，前测到 2 测阶段增加幅度为 $\Delta=0.829$；对照班女生 2 测到 3 测阶段提升显著，3 测到后测阶段增加幅度为 $\Delta=2.177$，前测到 2 测阶段的变化呈下降趋势。初一学生课外体育活动量变化如图 4-50 所示。

3. 实验干预对高一学生课外体育活动量的影响结果

首先将实验班男生和对照班男生的课外体育活动量前测分值进行独立样本 T 检验，结果表明两组分值无显著差异（$t=-0.230$，$P>0.05$）；将实验班女生和对照班女生的课外体育活动量前测分值进行独立样本 T 检验，结果表明两组分值无显著差异（$t=0.362$，$P>0.05$）。然后对学生的课外体育活动量进行重复测量方差分析。组间因素是组别，分别是实验班男生、实验班女生、对照班

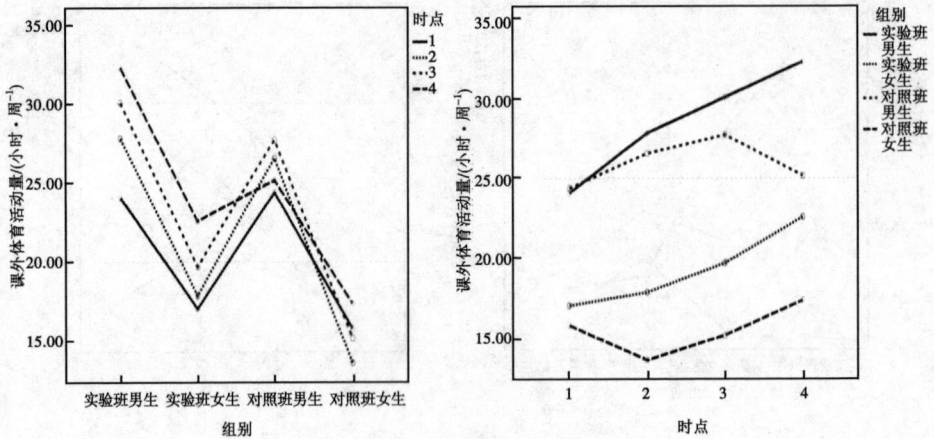

图 4-50 初一学生课外体育活动量变化图

男生、对照班女生。组内因素是测量时点，分别是前测、2 测、3 测和后测。交互作用为 "时点×组别"。球形检验显示 $P<0.05$，分析结果以多变量检验为准。时点主效应显著 ($F=24.832$，$P<0.001$)，偏 Eta 方为 0.201，即随着时间的推移，实验班和对照班学生各自的课外体育活动量均有显著差异。"组别×时点" 交互作用显著 ($F=17.054$，$P<0.001$)，偏 Eta 方为 0.147，因此需要进行简单效应分析。简单效应分析结果表明，两组男生的课外体育活动量只在后测出现显著差异。然而，实验班男生各阶段均有显著提升；相比之下，对照班男生 2 测到 3 测、3 测到后测阶段的变化呈下降趋势。两组女生的课外体育活动量在 3 测、后测均有显著差异。此外，实验班女生前测到 2 测、2 测到 3 测、3 测到后测阶段均有显著提升；对照班女生上述 3 个阶段都有提升，然而各阶段提升幅度都不显著。高一学生课外体育活动量变化如图 4-51 所示。

4. 实验干预对大二学生课外体育活动量的影响结果

首先将两组男生的课外体育活动量前测分值进行独立样本 T 检验，结果表明两组分值无显著差异 ($t=-0.225$，$P>0.05$)；将两组女生的课外体育活动量前测分值进行独立样本 T 检验，结果表明两组分值无显著差异 ($t=-0.709$，$P>0.05$)。然后对学生的课外体育活动量进行重复测量方差分析。组间因素是组别，分别是实验班男生、实验班女生、对照班男生、对照班女生。组内因素是测量时点，分别是前测、2 测、3 测和后测。交互作用为 "时点×组别"。球形检验显示 $P<0.05$，分析结果以多变量检验为准。时点主效应显著 ($F=26.178$，$P<0.001$)，偏 Eta 方为 0.197，即随着时间的推移，实验班和对照班

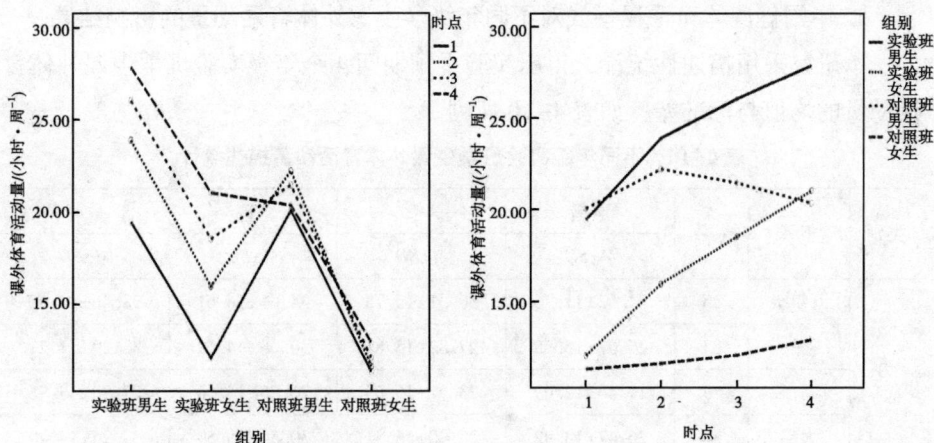

图 4-51 高一学生课外体育活动量变化图

学生各自的课外体育活动量均有显著差异。"时点×组别"交互作用显著（$F=$ 7.686，$P<0.001$），偏 Eta 方为 0.067，因此需要进行简单效应分析。简单效应分析结果表明，两组男生的 4 次测试分值均没有显著差异。然而，实验班男生各阶段均有显著提升；相比之下，对照班男生前测到 2 测、2 测到 3 测阶段有提升但不显著，3 测到后测阶段的变化呈下降趋势。实验班女生和对照班女生的 4 次测试分值均无显著差异。然而，实验班女生前测到 2 测、2 测到 3 测阶段提升显著，3 测到后测阶段也有增加；对照班女生前测到 2 测、3 测到后测阶段有提升但提升幅度不显著，2 测到 3 测阶段的变化呈下降趋势。大二学生课外体育活动量变化如图 4-52 所示。

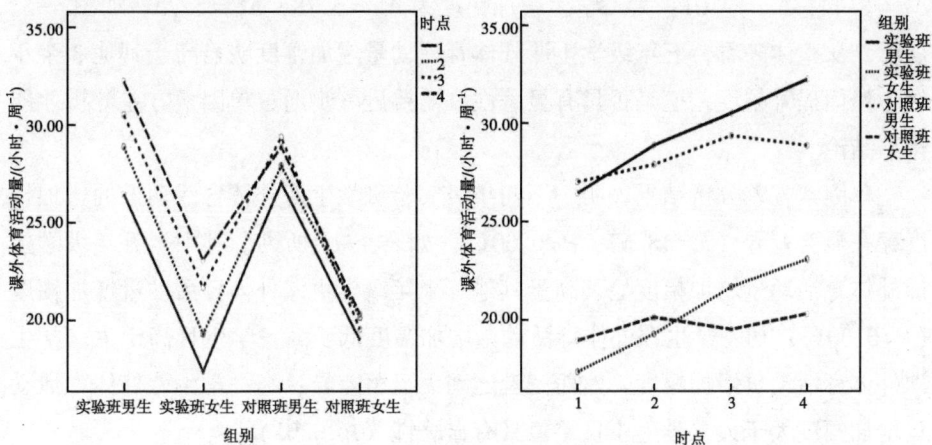

图 4-52 大二学生课外体育活动量变化图

5. 中国健康体育课程模式对不同年级学生课外体育活动量的影响结果

本研究采用描述性统计，得出实验干预期间 4 个年级实验班学生课外体育活动量的均值与标准差，如表 4-10 所列。

表 4-10　不同年级实验班学生课外体育活动量描述统计

类别	年级	人数	前测	2 测	3 测	后测
			$M \pm SD$	$M \pm SD$	$M \pm SD$	$M \pm SD$
男	五年级	85	24.52±11.76	30.31±15.73	34.61±16.61	38.46±14.30
	初一	83	24.07±13.55	27.82±15.81	30.06±14.69	32.29±11.21
	高一	79	19.46±12.09	23.91±15.65	26.06±14.56	27.90±13.98
	大二	88	26.47±13.92	28.90±16.51	30.54±15.59	32.25±14.79
女	五年级	79	17.71±10.98	24.03±16.35	28.91±14.93	32.00±13.55
	初一	82	17.04±9.32	17.87±11.72	19.70±11.08	22.57±10.37
	高一	77	12.04±8.29	15.95±10.41	18.52±9.83	21.05±10.54
	大二	82	17.37±11.58	19.29±10.90	21.70±12.92	23.10±13.03
全班	五年级	164	21.24±14.90	27.28±15.85	31.87±16.03	35.35±14.27
	初一	165	20.58±13.54	22.87±14.76	24.91±13.98	27.46±11.82
	高一	156	15.79±8.53	19.98±10.87	22.34±12.98	24.52±12.83
	大二	170	22.05±12.96	24.24±13.00	26.25±14.98	27.81±14.66

由表 4-10 可以看出，实验干预期间 4 个年级实验班学生的课外体育活动量都有所增加。其中，五年级学生增加幅度（后测减去前测）为 $\Delta_{男} = 13.94$，$\Delta_{女} = 14.29$；初一学生增加幅度为 $\Delta_{男} = 8.22$，$\Delta_{女} = 5.53$；高一学生增加幅度为 $\Delta_{男} = 8.44$，$\Delta_{女} = 9.01$；大二学生增加幅度为 $\Delta_{男} = 5.78$，$\Delta_{女} = 5.73$，如图 4-53 所示。从整体来看，五年级学生课外体育活动量增加幅度明显高于其他 3 个年级，然而提升幅度差值是否具有显著性，需要进一步通过单因素方差分析才能得出结论。

单因素方差分析结果表明，不同年级实验班学生课外体育活动量的增加幅度存在显著差异（$F = 18.63$，$P < 0.001$），如表 4-11 所列。其中，五年级学生课外体育活动量增加幅度显著高于其他三个年级学生课外体育活动量增加幅度（$P < 0.001$）；初一学生课外体育活动量增加幅度低于高一学生且高于大二学生课外体育活动量增加幅度，然而三者之间无显著差异；高一学生课外体育活动量增加幅度大于大二学生，且差值具有显著性（$P < 0.05$）。

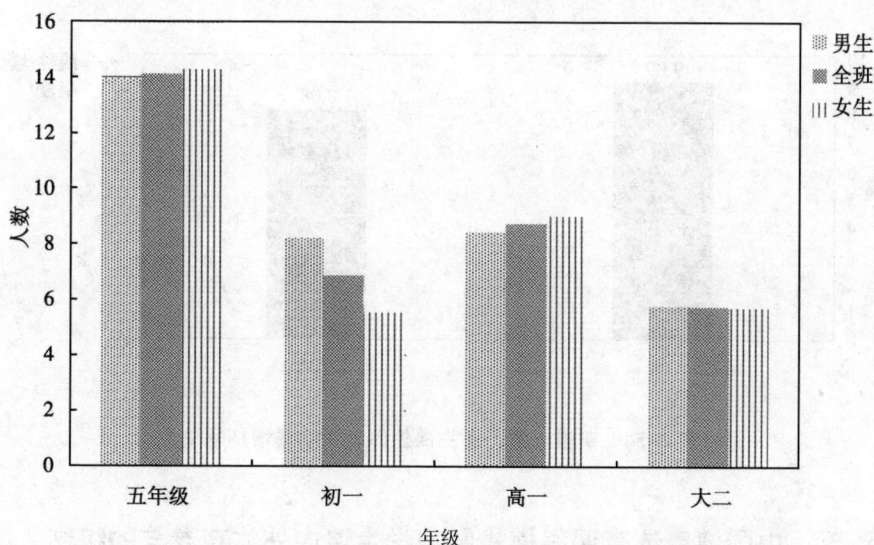

图 4-53 各年级实验班学生课外体育活动量增加幅度

表 4-11 各年级实验班学生课外体育活动量增加幅度的事后检验

年级		均值差	显著性
五年级	初一	7.225	＊＊＊
	高一	5.385	＊＊＊
	大二	8.352	＊＊＊
初一	高一	−1.840	0.136
	大二	1.127	0.350
高一	大二	2.967	0.016

注：＊＊＊表示 $P<0.001$。

6. 中国健康体育课程模式对男、女生课外体育活动量的影响结果

从表 4-10 中可以看出，实验干预期间各年级实验班男、女生课外体育活动量都有一定程度的提升。通过后测减前测，进一步得出实验班男生和实验班女生各自的课外体育活动量增加幅度，如图 4-54 所示。可以发现，实验班男生的增加幅度高于女生，其中 $\Delta_{男}=9.09$，$\Delta_{女}=8.58$。进一步通过独立样本 T 检验明晰男、女生的课外体育活动量增加幅度差值有无显著性。

独立样本 T 检验表明，尽管男生课外体育活动量增加幅度高于女生课外体育活动量增加幅度，但是二者之间的差异不显著（$t=0.569$，$P>0.05$）。

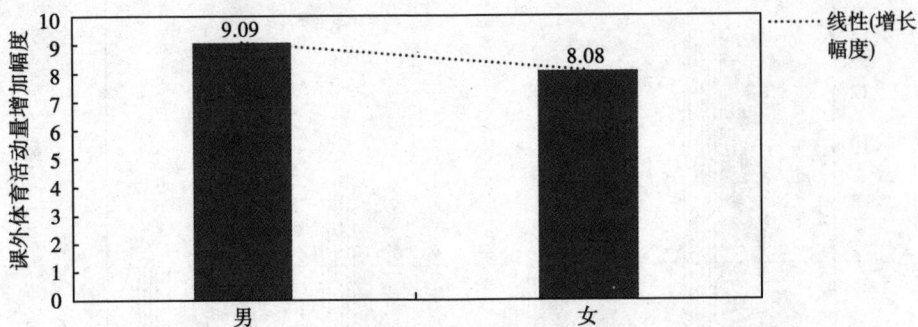

图 4-54　实验班男、女生课外体育活动量增加幅度

五、中国健康体育课程模式影响学生课内外体育参与的机制

本研究结合 TCM 检验了中国健康体育课程模式对学生课内外体育参与的影响。TCM 是一种多元理论的方法，整合了自我决定理论、计划行为理论及动机层次模型 3 个理论，用来解释课堂中的支持性教学行为对学生学习动机的影响和随之而来的一系列适应性结果。

TCM 提出 3 条重要的推论，这 3 条推论与其 3 个理论一一对应。首先，根据自我决定理论提出"学生在课堂中的自主支持感能够正向预测学生的课堂动机"（推论 1）；其次，根据动机层次模型提出"课堂动机能够跨环境正向预测课外类似活动的参与动机"（推论 2）；最后，根据计划行为理论提出"课外活动参与动机能够正向预测课外活动参与意图以及实际的参与行为"（推论 3）。上述 3 条推论也构成了 TCM 一系列假设的基础。根据推论 1，本研究提出以下假设：H1，学生的课堂需求支持感能够正向预测课堂动机；H6，学生的课堂需求支持感能够正向预测体质健康水平（直接影响并通过课堂动机间接影响）；H8，学生的课堂需求支持感能够正向预测心理健康水平（直接影响并通过课堂动机间接影响）。根据推论 2，本研究提出以下假设：H2，学生的体育课堂动机能够跨环境正向预测课外体育动机。根据推论 3，本研究提出以下假设：H3，课外体育动机能分别通过态度、知觉行为控制的介导正向预测课外体育参与意图；H4，课外体育参与意图能够正向预测课外体育行为。

除结合 3 条推论推导出上述基本假设外，本研究还提出以下外围假设：H7，体质健康水平能够正向预测课外体育行为（直接影响并通过课外体育参与意图间接影响）；H9，心理健康水平能够正向预测课外体育行为（直接影响并通过课外体育参与意图间接影响）。为了检验课外体育行为前因变量之间的关系，提出以下假设：H5，课堂需求支持感能够正向预测课外体育参与意图（直接影响并通过课堂动机、课外体育动机间接影响）。综上，中国健康体育课程模式影响学生课内外体育参与机制的假设如表 4-12 所列。

表 4-12　中国健康体育课程模式影响学生课内外体育参与机制的假设

假设	自变量	因变量	中介变量	预测结果
1	课堂需求支持感	课堂动机	无	正向
2	课堂动机	课外体育动机	无	正向
3-1	课外体育动机	课外体育参与意图	态度	正向
3-2	课外体育动机	课外体育参与意图	主观规范	无影响
3-3	课外体育动机	课外体育参与意图	知觉行为控制	正向
3-4	课外体育动机	课外体育参与意图	无	无影响
4	课外体育参与意图	课外体育行为	无	正向
5-1	课堂需求支持感	课外体育参与意图	课堂动机	正向
5-2	课堂需求支持感	课外体育参与意图	课外体育动机	正向
5-3	课堂需求支持感	课外体育参与意图	课堂、课外动机	正向
5-4	课堂需求支持感	课外体育参与意图	无	正向
6-1	课堂需求支持感	体质健康水平	课堂动机	正向
6-2	课堂需求支持感	体质健康水平	无	正向
7-1	体质健康水平	课外体育行为	课外体育参与意图	正向
7-2	体质健康水平	课外体育行为	无	正向
8-1	课堂需求支持感	心理健康水平	课堂动机	正向
8-2	课堂需求支持感	心理健康水平	无	正向
9-1	心理健康水平	课外体育行为	课外体育参与意图	正向
9-2	心理健康水平	课外体育行为	无	正向

（一）Mplus 简介

Mplus 于 1998 年面世，是一款功能全面的潜变量分析软件。该软件程序语言简单明了、估算法丰富、版本更新迅速，因此得到心理学、社会科学、经济学、医学等学科学者的青睐。[①] Mplus 主要用于处理以下模型：探索性因子分析（exploratory factor analysis，EFA）、验证性因子分析（confirmatory factor analysis，CFA）、潜在类别分析（latent class analysis，LCA）、结构方程模型（structural equation modeling，SEM）、增长模型（growth modeling）、多水平分析（multilevel analysis）及蒙特卡罗模拟（Monte Carlo simulation，MCS）。

Mplus 有 10 个一级命令，具体为：标题（TITLE），给分析程序命名；数据（DATA），指定数据文件存放的路径；变量（VARIABLE），给数据集中的变量命名；界定（DEFINE），根据需要将已有变量转换为新变量；分析（ANALYSIS），确定所需的估计算法等；模型（MODEL），分别列出自变量和因变量，并通过软件规定的表达式描述它们之间的关系；输出（OUTPUT），除一些默认的输出结果外，可根据需要编辑语句来输出相应的结果；保存数据（SAVEDATA），保存编辑好的程序语言及各种分析结果；绘图（PLOT），通过图形直观显示分析结果；蒙特卡罗（MONTECARLO），进行模拟研究。

（二）中介效应检验法简介

近年来，中介效应分析盛行于很多研究领域，这是因为中介变量无处不在，且在很多效应中发挥相当程度的作用。人们正是意识到中介效应的客观存在，所以其检验程序得到了不断地推陈出新。已有的中介效应程序可以概括为以下 3 类[②]。

1. 逐步检验法

逐步检验法（causal steps approach）由中介效应研究方法的鼻祖 Baron 和 Kenny[③] 提出。该方法因操作性强、易于理解而备受研究者青睐。然而，该方法存在的问题也很明显，如其前提要求是自变量与因变量之间要有显著关系。

[①] 裴磊磊,任琳,张岩波,等.Mplus 软件简介[J].中国卫生统计,2013,30(4):614-616.

[②] 王孟成.潜变量建模与 Mplus 应用:基础篇[M].重庆:重庆大学出版社,2014:113-117.

[③] BARON R M,KENNY D A.The moderator-mediator variable distinction in social psychological research:conceptual,strategic,and stastical consideration[J].Journal of personality and social psychology,1986,51(6):1173-1182.

事实上，即便自变量对因变量的直接效应不显著，自变量仍有可能通过中介变量对因变量产生效应，这个特例就是抑制模型。[①] 因此，倘若遵照逐步检验法的规定，很多客观存在的中介效应都被人们"忽视"了。[②] 同时，相关研究结果表明，在几种中介效应检验程序中逐步检验法能效最低。

2. 系数乘积检验法

假如系数 a 与 b 的乘积 ab 代表了中介效应值，系数乘积检验法（product of coefficients approach）就是检验 ab 的值是否显著。该方法的检验过程中会使用 Sobel[③] 提出的标准误计算公式（$s_{ab}=\sqrt{b^2 s_a^2+a^2 s_b^2}$），所以该方法也称 Sobel 检验。同样，系数乘积检验法也存在不足，即检验的前提条件"正态分布"不易满足，尤其是样本量较少时，即使系数 a 和系数 b 分别服从正态分布，其乘积 ab 的值也难以达到正态分布条件。[④]

3. Bootstrap 检验法[⑤]

Bootstrap 检验法的优点在于，当统计量未能服从正态分布时，可以采用经验抽样分布来进行参数估计，因此 Bootstrap 检验法不会像系数乘积检验法那样，可能会出现违反分布假设的现象。此外，Bootstrap 检验法不依赖标准误，因此不存在标准误计算公式的异同带来结果不一致的问题。相关研究结果表明，与其他中介效应检验方法相比，Bootstrap 检验法的能效性最强，检验效果最为理想。[⑥] Bootstrap 检验法确定的置信区间通常有两种，即 percentile confidence interval 和 bias-corrected confidence interval，需要说明的是，后者是在 percentile confidence interval 的基础上调整而来的。

---

① MACKINNON D P，KRULL J L，LOCKWOOD C M.Equivalence of the mediation，confounding and suppression effect[J].Prevention Science，2000，1(4)：173-181.

② MACKINNON D P，LOCKWOOD C M，WILLIAMS J.Confidence limits for the indirect effect：distribution of the product and resampling methods[J].Multivariate behavioral research，2004，39(1)：99-128.

③ SOBEL M.Asymptotic confidence intervals for indirect effects in structural equation models[J].Sociological methodology，1982，13(1)：290-313.

④ CHEUNG G W，LAU R S.Testing mediation and suppression effects of latent variables：bootstrapping with structural equation models[J].Organizational research methods，2008，11(2)：296-325.

⑤ EFRON B，TIBSHIRANI R J.An introduction to the bootstrap[M].New York：Chapman and Hall，1994：161-170.

⑥ TAYLOR A B，MACKINNON D P，TEIN J Y.Tests of the three-path mediated effect[J].Organizational research methods，2008，11(2)：241-269.

（三）跨环境动机模型各变量描述性统计及其建构效度

本研究 TCM 中涉及 10 个变量，除体质健康为显变量外，其余 9 个变量都是潜变量。需要说明的是，体质健康包含多个体质指标（如肺活量、立定跳远、坐位体前屈等），为了简化模型，将多个体质指标按照国家学生体质健康标准的建议，分别从总分中占去一定的权重（如 BMI 占比 15%、肺活量占比 15% 等），因此个人体质健康的最终得分为各单项指标得分与权重乘积之和。其余 9 个潜变量的描述性统计，有的通过将各自所包含的显变量加总后取均值来获得，有的通过既定公式运算来获得。

结构方程建模时会有多个潜变量参与其中，而某些潜变量可能包含若干潜变量，指标的增加会使模型变得复杂，不利于搭建关键潜变量之间的关系。为此，研究者常使用项目打包法将某些潜变量转化为显变量，也就是把这些潜变量通过其观察变量加总平均后转化为显变量，如此使得测量误差得以净化，并简化了模型，最终提升了参数估计及模型拟合度。[①] 本研究结构模型较为复杂，因此将课堂需求支持感所包含的 3 个潜变量（自主支持、能力支持、关系支持）通过项目打包转化为显变量，类似的做法还有课堂动机所包含的 5 个潜变量、课外体育动机所包含的 5 个潜变量等。要建立结构模型间的关系，首要任务是做好各测量模型[②]，然而考虑到本研究的目的是获得 TCM 各潜变量之间的直接、间接关系，所以著者并没有将每个测量模型的结果图描绘出来，而是在表中列出了测量模型的建构效度。各学段实验班学生 TCM 各变量描述性统计如表 4-13、表 4-15、表 4-17 和表 4-19 所列。各学段实验班学生 TCM 各变量信度、聚合效度与区别效度分析如表 4-14、表 4-16、表 4-18 和表 4-20 所列。

表 4-13　五年级实验班学生 TCM 各变量描述性统计（$M \pm SD$）

NS	RAI-PE	RAI-LT	ATT	SN	PBC	INT	PB-LT	PH	MH
3.56	1.79	2.48	4.74	3.73	3.98	4.11	29.05	72.15	3.48
±0.88	±3.06	±2.40	±1.13	±1.15	±1.11	±1.07	±15.36	±19.72	±0.45

① 王济川,王小倩,姜宝法.结构方程模型:方法与应用[M].北京:高等教育出版社,2011:96-97.
② SEGARS A H.Assessing the unidimensionality of measurement:a paradigm and illustration within the context of information systems research[J].Omega,2009,25(1):107-121.

表 4-14 五年级实验班学生 TCM 各变量信度、聚合效度与区别效度分析表

维度	题目	题目信度	组合信度	聚合效度	区别效度									
		Estimate	CR	AVE	NS	RAI-PE	RAI-LT	INT	ATT	SN	PBC	PB-LT	PH	MH
NS	3	0.755~0.876	0.803	0.672	**0.819**									
RAI-PE	5	0.645~0.802	0.658	0.549	0.378	**0.741**								
RAI-LT	5	0.617~0.783	0.637	0.508	0.271	0.432	**0.713**							
INT	3	0.759~0.864	0.743	0.642	0.245	0.236	0.286	**0.801**						
ATT	3	0.647~0.752	0.692	0.508	0.226	0.207	0.368	0.502	**0.713**					
SN	3	0.615~0.727	0.623	0.469	0.148	0.104	0.157	0.171	0.235	**0.685**				
PBC	3	0.704~0.782	0.777	0.538	0.207	0.184	0.346	0.468	0.489	0.241	**0.733**			
PB-LT	3	0.703~0.847	0.724	0.595	0.177	0.195	0.412	0.355	0.367	0.168	0.309	**0.772**		
PH	1				0.134	0.302	0.163	0.321	0.154	0.088	0.162	0.132		
MH	5	0.612~0.730	0.612	0.464	0.239	0.287	0.236	0.438	0.278	0.076	0.253	0.166	0.136	**0.681**

注：1. NS 指课堂需求支持感；RAI-PE 指体育课堂动机；RAI-LT 指课外体育动机；INT 指课外体育参与意图；ATT 指态度；SN 指主观规范；PBC 指知觉行为控制；PB-LT 指课外体育行为；PH 指体质健康；MH 指心理健康。

2. 根据 Fornell 和 Larcker① 的建议，表格内粗体数字为各个指标 AVE（平均方差抽取量）的平方根。

3. 由于 PH 为显变量，因此不存在题目信度、组合信度及聚合效度。

---

① FORNELL C，LARCKER D F.Evaluating structural equation models with unobservable variables and measurement error[J].Journal of marketing research，1981，18(1)：39-50.

表 4-15　初一年级实验班学生 TCM 各变量描述性统计（*M*±*SD*）

NS	RAI-PE	RAI-LT	ATT	SN	PBC	INT	PB-LT	PH	MH
3.63	1.50	2.21	4.43	3.44	3.73	3.76	23.92	68.31	3.17
±0.52	±3.22	±1.74	±1.06	±0.83	±0.98	±0.87	±12.29	±19.07	±0.36

表 4-16　初一年级实验班学生 TCM 各变量信度、聚合效度与区别效度分析表

维度	题目	题目信度	组合信度	聚合效度	区别效度									
		Estimate	CR	AVE	NS	RAI-PE	RAI-LT	INT	ATT	SN	PBC	PB-LT	PH	MH
NS	3	0.713~0.824	0.793	0.632	**0.795**									
RAI-PE	5	0.627~0.786	0.705	0.588	0.346	**0.767**								
RAI-LT	5	0.633~0.776	0.716	0.539	0.253	0.409	**0.734**							
INT	3	0.766~0.835	0.783	0.615	0.217	0.208	0.212	**0.784**						
ATT	3	0.685~0.769	0.789	0.603	0.198	0.188	0.345	0.510	**0.777**					
SN	3	0.574~0.718	0.634	0.472	0.121	0.087	0.127	0.137	0.219	**0.687**				
PBC	3	0.671~0.739	0.675	0.501	0.169	0.197	0.357	0.485	0.446	0.266	**0.709**			
PB-LT	3	0.675~0.820	0.692	0.577	0.152	0.211	0.367	0.382	0.385	0.114	0.347	**0.760**		
PH	1				0.137	0.252	0.190	0.269	0.177	0.107	0.196	0.155		
MH	5	0.637~0.775	0.651	0.492	0.166	0.245	0.253	0.386	0.234	0.093	0.185	0.172	0.198	**0.701**

表 4-17 高一年级实验班学生 TCM 各变量描述性统计（*M±SD*）

NS	RAI-PE	RAI-LT	ATT	SN	PBC	INT	PB-LT	PH	MH
3.60	1.42	2.08	4.34	3.19	3.54	3.48	20.76	65.50	3.47
±0.55	±2.98	±1.96	±1.01	±1.12	±1.07	±1.04	±13.18	±21.41	±0.42

表 4-18 高一年级实验班学生 TCM 各变量信度、聚合效度与区别效度分析表

维度	题目	题目信度	组合信度	聚合效度	区别效度									
		Estimate	CR	AVE	NS	RAI-PE	RAI-LT	INT	ATT	SN	PBC	PB-LT	PH	MH
NS	3	0.708~0.844	0.833	0.678	**0.823**									
RAI-PE	5	0.609~0.762	0.725	0.546	0.328	**0.739**								
RAI-LT	5	0.562~0.743	0.733	0.517	0.235	0.385	**0.719**							
INT	3	0.692~0.804	0.792	0.611	0.205	0.226	0.162	**0.782**						
ATT	3	0.711~0.783	0.776	0.550	0.181	0.179	0.347	0.436	**0.742**					
SN	3	0.592~0.734	0.675	0.489	0.103	0.070	0.104	0.135	0.197	**0.699**				
PBC	3	0.655~0.727	0.711	0.480	0.159	0.165	0.315	0.412	0.403	0.235	**0.693**			
PB-LT	3	0.711~0.834	0.709	0.566	0.146	0.208	0.329	0.390	0.353	0.092	0.322	**0.752**		
PH	1				0.125	0.223	0.196	0.193	0.166	0.082	0.178	0.189		
MH	5	0.625~0.730	0.639	0.482	0.122	0.252	0.277	0.227	0.229	0.059	0.204	0.136	0.210	**0.694**

表 4-19　大二年级实验班学生 TCM 各变量描述性统计（*M±SD*）

NS	RAI-PE	RAI-LT	ATT	SN	PBC	INT	PB-LT	PH	MH
3.74	1.56	2.03	4.53	3.13	3.66	3.68	25.09	68.92	3.68
±0.58	±2.75	±1.82	±1.00	±0.98	±0.92	±0.91	±15.79	±18.50	±0.46

表 4-20　大二年级实验班学生 TCM 各变量信度、聚合效度与区别效度分析表

维度	题目	题目信度	组合信度	聚合效度	区别效度									
		Estimate	CR	AVE	NS	RAI-PE	RAI-LT	INT	ATT	SN	PBC	PB-LT	PH	MH
NS	3	0.731~0.809	0.743	0.594	**0.771**									
RAI-PE	5	0.578~0.730	0.639	0.503	0.349	**0.709**								
RAI-LT	5	0.591~0.743	0.617	0.488	0.204	0.293	**0.699**							
INT	3	0.677~0.820	0.758	0.619	0.177	0.268	0.184	**0.787**						
ATT	3	0.705~0.776	0.751	0.605	0.149	0.235	0.362	0.451	**0.778**					
SN	3	0.602~0.718	0.708	0.473	0.058	0.048	0.097	0.133	0.174	**0.688**				
PBC	3	0.689~0.753	0.736	0.575	0.140	0.220	0.338	0.375	0.320	0.132	**0.758**			
PB-LT	3	0.765~0.834	0.764	0.630	0.163	0.179	0.304	0.365	0.266	0.046	0.340	**0.794**		
PH	1				0.103	0.194	0.157	0.162	0.107	0.037	0.144	0.145		
MH	6	0.672~0.843	0.606	0.472	0.109	0.204	0.230	0.294	0.185	0.027	0.192	0.104	0.163	**0.687**

　　参照表 4-21，各学段实验班学生 9 个潜变量的题目信度基本符合建议值，组合信度也达到标准，聚合效度也在可接受的范围；此外，各维度间具备了区别效度，适合进一步进行结构模型的分析。

表 4-21 构面建构效度指标

建构效度指标	题目信度（Estimate）	组合信度（CR）	聚合效度（AVE）	区别效度
建议值	0.6~0.95	>0.6	>0.5	若某变量 AVE 的平方根大于与其他变量的相关系数，则认为具有区别效度

（四）课堂需求支持感对课堂动机的影响关系

H1：通过为期 12 周的中国健康体育课程模式课堂教学，各年级学生的课堂需求支持感能够正向预测课堂动机。

1. 五年级学生课堂需求支持感对课堂动机的影响

报表结果显示，该结构模型拟合度指标为：$\chi^2/df = 2.387$，CFI = 0.900，TLI = 0.953，RMSEA = 0.075，SRMR = 0.068。根据表 4-22 所列的拟合度指标建议值[1]，该结构模型基本达到拟合标准。标准化的模型结果显示，课堂需求支持感能够正向预测课堂动机（$\beta = 0.432$，$P < 0.001$），课堂动机的 R^2 值为 0.41，表明课堂需求支持感解释了课堂动机 41% 的变异。[2] 采用群组比较进一步分析性别在该模型中的调节效应，在 VARIABLE 命令中输入 "GROUPING IS SEX"，界定 1 = MALE，2 = FEMALE。随后设置 MODEL CONSTRAINT 对男女生的路径系数及它们之间的差异进行界定。分析结果表明，男生的路径系数（$\beta = 0.395$）和女生的路径系数（$\beta = 0.457$）无显著差异（$P > 0.05$）。五年级学生课堂需求支持感与课堂动机的结构模型如图 4-55 所示。

表 4-22 结构方程模型拟合度指标

拟合度指标	标准卡方（χ^2/df）	比较拟合指数（CFI）	Tucker-Lewi 指数（TLI）	近似误差均方根（RMSEA）	均方根残差（SRMR）
建议值	$1 < \chi^2/df < 3$	>0.9	>0.9	<0.08	<0.08

---

① IACOBUCCI D.Structural equations modeling：fit Indices，sample size，and advanced topics[J].Journal of consumer psychology，2010，20(1)：90-98.

② URBACH N，AHLEMANN F.Structural equation modeling in information systems research using partial least squares[J].Journal of information technology theory and application，2010，11(2)：5-40.

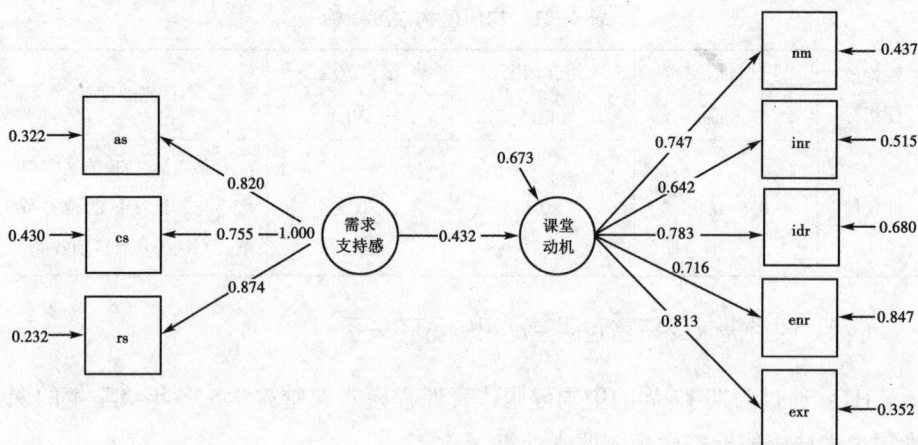

图 4-55　五年级学生课堂需求支持感与课堂动机的结构模型

2. 初一年级学生课堂需求支持感对课堂动机的影响

报表结果显示，该结构模型拟合度指标为：$X^2/df = 2.575$，CFI $= 0.898$，TLI $= 0.944$，RMSEA $= 0.071$，SRMR $= 0.059$。根据表 4-22 所列的拟合度指标建议值，该结构模型基本达到拟合标准。标准化的模型结果显示，课堂需求支持感能够正向预测课堂动机（$\beta = 0.385$，$P < 0.001$），课堂动机的 R^2 值为 0.32，表明课堂需求支持感解释了课堂动机 32% 的变异。采用群组比较进一步分析性别在该模型中的调节效应，在 VARIABLE 命令中输入 "GROUPING IS SEX"，界定 1 = MALE，2 = FEMALE。随后设置 MODEL CONSTRAINT 对男女生的路径系数及它们之间的差异进行界定。分析结果表明，男生的路径系数（$\beta = 0.363$）和女生的路径系数（$\beta = 0.410$）无显著差异（$P > 0.05$）。初一年级学生课堂需求支持感与课堂动机结构模型如图 4-56 所示。

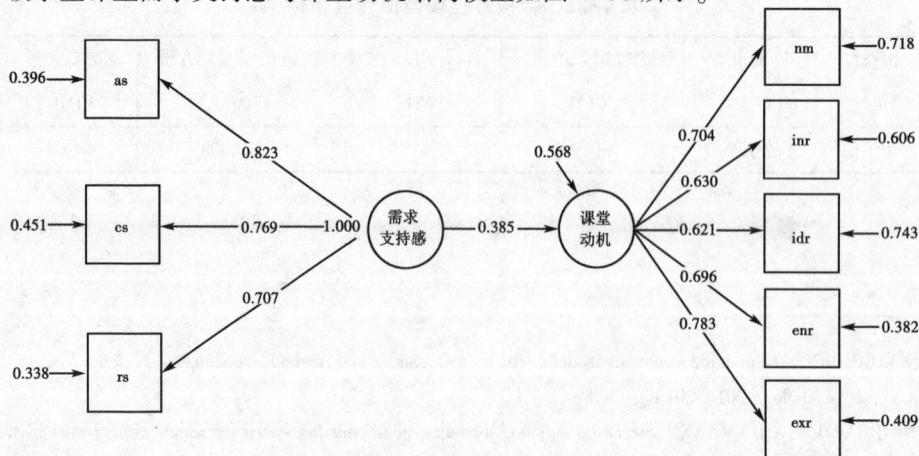

图 4-56　初一年级学生课堂需求支持感与课堂动机的结构模型

3. 高一年级学生课堂需求支持感对课堂动机的影响

报表结果显示，该结构模型拟合度指标为：$\chi^2/df = 2.034$，CFI = 0.957，TLI = 0.949，RMSEA = 0.047，SRMR = 0.052。根据表 4-22 所列的拟合度指标建议值，该结构模型达到拟合标准。标准化的模型结果显示，课堂需求支持感能够正向预测课堂动机（$\beta = 0.343$，$P < 0.001$），课堂动机的 R^2 值为 0.29，表明课堂需求支持感解释了课堂动机 29% 的变异。采用群组比较进一步分析性别在该模型中的调节效应，在 VARIABLE 命令中输入"GROUPING IS SEX"，界定 1 = MALE，2 = FEMALE。随后设置 MODEL CONSTRAINT 对男女生的路径系数及它们之间的差异进行界定。分析结果表明，男生的路径系数（$\beta = 0.327$）和女生的路径系数（$\beta = 0.361$）无显著差异（$P > 0.05$）。高一年级学生课堂需求支持感与课堂动机的结构模型如图 4-57 所示。

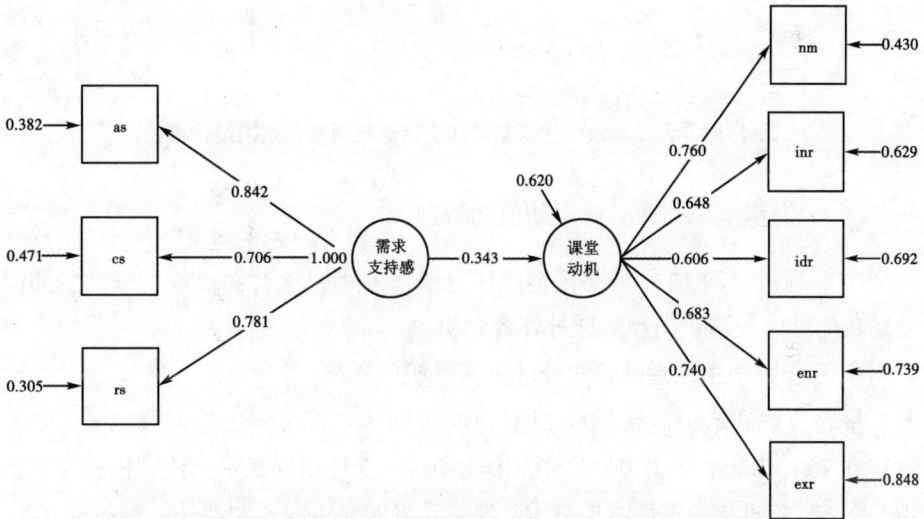

图 4-57 高一年级学生课堂需求支持感与课堂动机的结构模型

4. 大二年级学生课堂需求支持感对课堂动机的影响

报表结果显示，该结构模型拟合度指标为：$\chi^2/df = 1.692$，CFI = 0.934，TLI = 0.951，RMSEA = 0.057，SRMR = 0.044。根据表 4-22 所列的拟合度指标建议值，该结构模型基本达到拟合标准。标准化的模型结果显示，课堂需求支持感能够正向预测课堂动机（$\beta = 0.351$，$P < 0.001$），课堂动机的 R^2 值为 0.33，表明需求支持感解释了课堂动机 33% 的变异。采用群组比较进一步分析性别在该模型中的调节效应，在 VARIABLE 命令中输入"GROUPING IS SEX"，界定 1 = MALE，2 = FEMALE。随后设置 MODEL CONSTRAINT 对男女

生的路径系数及它们之间的差异进行界定。分析结果表明，男生的路径系数
（$\beta=0.378$）和女生的路径系数（$\beta=0.323$）无显著差异（$P>0.05$）。大二年级学生课堂需求支持感与课堂动态的结构模型如图4-58所示。

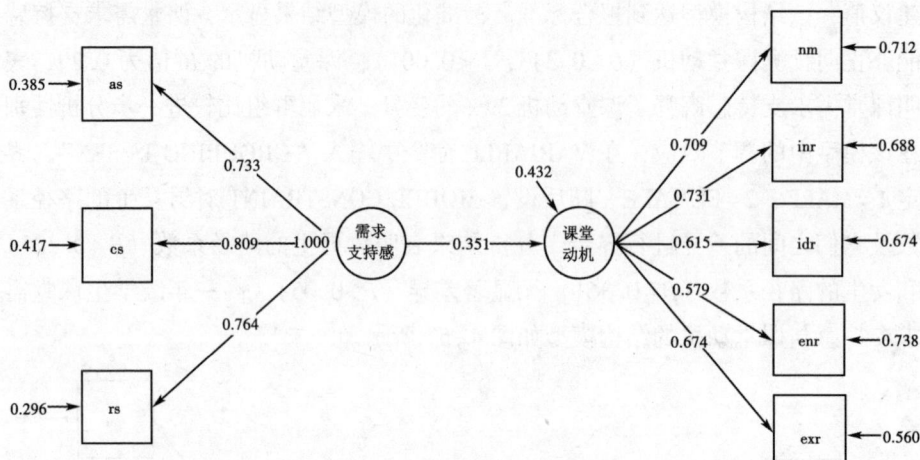

图4-58　大二年级学生课堂需求支持感与课堂动机的结构模型

（五）课堂动机对课外体育动机的影响

H2：通过为期12周的中国健康体育课程模式课堂教学，各年级学生的课堂动机能够跨环境正向预测课外体育动机。

1. 五年级学生课堂动机对课外体育动机的影响

报表结果显示，该结构模型拟合度指标为：$\chi^2/df=2.779$，CFI$=0.950$，TLI$=0.966$，RMSEA$=0.043$，SRMR$=0.059$。上述指标显示，该结构模型达到拟合标准。标准化的模型结果显示，课堂动机能够正向预测课外体育动机（$\beta=0.513$，$P<0.001$），R^2值为0.43，即课堂动机解释了课外体育动机43%的变异。采用群组比较进一步分析性别在该模型中的调节效应，在VARIABLE命令中输入"GROUPING IS SEX"，界定1=MALE，2=FEMALE。随后设置MODEL CONSTRAINT对男女的路径系数及它们之间的差异进行界定。分析结果表明，男生的路径系数（$\beta=0.487$）和女生的路径系数（$\beta=0.536$）无显著差异（$P>0.05$）。五年级学生课堂动机与课外体育动机的结构模型如图4-59所示。

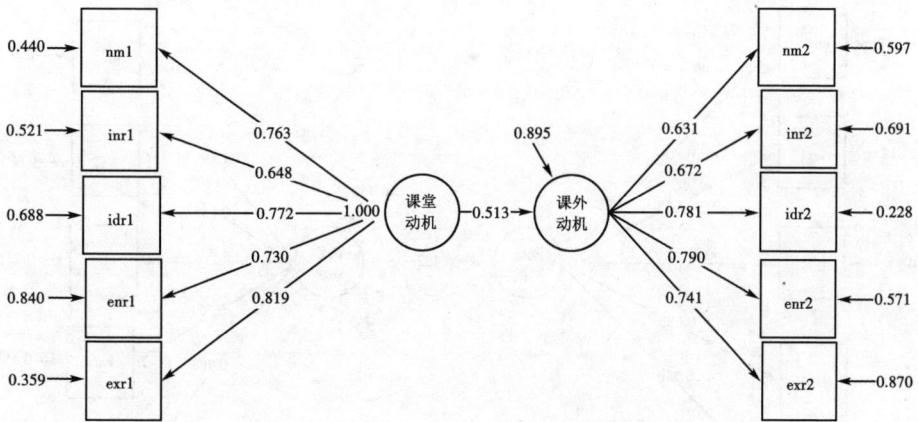

图4-59 五年级学生课堂动机与课外体育动机的结构模型

2. 初一年级学生课堂动机对课外体育动机的影响

报表结果显示，该结构模型拟合度指标为：$X^2/df = 3.135$，CFI = 0.944，TLI = 0.917，RMSEA = 0.052，SRMR = 0.074。上述指标显示，该结构模型基本达到拟合标准。标准化的模型结果显示，课堂动机能够正向预测课外体育动机（$\beta = 0.462$，$P < 0.001$），R^2值为0.40，即课堂动机解释了课外体育动机40%的变异。采用群组比较进一步分析性别在该模型中的调节效应，在VARIABLE命令中输入"GROUPING IS SEX"，界定1 = MALE，2 = FEMALE。随后设置MODEL CONSTRAINT对男女生的路径系数及它们之间的差异进行界定。分析结果表明，男生的路径系数（$\beta = 0.431$）和女生的路径系数（$\beta = 0.485$）无显著差异（$P > 0.05$）。初一年级学生课堂动机与课外体育动机的结构模型如图4-60所示。

3. 高一年级学生课堂动机对课外体育动机的影响

报表结果显示，该结构模型拟合度指标为：$X^2/df = 2.763$，CFI = 0.918，TLI = 0.933，RMSEA = 0.049，SRMR = 0.062。上述指标显示，该结构模型达到拟合标准。标准化的模型结果显示，课堂动机能够正向预测课外体育动机（$\beta = 0.435$，$P < 0.001$），R^2值为0.39，即课堂动机解释了课外体育动机39%的变异。采用群组比较进一步分析性别在该模型中的调节效应，在VARIABLE命令中输入"GROUPING IS SEX"，界定1 = MALE，2 = FEMALE。随后设置MODEL CONSTRAINT对男女生的路径系数及它们之间的差异进行界定。分析结果表明，男生的路径系数（$\beta = 0.457$）和女生的路径系数（$\beta = 0.408$）无显

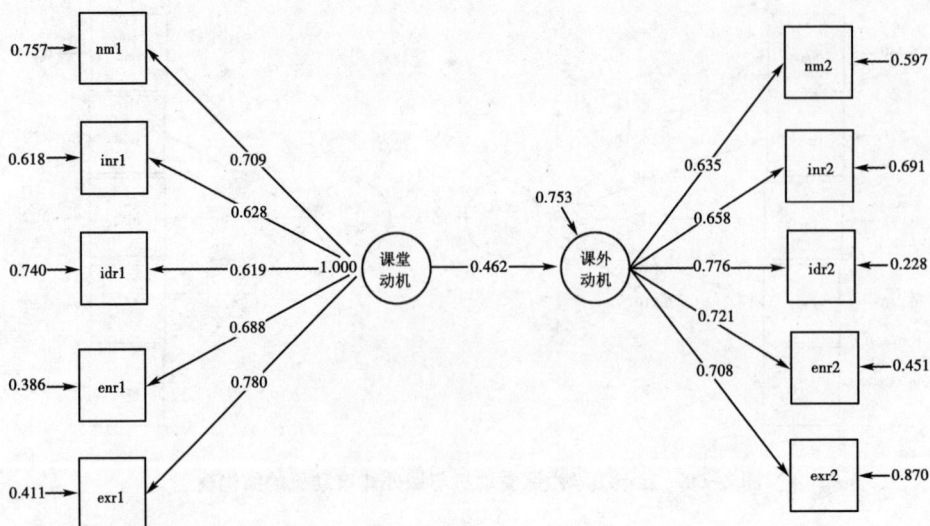

图 4-60　初一年级学生课堂动机与课外体育动机的结构模型

著差异（*P*>0.05）。高一年级学生课堂动机与课外体育动机的结构模型如图
4-61 所示。

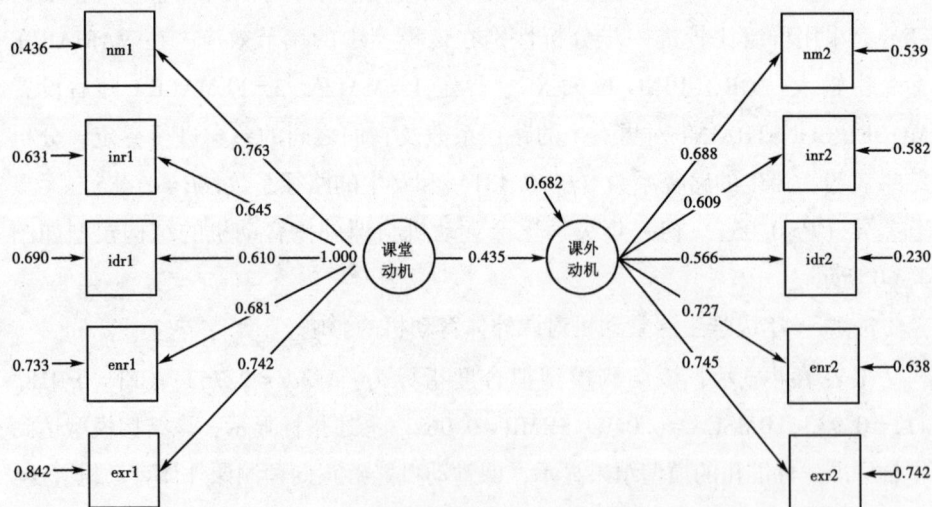

图 4-61　高一年级学生课堂动机与课外体育动机的结构模型

4. 大二年级学生课堂动机对课外体育动机的影响

报表结果显示,结构模型拟合度指标为:$\chi^2/df = 2.029$,CFI $= 0.936$,TLI $= 0.947$,RMSEA $= 0.052$,SRMR $= 0.061$。上述指标显示,该结构模型达到拟合标准。标准化的模型结果显示,课堂动机能够正向预测课外体育动机($\beta = 0.256$,$P < 0.001$),R^2 值为 0.30,即课堂动机解释了课外体育动机 30% 的变异。采用群组比较进一步分析性别在该模型中的调节效应,在 VARIABLE 命令中输入 "GROUPING IS SEX",界定 1 = MALE,2 = FEMALE。随后设置 MODEL CONSTRAINT 对男女生的路径系数及它们之间的差异进行界定。分析结果表明,男生的路径系数($\beta = 0.280$)和女生的路径系数($\beta = 0.223$)无显著差异($P > 0.05$)。大二年级学生课堂动机与课外体育动机的结构模型如图 4-62 所示。

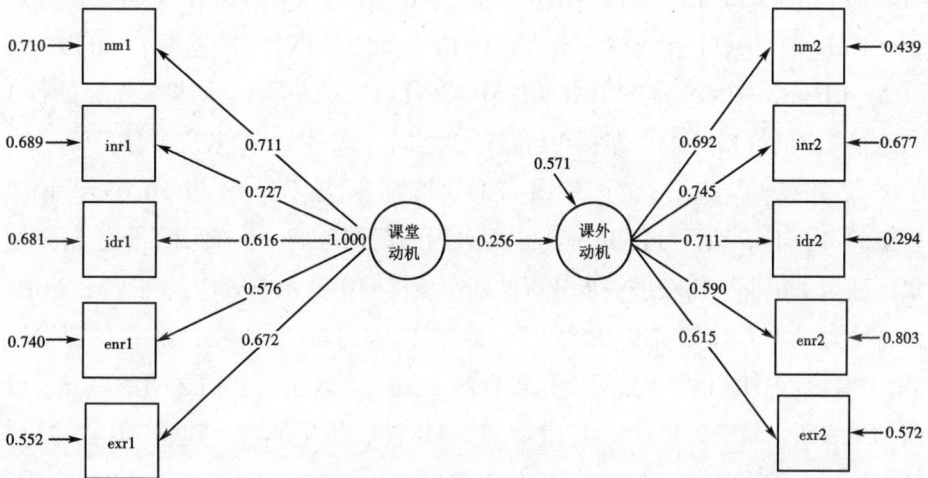

图 4-62 大二年级学生课堂动机与课外体育动机的结构模型

(六)课外体育动机对课外体育参与意图的影响

H3:通过为期 12 周的中国健康体育课程模式课堂教学,各年级学生的课外体育动机均能分别通过态度、知觉行为控制的介导正向预测课外体育参与意图。

1. 五年级学生课外体育动机对课外体育参与意图的影响关系

首先采用常规性的 ML(最大似然法)进行分析,报表结果显示该模型拟合度不佳。然后采用 MLM（最大似然估计结合标准误和均值校正的卡方检验，也称为 Satorra-Bentler χ^2）进行分析，目的在于校正由于模型复杂或统计量增多而引起的卡方值膨胀。采用 MLM 分析的模型拟合度指标为：$\chi^2/df = 2.782$，CFI = 0.934，TLI = 0.891，RMSEA = 0.068，SRMR = 0.078。这些指标显示，该模型基本达到拟合标准。非标准化的结果（见表4-23）显示，路径"RAI-LT→ATT→INT"的间接效应显著（$\beta = 0.192$，$P < 0.01$），路径"RAI-LT→SN→INT"的间接效应不显著（$\beta = 0.028$，$P > 0.05$），路径"RAI-LT→PBC→INT"的间接效应显著（$\beta = 0.174$，$P < 0.01$）；此外，模型的总间接效应显著（$\beta = 0.394$，$P < 0.001$），直接效应也显著（$\beta = 0.238$，$P < 0.01$）。以上结果可以说明，该模型的效应属于部分中介。为了进一步检验3条间接路径效应的差异[①]，在 MODEL CONSTRAINT 副指令下编辑"DIFF12、DIFF13、DIFF23"（DIFF12 指"RAI-LT→ATT→INT"与"RAI-LT→SN→INT"的差异，DIFF13 指"RAI-LT→ATT→INT"与"RAI-LT→PBC→INT"的差异，DIFF23 指"RAI-LT→SN→INT"与"RAI-LT→PBC→INT"的差异）。结果显示，路径1与路径2之间（F1-F2）、路径2与路径3之间（F2-F3）的效应差异显著（$P < 0.05$），路径1与路径3之间（F1-F3）的效应差异不显著（$P > 0.05$）。偏差校正的 Bootstrap 和百分位 Bootstrap 两水平的置信区间一致表明了上述研究结果。随后采用群组比较进一步分析性别在该模型中的调节效应，在 VARIABLE 命令中输入"GROUPING IS SEX"，界定 1 = MALE，2 = FEMALE。接着设置 MODEL CONSTRAINT 界定男女生各自的3组中介效应及它们之间的差异。分析结果表明，对于路径"RAI-LT→ATT→INT"，男生的中介效应（$\beta = 0.214$）和女生的中介效应（$\beta = 0.172$）无显著差异（$P > 0.05$）；对于路径"RAI-LT→SN→INT"，男生的中介效应（$\beta = 0.040$）和女生的中介效应（$\beta = 0.012$）无显著差异（$P > 0.05$）；对于路径"RAI-LT→PBC→INT"，男生的中介效应（$\beta = 0.198$）和女生的中介效应（$\beta = 0.151$）无显著差异（$P > 0.05$）。五年级学生课外体育动机与课外体育参与意图的中介模型如图4-63所示。

---

① PREACHER K J, HAYES A F. Asymptotic and resampling strategies for assessing and comparing indirect effects in multiple mediator models[J]. Behavior research methods, 2008, 40(3): 879-891.

表4-23 五年级学生课外体育动机对课外体育参与意图的效应及中介效应比较

路径效应	Point Estimate	Product of Coefficients			Bootstrap 95%CI			
					Bias-corrected 置信区间		Percentile 置信区间	
	点估计值	标准误	Z值	P值	下限	上限	下限	上限
模型效应								
RAI-LT→ATT→INT	0.192	0.074	2.595	＊＊	0.087	0.435	0.093	0.447
RAI-LT→SN→INT	0.028	0.022	1.273	0.105	-0.029	0.066	-0.018	0.076
RAI-LT→PBC→INT	0.174	0.063	2.762	＊＊	0.071	0.329	0.078	0.334
TOTAL INDIRECT	0.394	0.123	3.214	＊＊＊	0.369	1.897	0.377	1.904
DIRECT	0.238	0.086	2.750	＊＊	0.025	0.469	0.037	0.478
多重中介效应比较								
F1-F2	0.164	0.065	2.507	0.021	0.025	0.167	0.031	0.179
F1-F3	0.018	0.029	0.630	0.528	-0.034	0.066	-0.028	0.071
F2-F3	-0.146	0.059	-2.465	0.025	-0.653	-0.039	-0.631	-0.025

注：＊＊＊代表P<0.001，＊＊代表P<0.01。

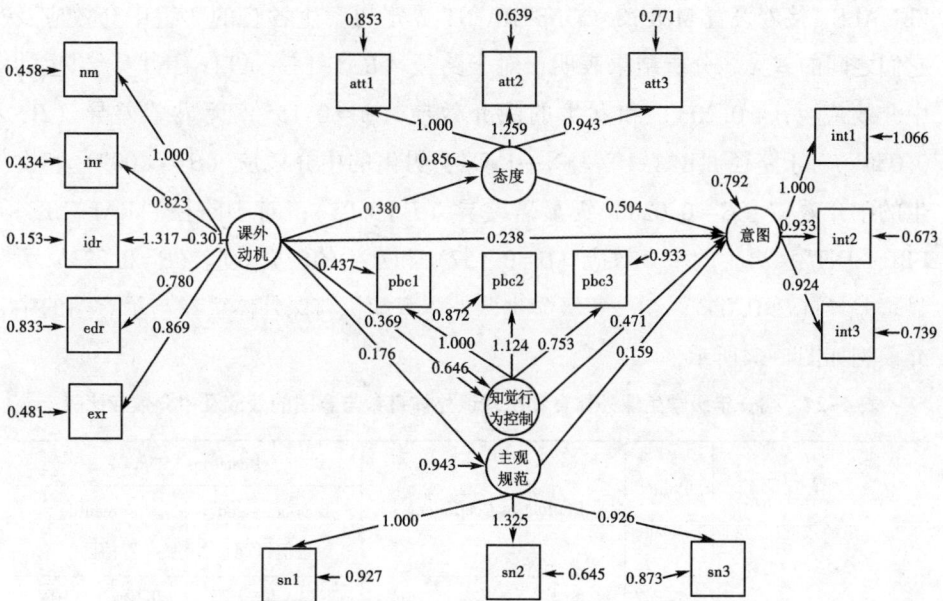

图4-63 五年级学生课外体育动机与课外体育参与意图的中介模型

2. 初一年级学生课外体育动机对课外体育参与意图的影响

首先采用常规性的 ML（最大似然法）进行分析，报表结果显示该模型拟合度不佳。然后采用 MLM 进行校正分析，得到的模型拟合度指标为：$x^2/df =$ 3.368，CFI = 0.909，TLI = 0.917，RMSEA = 0.074，SRMR = 0.063。上述指标显示，该模型基本达到拟合标准。非标准化的结果（见表 4-24）显示，路径 "RAI-LT→ATT→INT" 的间接效应显著（$\beta = 0.176$，$P<0.01$），路径 "RAI-LT→SN→INT" 的间接效应不显著（$\beta = 0.017$，$P>0.05$），路径 "RAI-LT→PBC→INT" 的间接效应显著（$\beta = 0.189$，$P<0.01$）；此外，模型的总间接效应显著（$\beta = 0.382$，$P<0.001$），直接效应也显著（$\beta = 0.172$，$P<0.01$）。以上结果可以说明，该模型的效应属于部分中介。为了进一步检验 3 条间接路径的差异，在 MODEL CONSTRAINT 副指令下编辑 "DIFF12、DIFF13、DIFF23"。结果显示，路径 1 与路径 2 之间（F1-F2）、路径 2 与路径 3 之间（F2-F3）的效应差异显著（$P<0.05$），路径 1 与路径 3 之间（F1-F3）的效应差异不显著（$P>0.05$）。偏差校正的 Bootstrap 和百分位 Bootstrap 两水平的置信区间一致表明了上述研究结果。随后采用群组比较进一步分析性别在该模型中的调节效应，在 VARIABLE 命令中输入 "GROUPING IS SEX"，界定 1 = MALE，2 = FEMALE。接着设置 MODEL CONSTRAINT 界定男女生各自的 3 组中介效应及它们之间的差异。分析结果表明，对于路径 "RAI-LT→ATT→INT"，男生的中介效应（$\beta = 0.203$）和女生的中介效应（$\beta = 0.155$）无显著差异（$P>0.05$）；对于路径 "RAI-LT→SN→INT"，男生的中介效应（$\beta = 0.009$）和女生的中介效应（$\beta = 0.028$）无显著差异（$P>0.05$）；对于路径 "RAI-LT→PBC→INT"，男生的中介效应（$\beta = 0.157$）和女生的中介效应（$\beta = 0.223$）无显著差异（$P>0.05$）。初一年级学生课外体育动机与课外体育参与示意图的中介模型如图 4-64 所示。

表 4-24　初一年级学生课外体育动机对课外体育参与意图的效应及中介效应比较

路径效应	Point Estimate	Product of Coefficients			Bootstrap　95%CI			
					Bias-corrected 置信区间		Percentile 置信区间	
	点估计值	标准误	Z 值	P 值	下限	上限	下限	上限
模型效应								
RAI-LT→ATT→INT	0.176	0.070	2.514	＊＊	0.058	0.540	0.069	0.552
RAI-LT→SN→INT	0.017	0.016	1.077	0.167	−0.044	0.349	−0.056	0.332
RAI-LT→PBC→INT	0.189	0.069	2.739	＊＊	0.077	0.418	0.092	0.436

表4-24(续)

路径效应	Point Estimate	Product of Coefficients			Bootstrap 95%CI			
					Bias-corrected 置信区间		Percentile 置信区间	
	点估计值	标准误	Z值	P值	下限	上限	下限	上限
TOTAL INDIRECT	0.382	0.121	3.156	* * *	0.411	1.749	0.430	1.765
DIRECT	0.172	0.059	2.915	* *	0.049	0.588	0.055	0.594
多重中介效应比较								
F1-F2	0.159	0.062	2.570	0.022	0.011	0.235	0.026	0.253
F1-F3	-0.013	0.034	-0.377	0.480	-0.088	0.417	-0.065	0.432
F2-F3	-0.172	0.065	-2.630	0.019	-0.589	-0.044	-0.602	-0.060

注: * * *表示 $P<0.001$, * *表示 $P<0.01$。

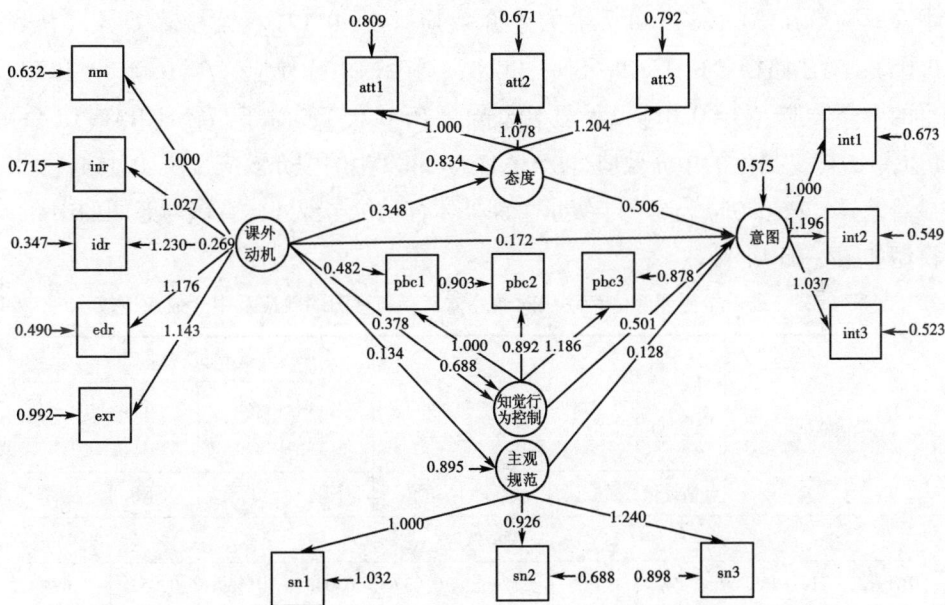

图4-64 初一年级学生课外体育动机与课外体育参与意图的中介模型

3. 高一年级学生课外体育动机对课外体育参与意图的影响

采用 MLM 进行参数估计,报表结果显示该模型拟合度指标为: $\chi^2/df = 3.277$, $CFI = 0.884$, $TLI = 0.920$, $RMSEA = 0.069$, $SRMR = 0.078$。上述指标显示该模型基本达到拟合标准。非标准化的结果(见表4-25)显示,路径 "RAI-LT→ATT→INT" 的间接效应显著($\beta = 0.149$, $P<0.05$);路径 "RAI-

LT→SN→INT"的间接效应不显著（$\beta = 0.011$，$P>0.05$）；路径"RAI-LT→PBC→INT"的间接效应显著（$\beta = 0.135$，$P<0.05$）；此外，该模型的总间接效应显著（$\beta = 0.295$，$P<0.001$），直接效应也显著（$\beta = 0.107$，$P<0.05$）。以上结果可以说明，该模型的效应属于部分中介。为了进一步检验3条间接路径的差异，在MODEL CONSTRAINT副指令下编辑"DIFF12、DIFF13、DIFF23"。结果显示，路径1与路径2之间（F1-F2）、路径2与路径3之间（F2-F3）的效应差异显著（$P<0.05$）；路径1与路径3之间（F1-F3）的效应差异不显著（$P>0.05$）。偏差校正的Bootstrap和百分位Bootstrap两水平的置信区间一致表明了上述研究结果。随后采用群组比较进一步分析性别在该模型中的调节效应，在VARIABLE命令中输入"GROUPING IS SEX"，界定1 = MALE，2 = FEMALE。接着设置MODEL CONSTRAINT界定男女生各自的3组中介效应及它们之间的差异。分析结果表明，对于路径"RAI-LT→ATT→INT"，男生的中介效应（$\beta = 0.126$）和女生的中介效应（$\beta = 0.171$）无显著差异（$P>0.05$）；对于路径"RAI-LT→SN→INT"，男生的中介效应（$\beta = 0.007$）和女生的中介效应（$\beta = 0.016$）无显著差异（$P>0.05$）；对于路径"RAI-LT→PBC→INT"，男生的中介效应（$\beta = 0.120$）和女生的中介效应（$\beta = 0.154$）无显著差异（$P>0.05$）。高一年级学生课外体育动机与课外体育参与意图的中介模型如图4-65所示。

表4-25　高一学生课外体育动机对课外体育参与意图的效应及中介效应比较

路径效应	Point Estimate	Product of Coefficients			Bootstrap　95%CI			
					Bias-corrected 置信区间		Percentile 置信区间	
	点估计值	标准误	Z值	P值	下限	上限	下限	上限
模型效应								
RAI-LT→ATT→INT	0.149	0.066	2.266	0.037	0.043	0.689	0.052	0.694
RAI-LT→SN→INT	0.011	0.015	0.713	0.180	−0.035	0.414	−0.048	0.397
RAI-LT→PBC→INT	0.135	0.058	2.315	0.034	0.051	0.719	0.064	0.735
TOTAL INDIRECT	0.295	0.097	3.054	*＊＊	0.182	1.450	0.168	1.433
DIRECT	0.107	0.050	2.154	0.045	0.077	0.693	0.058	0.672
多重中介效应比较								
F1-F2	0.138	0.063	2.195	0.044	0.029	0.368	0.037	0.372

表4-25(续)

路径效应	Point Estimate	Product of Coefficients			Bootstrap 95%CI			
					Bias-corrected 置信区间		Percentile 置信区间	
	点估计值	标准误	Z 值	P 值	下限	上限	下限	上限
F1-F3	0.014	0.039	0.355	0.477	-0.049	0.592	-0.070	0.570
F2-F3	-0.124	0.059	-2.098	0.048	-0.436	-0.072	-0.450	-0.087

注: ＊＊＊表示 P<0.001。

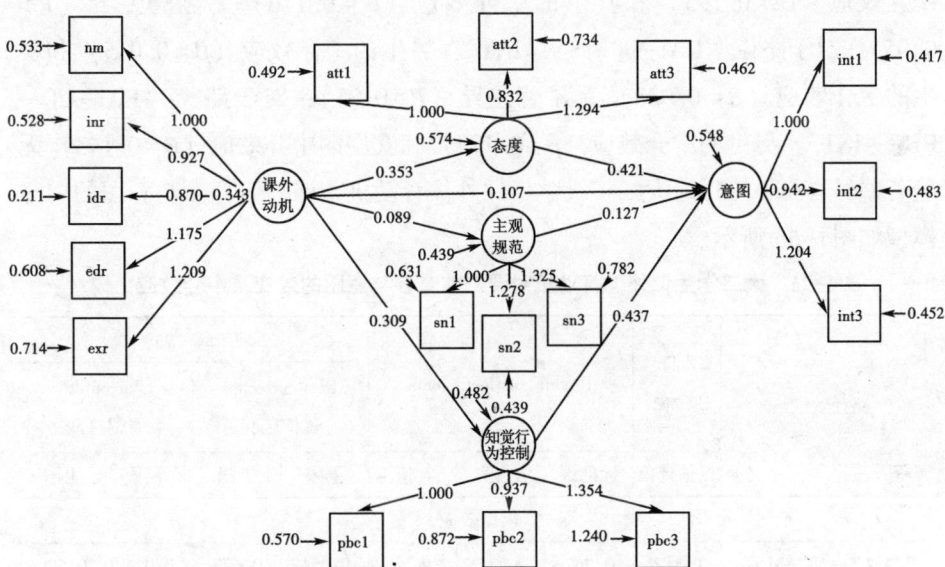

图4-65 高一年级学生课外体育动机与课外体育参与意图的中介模型

4. 大二年级学生课外体育动机对课外体育参与意图的影响

采用 MLM 进行参数估计,报表结果显示该模型拟合度指标为: $\chi^2/df =$ 4.185, CFI = 0.908, TLI = 0.924, RMSEA = 0.072, SRMR = 0.080。上述指标显示该模型基本达到拟合标准。非标准化的结果(见表4-26)显示,路径"RAI-LT→ATT→INT"的间接效应显著($\beta = 0.183$, $P<0.01$);路径"RAI-LT→SN→INT"的间接效应不显著($\beta = 0.013$, $P>0.05$);路径"RAI-LT→PBC→INT"的间接效应显著($\beta = 0.157$, $P<0.05$);此外,该模型的总间接效应显著($\beta = 0.353$, $P<0.001$),直接效应也显著($\beta = 0.135$, $P<0.05$)。以上结果可以说明,该模型的效应属于部分中介。为了进一步检验3条间接路径

的差异，在 MODEL CONSTRAINT 副指令下编辑"DIFF12、DIFF13、DIFF23"。结果显示，路径 1 与路径 2 之间（F1-F2）、路径 2 与路径 3 之间（F2-F3）的效应差异显著（$P<0.05$）；路径 1 与路径 3 之间（F1-F3）的效应差异不显著（$P>0.05$）。偏差校正的 Bootstrap 和百分位 Bootstrap 两水平的置信区间一致表明了上述研究结果。随后采用群组比较进一步分析性别在该模型中的调节效应，在 VARIABLE 命令中输入"GROUPING IS SEX"，界定 1 = MALE，2 = FEMALE。接着设置 MODEL CONSTRAINT 界定男女生各自的 3 组中介效应及它们之间的差异。分析结果表明，对于路径"RAI-LT→ATT→INT"，男生的中介效应（$\beta=0.195$）和女生的中介效应（$\beta=0.170$）无显著差异（$P>0.05$）；对于路径"RAI-LT→SN→INT"，男生的中介效应（$\beta=0.015$）和女生的中介效应（$\beta=0.008$）无显著差异（$P>0.05$）；对于路径"RAI-LT→PBC→INT"，男生的中介效应（$\beta=0.172$）和女生的中介效应（$\beta=0.143$）无显著差异（$P>0.05$）。大二年级学生课外体育动机与课外体育参与意图的中介模型如图 4-66 所示。

表 4-26　大二学生课外体育动机对课外体育参与意图的效应及中介效应比较

路径效应	Point Estimate	Product of Coefficients			Bootstrap　95%CI			
					Bias-corrected 置信区间		Percentile 置信区间	
	点估计值	标准误	Z 值	P 值	下限	上限	下限	上限
模型效应								
RAI-LT→ATT→INT	0.183	0.067	2.731	* *	0.051	0.677	0.064	0.690
RAI-LT→SN→INT	0.013	0.040	0.328	0.373	−0.075	0.388	−0.090	0.374
RAI-LT→PBC→INT	0.157	0.068	2.306	0.032	0.040	0.583	0.049	0.597
TOTAL　INDIRECT	0.353	0.108	3.254	* * *	0.149	1.028	0.133	1.011
DIRECT	0.135	0.066	2.037	0.046	0.089	0.715	0.096	0.723
多重中介效应比较								
F1-F2	0.180	0.075	2.411	0.026	0.074	0.560	0.066	0.548
F1-F3	0.026	0.123	0.212	0.418	−0.061	0.451	−0.055	0.460
F2-F3	−0.154	0.067	−2.296	0.032	−0.257	−0.019	−0.270	−0.030

注：* * *代表 $P<0.001$，* *代表 $P<0.01$。

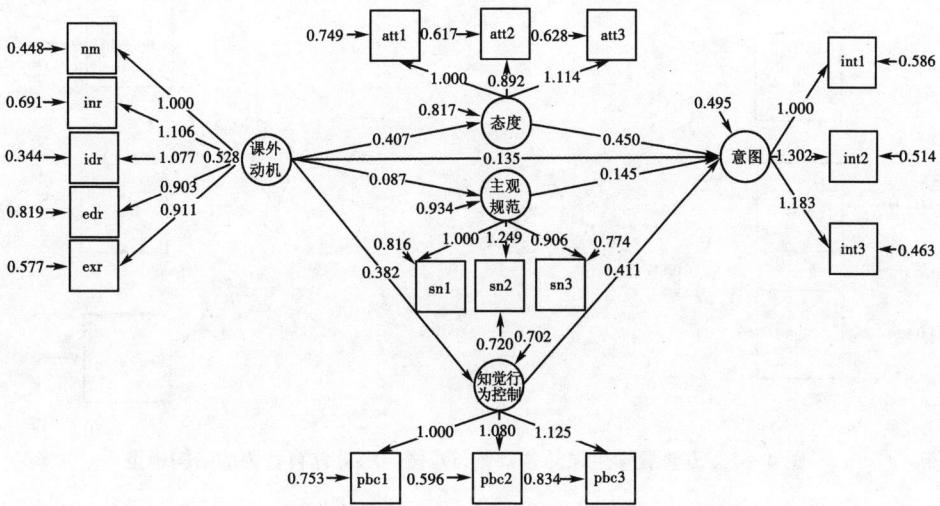

图 4-66 大二年级学生课外体育动机与课外体育参与意图的中介模型

（七）课外体育参与意图对课外体育行为的影响

H4：通过为期 12 周的中国健康体育课程模式课堂教学，各年级学生的课外体育参与意图能够正向预测课外体育行为。

1. 五年级学生课外体育参与意图对课外体育行为的影响

报表结果显示，该结构模型拟合度指标为：X^2/df = 3.278，CFI = 0.932，TLI = 0.917，RMSEA = 0.083，SRMR = 0.051。上述指标显示该模型基本达到拟合标准。标准化的模型结果显示，课外体育参与意图能够正向预测课外体育行为（β = 0.384，$P<0.001$），R^2 值为 0.34，即课外体育参与意图解释了课外体育行为 34% 的变异。采用群组比较进一步分析性别在该模型中的调节效应，在 VARIABLE 命令中输入 "GROUPING IS SEX"，界定 1 = MALE，2 = FEMALE。接着设置 MODEL CONSTRAINT 对男女生的路径系数及它们之间的差异进行界定。分析结果表明，男生的路径系数（β = 0.366）和女生的路径系数（β = 0.407）无显著差异（$P>0.05$）。五年级学生课外体育参与意图与课外体育行为的结构模型如图 4-67 所示。

2. 初一年级学生课外体育参与意图对课外体育行为的影响

报表结果显示，该结构模型拟合指数为：X^2/df = 2.594，CFI = 0.911，TLI = 0.932，· RMSEA = 0.072，SRMR = 0.049。上述指标显示该模型达到拟合标准。

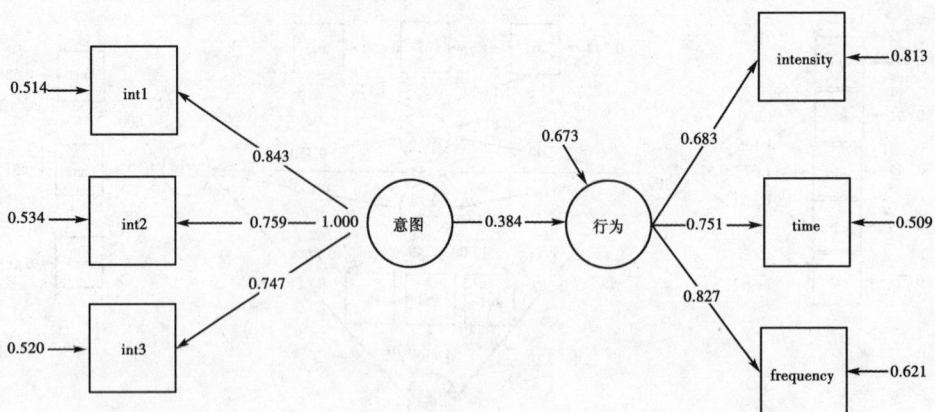

图 4-67　五年级学生课外体育参与意图与课外体育行为的结构模型

标准化的模型结果显示，课外体育参与意图能够正向预测课外体育行为（β=0.327，$P<0.001$），R^2值为 0.34，即课外体育参与意图解释了课外体育行为 34% 的变异。采用群组比较分析性别在该模型中的调节效应，在 VARIABLE 命令中输入 "GROUPING IS SEX"，界定 1 = MALE，2 = FEMALE。接着设置 MODEL CONSTRAINT 对男女生的路径系数及它们之间的差异进行界定。分析结果表明，男生的路径系数（β=0.375）和女生的路径系数（β=0.284）无显著差异（$P>0.05$）。初一年级学生课外体育参与意图与课外体育行为的结构模型如图 4-68 所示。

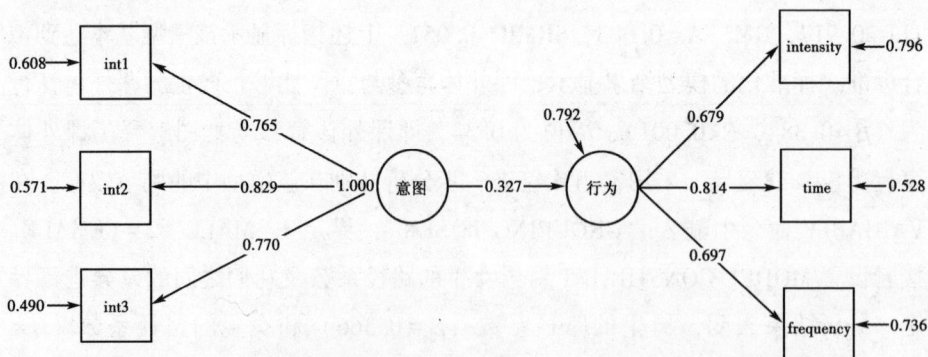

图 4-68　初一年级学生课外体育参与意图与课外体育行为的结构模型

3. 高一年级学生课外体育参与意图对课外体育行为的影响

报表结果显示，该结构模型拟合度指标为：χ^2/df = 2.082，CFI = 0.935，TLI = 0.944，RMSEA = 0.039，SRMR = 0.045。上述指标显示该模型达到拟合标

准。标准化的模型结果显示，课外体育参与意图能够正向预测课外体育行为（$\beta = 0.361$，$P<0.001$），R^2 值为 0.38，即课外体育参与意图解释了课外体育行为 38% 的变异。采用群组比较进一步分析性别在该模型中的调节效应，在 VARIABLE 命令中输入 "GROUPING IS SEX"，界定 1 = MALE，2 = FEMALE。接着设置 MODEL CONSTRAINT 对男女生的路径系数及它们之间的差异进行界定。分析结果表明，男生的路径系数（$\beta = 0.397$）和女生的路径系数（$\beta = 0.330$）无显著差异（$P>0.05$）。高一年级学生课外体育参与意图与课外体育行为的结构模型如图 4-69 所示。

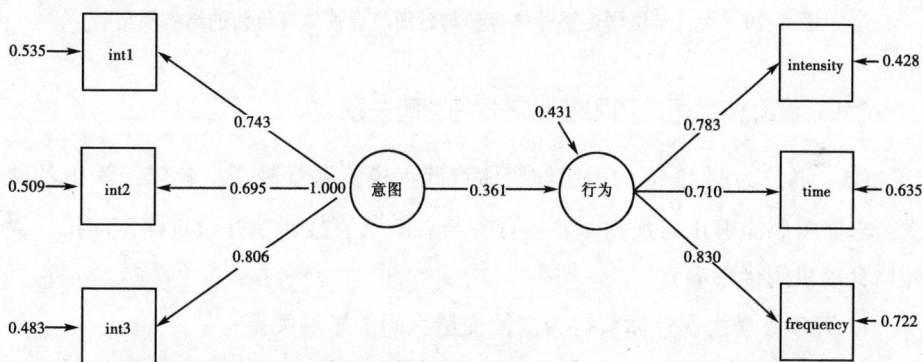

图 4-69 高一年级学生课外体育参与意图与课外体育行为的结构模型

4. 大二年级学生课外体育参与意图对课外体育行为的影响

报表结果显示，该结构模型拟合度指标为：$\chi^2/df = 1.775$，$CFI = 0.952$，$TLI = 0.963$，$RMSEA = 0.044$，$SRMR = 0.051$。上述指标显示该模型达到拟合标准。标准化的模型结果显示，课外体育参与意图能够正向预测课外体育行为（$\beta = 0.393$，$P<0.001$），R^2 值为 0.37，即课外体育参与意图解释了课外体育行为 37% 的变异。采用群组比较进一步分析性别在该模型中的调节效应，在 VARIABLE 命令中输入 "GROUPING IS SEX"，界定 1 = MALE，2 = FEMALE。接着设置 MODEL CONSTRAINT 对男女生的路径系数及它们之间的差异进行界定。分析结果表明，男生的路径系数（$\beta = 0.436$）和女生的路径系数（$\beta = 0.357$）无显著差异（$P>0.05$）。大二年级学生课外体育参与意图与课外体育行为的结构模型如图 4-70 所示。

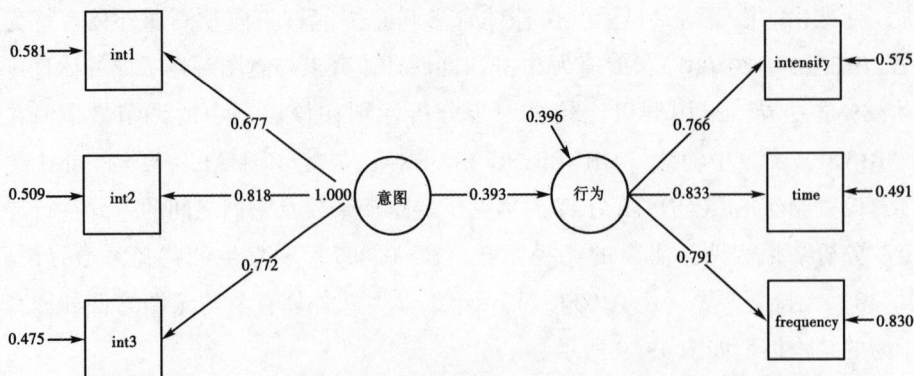

图 4-70   大二年级学生课外体育参与意图与课外体育行为的结构模型

(八) 课外体育行为前因变量之间的影响关系

H5：通过为期 12 周的中国健康体育课程模式课堂教学，各年级学生的课堂需求支持感能够正向预测课外体育参与意图（直接影响并通过课堂动机、课外体育动机间接影响）。

1. 五年级学生课外体育行为前因变量之间的影响关系

首先采用常规性的 ML（最大似然法）进行参数估计，报表结果显示该模型拟合度不佳。然后采用 MLM 进行分析，得到的模型拟合度指标为：$\chi^2/df =$ 2.986，CFI = 0.963，TLI = 0.924，RMSEA = 0.073，SRMR = 0.061。上述指标显示，该模型达到拟合标准。非标准化的结果（见表 4-27）显示，路径 "NS→RAI-PE→INT" 的间接效应显著（$\beta = 0.075$，$P < 0.05$）；路径 "NS→RAI-LT→INT" 的间接效应不显著（$\beta = 0.035$，$P > 0.05$）；路径 "NS→RAI-PE→RAI-LT→INT" 的间接效应不显著（$\beta = 0.036$，$P > 0.05$），直接效应（NS→INT）显著（$\beta = 0.124$，$P < 0.05$）。[①] 偏差校正的 Bootstrap 和百分位 Bootstrap 两水平的置信区间一致表明了上述研究结果。随后采用群组比较进一步分析性别在该模型中的调节效应，在 VARIABLE 命令中输入 "GROUPING IS SEX"，界定 1 = MALE，2 = FEMALE。接着设置 MODEL CONSTRAINT 界定男女生各自的 3 条中介效应及它们之间的差异。分析结果表明，对于路径 "NS→RAI-PE→INT"，男生的中介效应（$\beta = 0.067$）和女生的中介效应（$\beta = 0.083$）无显著

---

① TAYLOR A B, MACKINNON D P, TEIN J Y. Tests of the three-path mediated effect [J]. Organizational research methods, 2008, 11(2):241-269.

差异（$P>0.05$）；对于路径"NS→RAI-LT→INT"，男生的中介效应（$\beta=0.031$）和女生的中介效应（$\beta=0.040$）无显著差异（$P>0.05$）；对于路径"NS→RAI-PE→RAI-LT→INT"，男生的中介效应（$\beta=0.028$）和女生的中介效应（$\beta=0.044$）无显著差异（$P>0.05$）。五年级学生课外体育行为前因变量之间的效应如图 4-71 所示。

表 4-27 五年级学生课外体育行为前因变量之间的效应

路径效应	Point Estimate	Product of Coefficients			Bootstrap 95%CI			
					Bias-corrected 置信区间		Percentile 置信区间	
	点估计值	标准误	Z 值	P 值	下限	上限	下限	上限
模型效应								
NS→RAI-PE→INT	0.075	0.032	2.310	0.033	0.150	0.504	0.162	0.513
NS→RAI-LT→INT	0.035	0.019	1.842	0.057	-0.052	0.312	-0.034	0.497
NS→RAI-PE→RAI-LT→INT	0.036	0.025	1.415	0.086	-0.017	0.136	-0.009	0.145
DIRECT	0.124	0.061	2.037	0.048	0.215	0.932	0.226	0.945

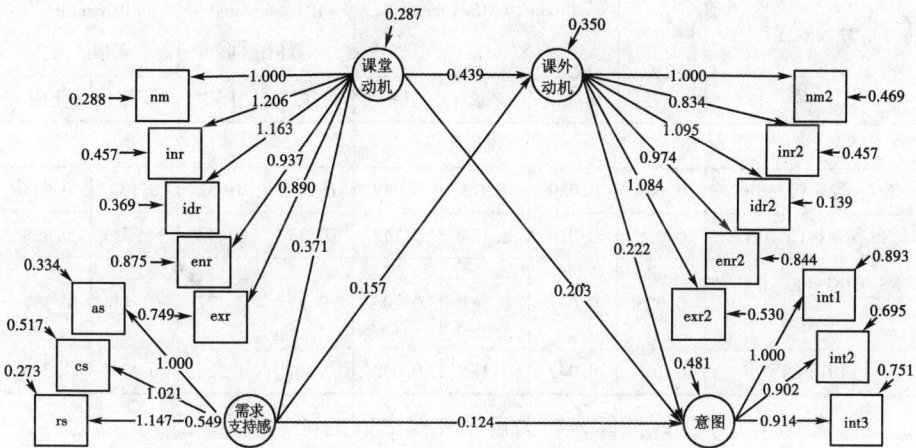

图 4-71 五年级学生课外体育行为前因变量之间的效应图

2. 初一年级学生课外体育行为前因变量之间的影响关系

采用 MLM 进行参数估计，报表结果显示该模型拟合度指标为：$\chi^2/df=3.115$，CFI $=0.917$，TLI $=0.933$，RMSEA $=0.049$，SRMR $=0.066$。上述指标显示，该模型基本达到拟合标准。非标准化的结果（见表 4-28）显示，路径

"NS→RAI-PE→INT"的间接效应显著（$\beta = 0.060$，$P < 0.05$）；路径"NS→RAI-LT→INT"的间接效应不显著（$\beta = 0.018$，$P > 0.05$）；路径"NS→PE→RAI-LT→INT"的间接效应不显著（$\beta = 0.025$，$P > 0.05$），直接效应（NS→INT）显著（$\beta = 0.103$，$P < 0.05$）。偏差校正的 Bootstrap 和百分位 Bootstrap 两水平的置信区间一致表明了上述研究结果。随后采用群组比较进一步分析性别在该模型中的调节效应，在 VARIABLE 命令中输入"GROUPING IS SEX"，界定 1＝MALE，2＝FEMALE。接着设置 MODEL CONSTRAINT 界定男女生各自的 3 条中介效应及它们之间的差异。分析结果表明，对于路径"NS→RAI-PE→INT"，男生的中介效应（$\beta = 0.047$）和女生的中介效应（$\beta = 0.072$）无显著差异（$P > 0.05$）；对于路径"NS→RAI-LT→INT"，男生的中介效应（$\beta = 0.011$）和女生的中介效应（$\beta = 0.024$）无显著差异（$P > 0.05$）。对于路径"NS→RAI-PE→RAI-LT→INT"，男生的中介效应（$\beta = 0.017$）和女生的中介效应（$\beta = 0.035$）无显著差异（$P > 0.05$）。初一年级学生课外体育行为前因变量之间的效应如图 4-72 所示。

表 4-28　初一年级学生课外体育行为前因变量之间的效应

路径效应	Point Estimate	Product of Coefficients			Bootstrap 95%CI			
					Bias-corrected 置信区间		Percentile 置信区间	
	点估计值	标准误	Z 值	P 值	下限	上限	下限	上限
模型效应								
NS→RAI-PE→INT	0.060	0.030	1.973	0.049	0.117	0.632	0.130	0.648
NS→RAI-LT→INT	0.018	0.016	1.154	0.147	−0.239	0.442	−0.253	0.428
NS→RAI-PE→RAI-LT→INT	0.025	0.041	0.591	0.206	−0.126	0.371	−0.140	0.357
DIRECT	0.103	0.047	2.185	0.042	0.402	1.320	0.421	1.336

3. 高一年级学生课外体育行为前因变量之间的影响关系

采用 MLM 进行参数估计，报表结果显示该模型拟合度指标为：$\chi^2/df = 3.492$，CFI＝0.902，TLI＝0.941，RMSEA＝0.053，SRMR＝0.069。上述指标显示，该模型基本达到拟合标准。非标准化的结果（见表 4-29）显示，路径"NS→RAI-PE→INT"的间接效应不显著（$\beta = 0.035$，$P > 0.05$）；路径"NS→RAI-LT→INT"的间接效应不显著（$\beta = 0.008$，$P > 0.05$）；路径"NS→PE→RAI-LT→INT"的间接效应不显著（$\beta = 0.014$，$P > 0.05$），直接效应

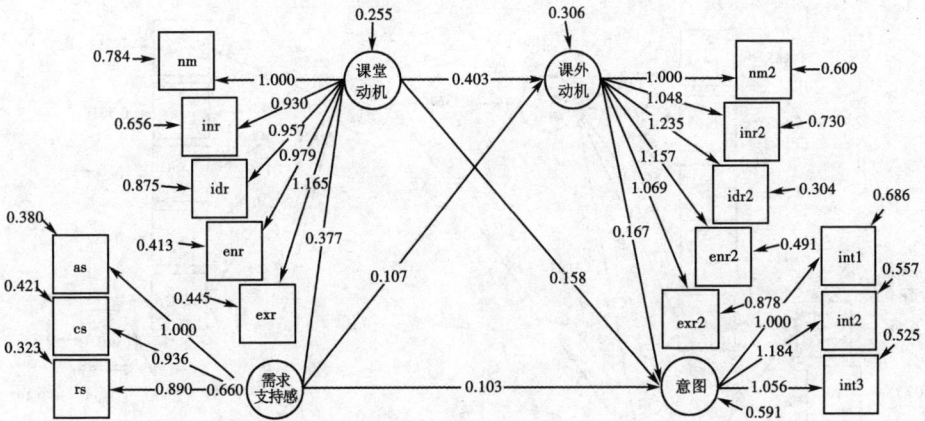

图 4-72　初一年级学生课外体育行为前因变量之间的效应图

（NS→INT）不显著（$\beta=0.058$，$P>0.05$）。偏差校正的 Bootstrap 和百分位 Bootstrap 两水平的置信区间一致表明了上述研究结果。随后采用群组比较进一步分析性别在该模型中的调节效应，在 VARIABLE 命令中输入 "GROUPING IS SEX"，界定 1＝MALE，2＝FEMALE。接着设置 MODEL CONSTRAINT 界定男女生各自的 3 条中介效应及它们之间的差异。分析结果表明，对于路径 "NS→RAI-PE→INT"，男生的中介效应（$\beta=0.051$）和女生的中介效应（$\beta=0.022$）无显著差异（$P>0.05$）；对于路径 "NS→RAI-LT→INT"，男生的中介效应（$\beta=0.013$）和女生的中介效应（$\beta=0.006$）无显著差异（$P>0.05$）；对于路径 "NS→RAI-PE→RAI-LT→INT"，男生的中介效应（$\beta=0.023$）和女生（$\beta=0.009$）的中介效应无显著差异（$P>0.05$）。高一年级学生课外体育行为前因变量之间的效应如图 4-73 所示。

表 4-29　高一年级学生课外体育行为前因变量之间的效应

路径效应	Point Estimate	Product of Coefficients			Bootstrapp 95%CI			
					Bias-corrected 置信区间		Percentile 置信区间	
	点估计值	标准误	Z 值	P 值	下限	上限	下限	上限
模型效应								
NS→RAI-PE→INT	0.035	0.031	1.139	0.073	-0.074	0.697	-0.058	0.711
NS→RAI-LT→INT	0.008	0.018	0.437	0.188	-0.059	0.510	-0.046	0.520
NS→RAI-PE→RAI-LT→INT	0.014	0.035	0.489	0.172	-0.079	0.443	-0.093	0.431
DIRECT	0.058	0.043	1.355	0.060	-0.292	1.308	-0.275	1.328

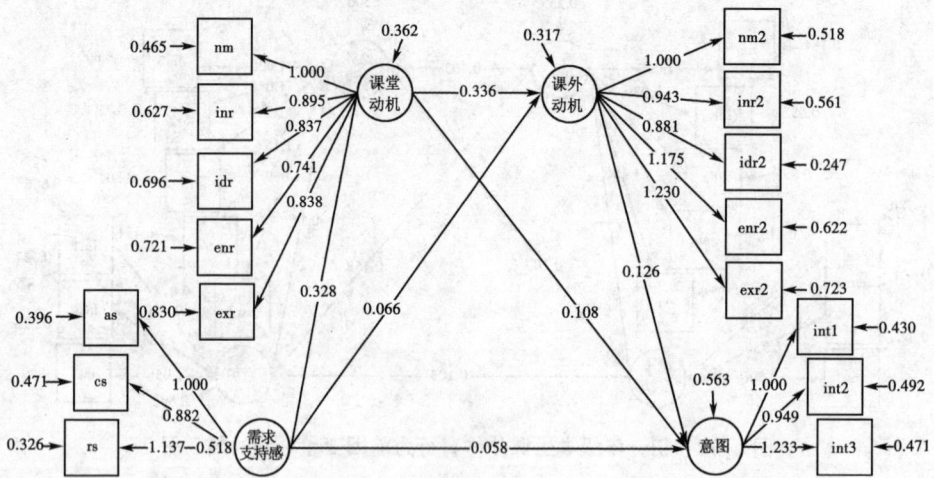

图 4-73　高一年级学生课外体育行为前因变量之间的效应图

4. 大二年级学生课外体育行为前因变量之间的影响关系

采用 MLM 进行参数估计，报表结果显示该模型拟合度指标为：$X^2/df = 3.188$，$CFI = 0.908$，$TLI = 0.872$，$RMSEA = 0.067$，$SRMR = 0.074$。上述指标显示，该模型基本达到拟合标准。非标准化的结果（见表 4-30）显示，路径"NS→RAI-PE→INT"的间接效应不显著（$\beta = 0.038$，$P>0.05$）；路径"NS→RAI-LT→INT"的间接效应不显著（$\beta = 0.008$，$P>0.05$），路径"NS→RAI-PE→RAI-LT→INT"的间接效应不显著（$\beta = 0.009$，$P>0.05$），直接效应（NS→INT）不显著（$\beta = 0.089$，$P>0.05$）。偏差校正的 Bootstrap 和百分位 Bootstrap 两水平的置信区间一致表明了上述研究结果。随后采用群组比较进一步分析性别在该模型中的调节效应，在 VARIABLE 命令中输入"GROUPING IS SEX"，界定 1 = MALE，2 = FEMALE。接着设置 MODEL CONSTRAINT 界定男女生各自的 3 条中介效应及它们之间的差异。分析结果表明，对于路径"NS→RAI-PE→INT"，男生的中介效应（$\beta = 0.054$）和女生的中介效应（$\beta = 0.022$）无显著差异（$P>0.05$）；对于路径"NS→RAI-LT→INT"，男生的中介效应（$\beta = 0.014$）和女生的中介效应（$\beta = 0.004$）无显著差异（$P>0.05$）；对于路径"NS→RAI-PE→RAI-LT→INT"，男生的中介效应（$\beta = 0.013$）和女生的中介效应（$\beta = 0.006$）无显著差异（$P>0.05$）。大二年级学生课外体育行为前因变量之间的效应如图 4-74 所示。

表 4-30 大二年级学生课外体育行为前因变量之间的效应

路径效应	Point Estimate	Product of Coefficients			Bootstrap 95%CI			
					Bias-corrected 置信区间		Percentile 置信区间	
	点估计值	标准误	Z 值	P 值	下限	上限	下限	上限
模型效应								
NS→RAI-PE→INT	0.038	0.022	1.752	0.067	-0.055	0.318	-0.070	0.302
NS→RAI-LT→INT	0.008	0.008	1.054	0.102	-0.042	0.293	-0.056	0.270
NS→RAI-PE→RAI-LT→INT	0.009	0.010	0.874	0.124	-0.103	0.141	-0.127	0.120
DIRECT	0.089	0.056	1.580	0.075	-0.128	1.354	-0.117	1.369

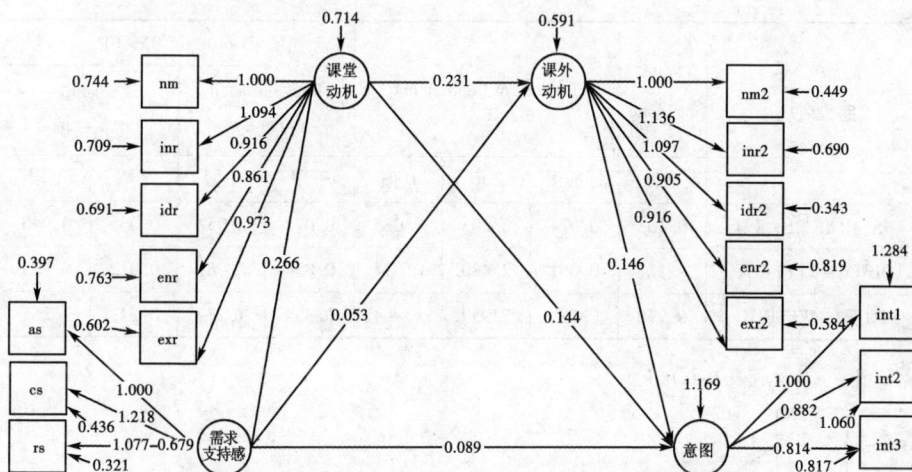

图 4-74 大二年级学生课外体育行为前因变量之间的效应图

(九) 课堂需求支持感对体质健康水平的影响

H6：通过为期 12 周的中国健康体育课程模式课堂教学，各年级学生的课堂需求支持感能够正向预测体质健康水平（直接影响并通过课堂动机间接影响）。

1. 五年级学生课堂需求支持感对体质健康水平的影响

报表结果显示，该模型拟合度指标为：$\chi^2/df = 3.148$，CFI = 0.945，TLI = 0.892，RMSEA = 0.068，SRMR = 0.065。上述指标显示，该模型基本达到拟合标准。非标准化的模型结果（见表 4-31）显示，该模型的间接效应显著（$\beta = 0.163$，$P<0.05$），两水平的置信区间分别为 CI_{95} [0.072, 0.952]，CI_{95} [0.063,

0.940］；直接效应显著（$\beta=0.127$，$P<0.05$），两水平的置信区间分别为 CI_{95} ［0.034，0.781］，CI_{95} ［0.022，0.773］。该模型的总效应显著（$\beta=0.290$，$P<0.001$），两水平的置信区间分别为 CI_{95} ［0.354，1.279］，CI_{95} ［0.342，1.265］。可以发现，该模型为部分中介，即模型的效应既通过中介变量实现，也存在直接效应。采用群组比较进一步分析性别在该模型中的调节效应，在 VARIABLE 命令中输入"GROUPING IS SEX"，界定 1=MALE，2=FEMALE。随后设置 MODEL CONSTRAINT 界定男女生各自的中介效应及它们之间的差异。分析结果表明，在该模型中，男生的中介效应（$\beta=0.175$）和女生的中介效应（$\beta=0.146$）无显著差异（$P>0.05$）。五年级学生课堂需求支持感与体质健康水平的中介模型如图 4-75 所示。

表 4-31　五年级学生课堂需求支持感对体质健康水平的效应

路径效应	Point Estimate	Product of Coefficients			Bootstrap　95%CI			
					Bias-corrected 置信区间		Percentile 置信区间	
	点估计值	标准误	Z 值	P 值	下限	上限	下限	上限
NS→RAI-PE→PH	0.163	0.074	2.203	0.035	0.072	0.952	0.063	0.940
DIRECT　EFFECT	0.127	0.051	2.490	0.014	0.034	0.781	0.022	0.773
TOTAL　EFFECT	0.290	0.098	2.959	＊＊＊	0.354	1.279	0.342	1.265

注：＊＊＊代表 $P<0.001$。

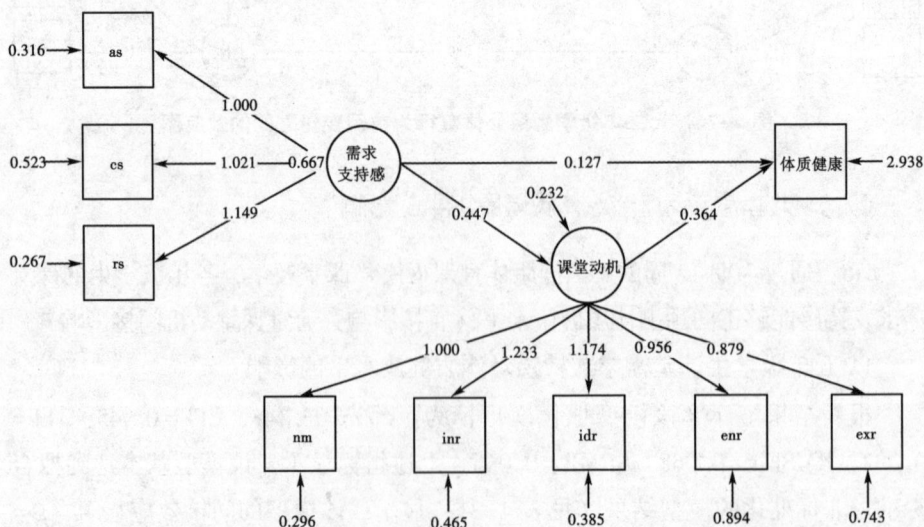

图 4-75　五年级学生课堂需求支持感与体质健康水平的中介模型图

2. 初一年级学生课堂需求支持感对体质健康水平的影响

报表结果显示，该模型拟合度指标为：$X^2/df = 3.092$，CFI = 0.913，TLI = 0.965，RMSEA = 0.062，SRMR = 0.079。上述指标显示，该模型基本达到拟合标准。非标准化的模型结果（见表4-32）显示，该模型的间接效应显著（$\beta = 0.104$，$P < 0.05$），两水平的置信区间分别为 CI_{95} [0.068, 0.771]，CI_{95} [0.061, 0.764]；直接效应显著（$\beta = 0.174$，$P < 0.01$），两水平的置信区间分别为 CI_{95} [0.029, 0.633]，CI_{95} [0.042, 0.645]。该模型的总效应显著（$\beta = 0.278$，$P < 0.001$），两水平的置信区间分别为 CI_{95} [0.176, 1.108]，CI_{95} [0.191, 1.123]。可以发现，该模型为部分中介，即模型的效应既通过中介变量实现，也存在直接效应。采用群组比较进一步分析性别在该模型中的调节效应，在 VARIABLE 命令中输入 "GROUPING IS SEX"，界定 1 = MALE，2 = FE-MALE。随后设置 MODEL CONSTRAINT 界定男女生各自的中介效应及它们之间的差异。分析结果表明，在该模型中男生的中介效应（$\beta = 0.096$）和女生的中介效应（$\beta = 0.118$）无显著差异（$P > 0.05$）。初一年级学生课堂需求支持感与体质健康水平的中介模型图如图4-76所示。

表 4-32　初一年级学生课堂需求支持感对体质健康水平的效应

路径效应	Point Estimate	Product of Coefficients			Bootstrap　95%CI			
					Bias-corrected 置信区间		Percentile 置信区间	
	点估计值	标准误	Z 值	P 值	下限	上限	下限	上限
NS→RAI-PE→PH	0.104	0.047	2.198	0.043	0.068	0.771	0.061	0.764
DIRECT EFFECT	0.174	0.064	2.719	＊＊	0.029	0.633	0.042	0.645
TOTALEFFECT	0.278	0.093	2.989	＊＊＊	0.176	1.108	0.191	1.123

注：＊＊＊代表 $P < 0.001$，＊＊代表 $P < 0.01$。

3. 高一年级学生课堂需求支持感对体质健康水平的影响

报表结果显示，该模型拟合度指标如下：$X^2/df = 2.765$，CFI = 0.918，TLI = 0.937，RMSEA = 0.059，SRMR = 0.072。上述指标显示，该模型达到拟合标准。非标准化的模型结果（见表4-33）显示，该模型的间接效应显著（$\beta = 0.081$，$P < 0.05$），两水平的置信区间分别 CI_{95} [0.043, 0.692]，CI_{95} [0.056, 0.704]；直接效应显著（$\beta = 0.102$，$P < 0.05$），两水平的置信区间分别为 CI_{95} [0.068, 0.779]，CI_{95} [0.086, 0.797]。该模型的总效应显著（$\beta =$

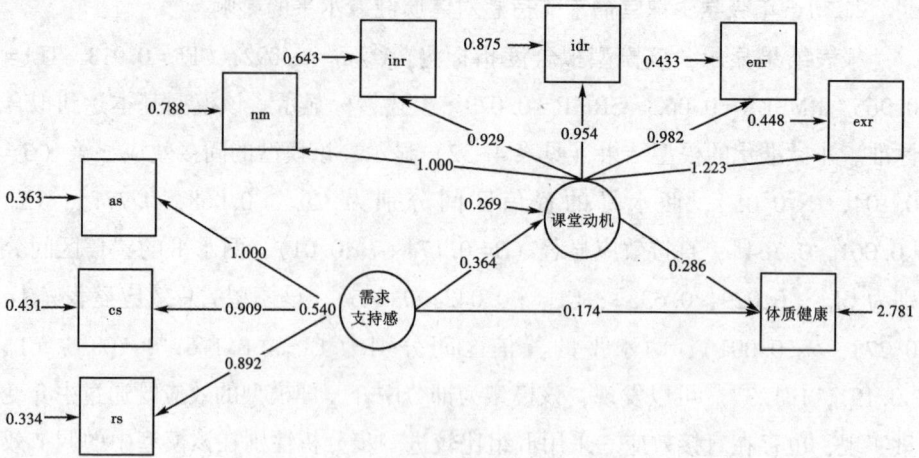

图 4-76 初一年级学生课堂需求支持感与体质健康水平的中介模型图

0.183，$P<0.01$），两水平的置信区间分别为 CI_{95}［0.106，1.323］，CI_{95}［0.130，1.340］。可以发现，该模型为部分中介，即模型的效应既通过中介变量实现，也存在直接效应。采用群组比较进一步分析性别在该模型中的调节效应，在 VARIABLE 命令中输入"GROUPING IS SEX"，界定 1＝MALE，2＝FE-MALE。随后设置 MODEL CONSTRAINT 界定男女生各自的中介效应及它们之间的差异。分析结果表明，在该模型中，男生的中介效应（$\beta=0.094$）和女生的中介效应（$\beta=0.066$）无显著差异（$P>0.05$）。高一年级学生课堂需求支持感与体质健康水平的中介模型如图 4-77 所示。

表 4-33 高一年级学生课堂需求支持感对体质健康水平的效应

| 路径效应 | Point Estimate | Product of Coefficients | | | Bootstrap 95%CI | | | |
| | | | | | Bias-corrected 置信区间 | | Percentile 置信区间 | |
	点估计值	标准误	Z 值	P 值	下限	上限	下限	上限
NS→RAI-PE→PH	0.081	0.038	2.143	0.041	0.043	0.692	0.056	0.704
DIRECT EFFECT	0.102	0.050	2.030	0.046	0.068	0.779	0.086	0.797
TOTAL EFFECT	0.183	0.068	2.691	＊＊	0.106	1.323	0.130	1.340

注：＊＊代表 $P<0.01$。

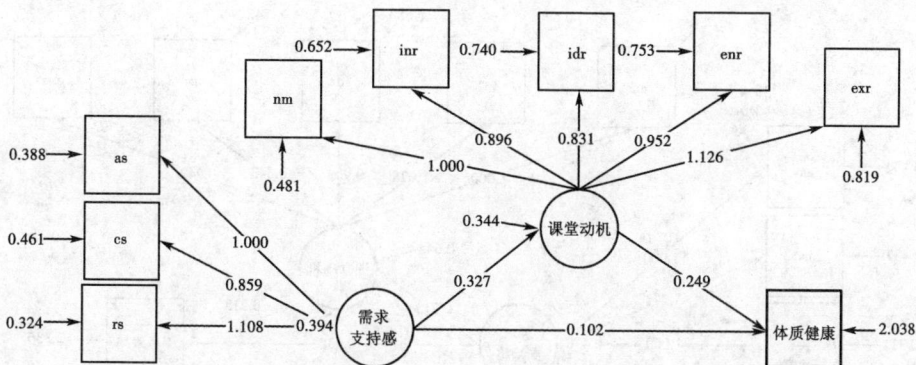

图 4-77　高一年级学生课堂需求支持感与体质健康水平的中介模型图

4. 大二年级学生课堂需求支持感对体质健康水平的影响

报表结果显示，该模型拟合度指标为：$X^2/df = 2.285$，CFI $= 0.907$，TLI $= 0.934$，RMSEA $= 0.062$，SRMR $= 0.077$。上述指标显示，该模型达到拟合标准。非标准化的模型结果（见表 4-34）显示，模型的间接效应显著（$\beta = 0.068$，$P < 0.05$），两水平的置信区间分别为 CI_{95} [0.019, 0.577]，CI_{95} [0.036, 0.592]；直接效应显著（$\beta = 0.130$，$P < 0.05$），两水平的置信区间分别为 CI_{95} [0.036, 0.714]，CI_{95} [0.061, 0.739]。该模型的总效应显著（$\beta = 0.198$，$P < 0.01$），两水平的置信区间分别为 CI_{95} [0.092, 1.215]，CI_{95} [0.073, 1.197]。可以发现，该模型为部分中介，即模型的效应既通过中介变量实现，也存在直接效应。采用群组比较进一步分析性别在该模型中的调节效应，在 VARIABLE 命令中输入 "GROUPING IS SEX"，界定 1 = MALE，2 = FE-MALE。随后设置 MODEL CONSTRAINT 界定男女生各自的中介效应及它们之间的差异。分析结果表明，在该模型中，男生的中介效应（$\beta = 0.057$）和女生的中介效应（$\beta = 0.081$）无显著差异（$P > 0.05$）。大二年级学生课堂需求支持感与体质健康水平的中介模型如图 4-78 所示。

表 4-34　大二年级学生课堂需求支持感对体质健康水平的效应

路径效应	Point Estimate	Product of Coefficients			Bootstrap 95%CI			
					Bias-corrected 置信区间		Percentile 置信区间	
	点估计值	标准误	Z 值	P 值	下限	上限	下限	上限
NS→RAI-PE→PH	0.068	0.030	2.239	0.033	0.019	0.577	0.036	0.592
DIRECT EFFECT	0.130	0.055	2.375	0.026	0.036	0.714	0.061	0.739
TOTAL EFFECT	0.198	0.071	2.792	＊＊	0.092	1.215	0.073	1.197

注：＊＊代表 $P < 0.01$。

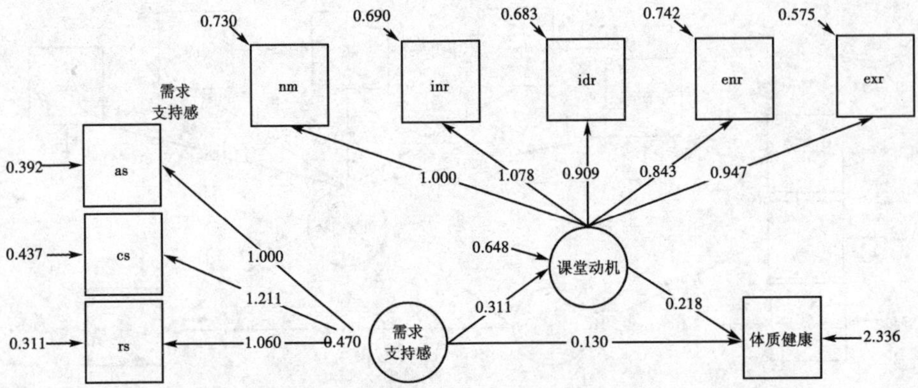

图 4-78　大二年级学生课堂需求支持感与体质健康水平的中介模型图

（十）体质健康水平对课外体育行为的影响

H7：通过为期 12 周的中国健康体育课程模式课堂教学，各年级学生的体质健康水平能够正向预测课外体育行为（直接影响并通过课外体育参与意图间接影响）。

1. 五年级学生体质健康水平对课外体育行为的影响

报表结果显示，该模型拟合度指标为：$\chi^2/df = 2.078$，CFI = 0.944，TLI = 0.902，RMSEA = 0.062，SRMR = 0.046。上述指标显示，该模型达到拟合标准。非标准化的模型结果（见表 4-35）显示，该模型的间接效应显著（β = 0.134，$P < 0.05$），两水平的置信区间分别为 CI_{95} [0.044，0.898]，CI_{95} [0.052，0.907]；直接效应显著（β = 0.113，$P < 0.05$），两水平的置信区间分别为 CI_{95} [0.023，0.741]，CI_{95} [0.014，0.733]。该模型的总效应显著（β = 0.247，$P < 0.01$），两水平的置信区间分别为 CI_{95} [0.317，1.336]，CI_{95} [0.330，1.349]。可以发现，该模型的效应为部分中介，且中介路径的效应较强。采用群组比较进一步分析性别在该模型中的调节效应，在 VARIABLE 命令中输入"GROUPING IS SEX"，界定 1 = MALE，2 = FEMALE。随后设置 MODEL CONSTRAINT 界定男女生各自的中介效应及它们之间的差异。结果表明，该模型中，男生的中介效应（β = 0.163）和女生的中介效应（β = 0.108）无显著差异（$P > 0.05$）。五年级学生体质健康水平与课外体育行为的中介模型如图 4-79 所示。

表 4-35　五年级学生体质健康水平对课外体育行为的效应

路径效应	Point Estimate	Product of Coefficients			Bootstrap 95%CI			
					Bias-corrected 置信区间		Percentile 置信区间	
	点估计值	标准误	Z 值	P 值	下限	上限	下限	上限
PH→INT→PB-LT	0.134	0.053	2.519	0.018	0.044	0.898	0.052	0.907
DIRECT EFFECT	0.113	0.055	2.022	0.046	0.023	0.741	0.014	0.733
TOTAL EFFECT	0.247	0.092	2.675	＊＊	0.317	1.336	0.330	1.349

注：＊＊代表 $P<0.01$。

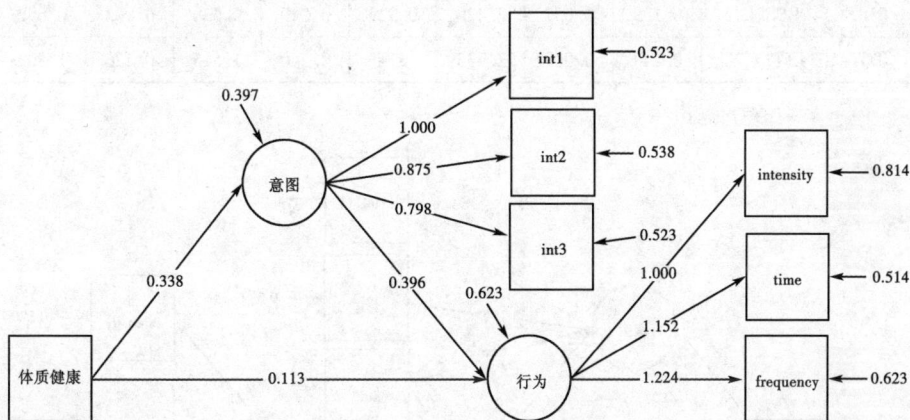

图 4-79　五年级学生体质健康水平与课外体育行为的中介模型图

2. 初一年级学生体质健康水平对课外体育行为的影响

报表结果显示，该模型拟合度指标为：$\chi^2/df = 2.761$，CFI = 0.913，TLI = 0.944，RMSEA = 0.052，SRMR = 0.059。上述指标显示，该模型达到拟合标准。非标准化的模型结果（见表 4-36）显示，该模型的间接效应显著（β = 0.105，$P<0.05$），两水平的置信区间分别为 CI_{95} [0.032，0.746]，CI_{95} [0.051，0.762]；直接效应显著（β = 0.139，$P<0.05$），两水平的置信区间分别为 CI_{95} [0.049，0.638]，CI_{95} [0.063，0.652]。该模型的总效应显著（β = 0.244，$P<0.01$），两水平的置信区间分别为 CI_{95} [0.240，1.515]，CI_{95} [0.226，1.502]。可以发现，该模型的效应为部分中介，且直接效应较强。采用群组比较进一步分析性别在该模型中的调节效应，在 VARIABLE 命令中输入"GROUPING IS SEX"，界定 1 = MALE，2 = FEMALE。随后设置 MODEL CONS-TRAINT 界定男女生各自的中介效应及它们之间的差异。分析结果表

明，在该模型中，男生的中介效应（$\beta = 0.125$）和女生的中介效应（$\beta = 0.077$）无显著差异（$P>0.05$）。初一年级学生体质健康水平与课外体育行为的中介模型如图4-80所示。

表4-36 初一年级学生体质健康水平对课外体育行为的效应

路径效应	Point Estimate	Product of Coefficients			Bootstrap 95%CI			
					Bias-corrected 置信区间		Percentile 置信区间	
	点估计值	标准误	Z 值	P 值	下限	上限	下限	上限
PH→INT→PB-LT	0.105	0.050	2.118	0.044	0.032	0.746	0.051	0.762
DIRECT EFFECT	0.139	0.057	2.420	0.029	0.049	0.638	0.063	0.652
TOTAL EFFECT	0.244	0.089	2.733	＊＊	0.240	1.515	0.226	1.502

注：＊＊代表 $P<0.01$。

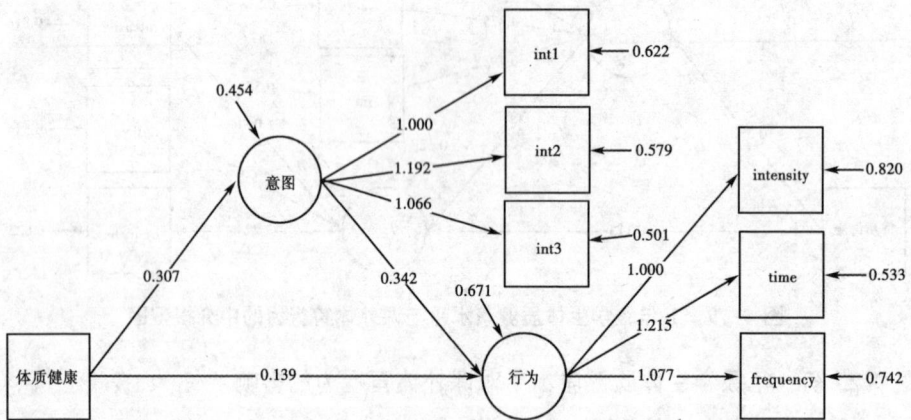

图4-80 初一年级学生体质健康水平与课外体育行为的中介模型图

3. 高一年级学生体质健康水平对课外体育行为的影响

报表结果显示，该模型拟合度指标为：$\chi^2/df = 2.085$，CFI = 0.934，TLI = 0.957，RMSEA = 0.048，SRMR = 0.061。上述指标显示，该模型达到拟合标准。非标准化的模型结果（见表4-37）显示，该模型的间接效应不显著（$\beta=0.066$，$P>0.05$），两水平的置信区间分别为 CI_{95} [-0.041, 0.588]，CI_{95} [-0.057, 0.572]；直接效应显著（$\beta=0.162$，$P<0.05$），两水平的置信区间分别为 CI_{95} [0.033, 0.719]，CI_{95} [0.042, 0.728]。该模型的总效应显著（$\beta=0.228$，$P<0.01$），两水平的置信区间分别为 CI_{95} [0.843, 1.603]，CI_{95} [0.858, 1.619]。可以发现，在该模型中，意图并不能介导体质健康水平对课外体育行

为的效应。采用群组比较进一步分析性别在该模型中的调节效应，在 VARIA-BLE 命令中输入"GROUPING IS SEX"，界定 1＝MALE，2＝FEMALE。随后设置 MODEL CONSTRAINT 界定男女生各自的中介效应及它们之间的差异。分析结果表明，在该模型中，男生的中介效应（β＝0.072）和女生的中介效应（β＝0.054）无显著差异（$P>0.05$）。高一年级学生体质健康水平与课外体育行为的中介模型如图 4-81 所示。

表 4-38 高一年级学生体质健康水平对课外体育行为的效应

路径效应	Point Estimate	Product of Coefficients			Bootstrap 95%CI			
					Bias-corrected 置信区间		Percentile 置信区间	
	点估计值	标准误	Z 值	P 值	下限	上限	下限	上限
PH→INT→PB-LT	0.066	0.038	1.730	0.075	-0.041	0.588	-0.057	0.572
DIRECT EFFECT	0.162	0.069	2.350	0.028	0.033	0.719	0.042	0.728
TOTAL EFFECT	0.228	0.084	2.714	＊＊	0.843	1.603	0.858	1.619

注：＊＊代表 $P<0.01$。

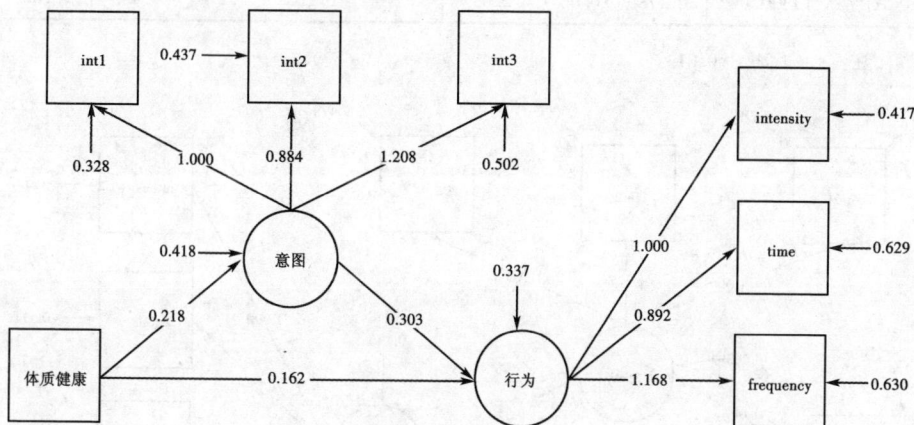

图 4-81 高一年级学生体质健康水平与课外体育行为的中介模型图

4. 大二年级学生体质健康水平对课外体育行为的影响

报表结果显示，该模型拟合度指标为：X^2/df＝2.258，CFI＝0.913，TLI＝0.942，RMSEA＝0.055，SRMR＝0.064。上述指标显示，该模型达到拟合标准。非标准化的模型结果（见表 4-38）显示，该模型的间接效应不显著（β＝0.051，$P>0.05$），两水平的置信区间分别为 CI_{95} [-0.039，0.370]，CI_{95} [-0.025，0.388]；直接效应显著（β＝0.127，$P<0.05$），两水平的置信区间分别为 CI_{95}

$[0.090, 0.645]$，CI_{95} $[0.106, 0.659]$。该模型的总效应显著（$\beta = 0.178$，$P<0.01$），两水平的置信区间分别为 CI_{95} $[0.163, 1.278]$，CI_{95} $[0.155, 1.262]$。采用群组比较进一步分析性别在该模型中的调节效应，在 VARIABLE 命令中输入"GROUPING IS SEX"，界定 $1=$MALE，$2=$FEMALE。随后设置 MODEL CONSTRAINT 界定男女生各自的中介效应及它们之间的差异。分析结果表明，在该模型中，男生的中介效应（$\beta = 0.068$）和女生的中介效应（$\beta = 0.034$）无显著差异（$P>0.05$）。大二年级学生体质健康水平与课外体育行为的中介模型如图4-82所示。

表4-38　大二年级学生体质健康水平对课外体育行为的效应

路径效应	Point Estimate	Product of Coefficients			Bootstrap　95%CI			
					Bias-corrected 置信区间		Percentile 置信区间	
	点估计值	标准误	Z 值	P 值	下限	上限	下限	上限
PH→INT→PB-LT	0.051	0.030	1.680	0.077	-0.039	0.370	-0.025	0.388
DIRECT　EFFECT	0.127	0.061	2.115	0.043	0.090	0.645	0.106	0.659
TOTAL　EFFECT	0.178	0.067	2.657	＊＊	0.163	1.278	0.155	1.262

注：＊＊代表 $P<0.01$。

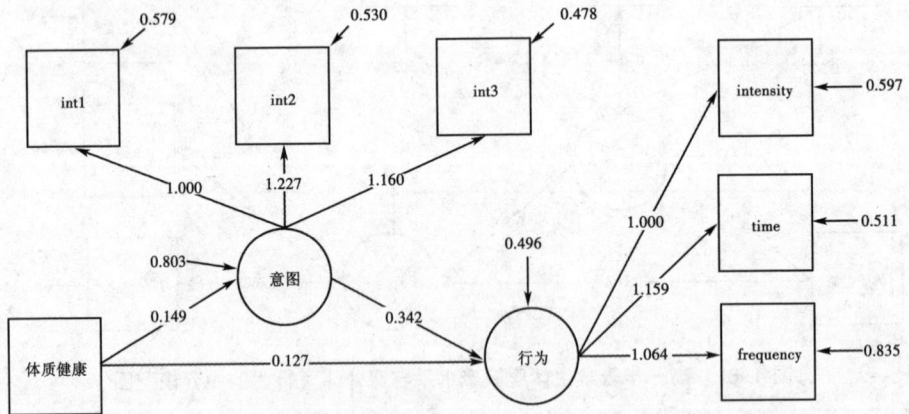

图4-82　大二年级学生体质健康水平与课外体育行为的中介模型图

（十一）课堂需求支持感对心理健康水平的影响

H8：通过为期12周的中国健康体育课程模式课堂教学，各年级学生的课堂需求支持感能够正向预测心理健康水平（直接影响并通过课堂动机间接影响）。

1. 五年级学生课堂需求支持感对心理健康水平的影响

报表结果显示，该模型拟合度指标为：$\chi^2/df = 2.570$，CFI $= 0.911$，TLI $= 0.952$，RMSEA $= 0.039$，SRMR $= 0.055$。上述指标显示，该模型达到拟合标准。非标准化的模型结果（见表4-39）显示，该模型的间接效应显著（$\beta = 0.125$，$P < 0.05$），两水平的置信区间分别为 CI$_{95}$［0.016，0.748］，CI$_{95}$［0.024，0.753］；直接效应显著（$\beta = 0.203$，$P < 0.01$），两水平的置信区间分别为 CI$_{95}$［0.031，0.928］，CI$_{95}$［0.044，0.941］。该模型的总效应显著（$\beta = 0.328$，$P < 0.001$），两水平的置信区间分别为 CI$_{95}$［0.146，1.537］，CI$_{95}$［0.160，1.552］。采用群组比较进一步分析性别在该模型中的调节效应，在 VARIABLE 命令中输入 "GROUPING IS SEX"，界定 1 = MALE，2 = FEMALE。随后设置 MODEL CONSTRAINT 界定男女生各自的间接效应及它们之间的差异。分析结果表明，在该模型中，男生的中介效应（$\beta = 0.107$）和女生的中介效应（$\beta = 0.142$）无显著差异（$P > 0.05$）。五年级学生课堂需求支持感与心理健康水平的中介模型如图4-83所示。

表4-39 五年级学生课堂需求支持感对心理健康水平的效应

路径效应	Point Estimate	Product of Coefficients			Bootstrap 95%CI			
					Bias-corrected 置信区间		Percentile 置信区间	
	点估计值	标准误	Z 值	P 值	下限	上限	下限	上限
NS→RAI-PE→MH	0.125	0.054	2.321	0.035	0.016	0.748	0.024	0.753
DIRECT EFFECT	0.203	0.071	2.855	＊＊	0.031	0.928	0.044	0.941
TOTAL EFFECT	0.328	0.106	3.108	＊＊＊	0.146	1.537	0.160	1.552

注：＊＊＊代表 $P < 0.001$，＊＊代表 $P < 0.01$。

2. 初一年级学生课堂需求支持感对心理健康水平的影响

报表结果显示，该模型拟合度指标为：$\chi^2/df = 2.109$，CFI $= 0.934$，TLI $= 0.960$，RMSEA $= 0.044$，SRMR $= 0.070$。上述指标显示，该模型达到拟合标准。非标准化的模型结果（见表4-40）显示，该模型的间接效应显著（$\beta = 0.112$，$P < 0.05$），两水平的置信区间分别为 CI$_{95}$［0.043，0.561］，CI$_{95}$［0.052，0.572］；直接效应显著（$\beta = 0.185$，$P < 0.01$），两水平的置信区间分别为 CI$_{95}$［0.066，0.870］，CI$_{95}$［0.058，0.864］。该模型的总效应显著（$\beta = 0.297$，$P < 0.001$），两水平的置信区间分别为 CI$_{95}$［0.139，1.402］，CI$_{95}$

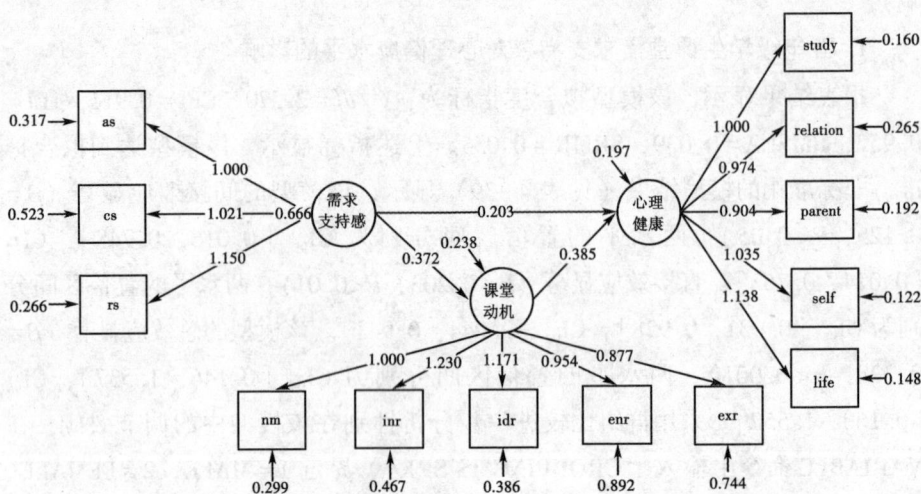

图4-83 五年级学生课堂需求支持感与心理健康水平的中介模型图

[0.133，1.395]。采用群组比较进一步分析性别在该模型中的调节效应，在VARIABLE命令中输入"GROUPING IS SEX"，界定 1 = MALE，2 = FEMALE。随后设置 MODEL CONSTRAINT 界定男女生各自的中介效应及它们之间的差异。分析结果表明，在该模型中，男生的中介效应（$\beta=0.094$）和女生的中介效应（$\beta=0.136$）无显著差异（$P>0.05$）。初一年级学生课堂需求支持感与心理健康水平的中介模型如图4-84所示。

表4-40 初一年级学生课堂需求支持感对心理健康水平的效应

路径效应	Point Estimate	Product of Coefficients			Bootstrap 95%CI			
					Bias-corrected 置信区间		Percentile 置信区间	
	点估计值	标准误	Z 值	P 值	下限	上限	下限	上限
NS→RAI-PE→MH	0.112	0.047	2.406	0.029	0.043	0.561	0.052	0.572
DIRECT EFFECT	0.185	0.068	2.721	＊＊	0.066	0.870	0.058	0.864
TOTAL EFFECT	0.297	0.088	3.357	＊＊＊	0.139	1.402	0.133	1.395

注：＊＊＊代表 $P<0.001$，＊＊代表 $P<0.01$。

3. 高一年级学生课堂需求支持感对心理健康水平的影响

报表结果显示，该模型拟合度指标为：$\chi^2/df=2.377$，CFI $=0.919$，TLI $=0.945$，RMSEA $=0.049$，SRMR $=0.072$。上述指标显示，该模型达到拟合标准。非标准化的模型结果（见表4-41）显示，该模型的间接效应显著（$\beta=$

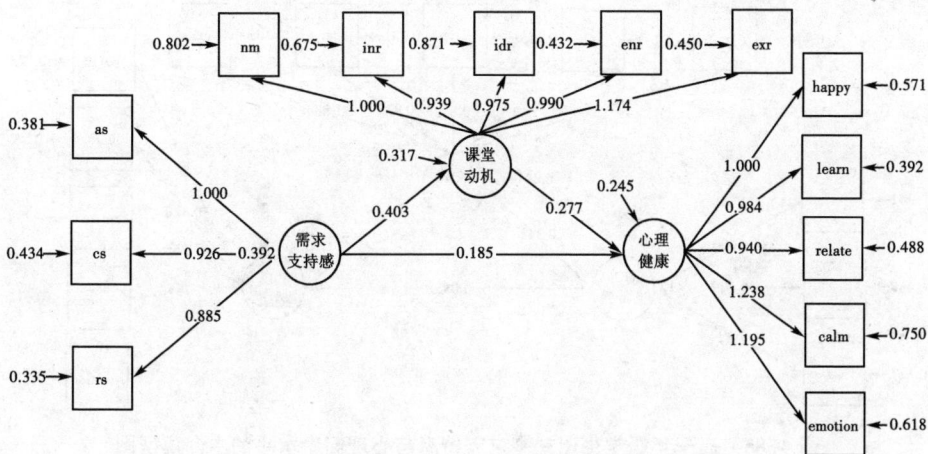

图 4-84 初一年级学生课堂需求支持感与心理健康水平的中介模型图

0.082，$P < 0.05$），两水平的置信区间分别为 CI_{95} ［0.018，0.346］，CI_{95} ［0.029，0.357］；直接效应显著（$\beta = 0.093$，$P < 0.05$），两水平的置信区间分别为 CI_{95} ［0.011，0.419］，CI_{95} ［0.030，0.440］。该模型的总效应显著（$\beta = 0.175$，$P < 0.01$），两水平的置信区间分别为 CI_{95} ［0.122，1.239］，CI_{95} ［0.107，1.224］。采用群组比较进一步分析性别在该模型中的调节效应，在 VARIABLE 命令中输入 "GROUPING IS SEX"，界定 1 = MALE，2 = FEMALE。随后设置 MODEL CONSTRAINT 界定男女生各自的中介效应及它们之间的差异。分析结果表明，在该模型中，男生的中介效应（$\beta = 0.072$）和女生的中介效应（$\beta = 0.096$）无显著差异（$P > 0.05$）。高一年级学生课堂需求支持感与心理健康水平的中介模型如图 4-85 所示。

表 4-41 高一年级学生课堂需求支持感对心理健康水平的效应

路径效应	Point Estimate	Product of Coefficients			Bootstrap 95%CI			
					Bias-corrected 置信区间		Percentile 置信区间	
	点估计值	标准误	Z 值	P 值	下限	上限	下限	上限
NS→RAI-PE→MH	0.082	0.033	2.457	0.020	0.018	0.346	0.029	0.357
DIRECT EFFECT	0.093	0.036	2.589	0.015	0.011	0.419	0.030	0.440
TOTAL EFFECT	0.175	0.064	2.734	＊＊	0.122	1.239	0.107	1.224

注：＊＊代表 $P < 0.01$。

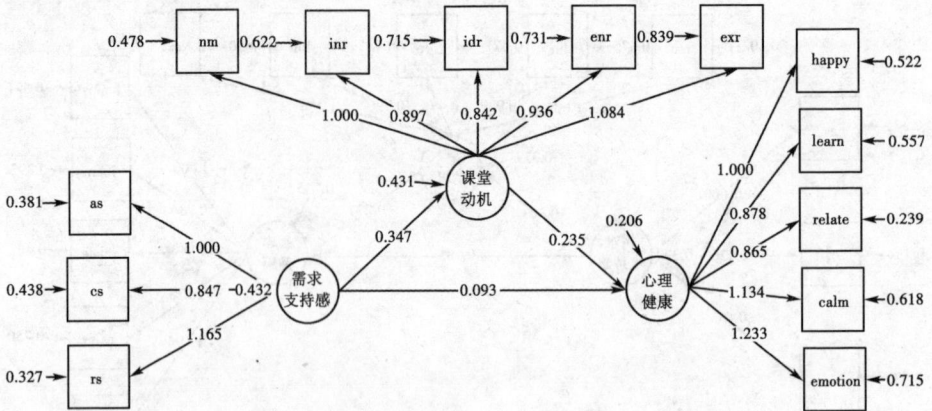

图4-85 高一年级学生课堂需求支持感与心理健康水平的中介模型图

4. 大二年级学生课堂需求支持感对心理健康水平的影响

报表结果显示，该模型拟合度指标为：$X^2/df = 2.643$，CFI $= 0.918$，TLI $= 0.927$，RMSEA $= 0.047$，SRMR $= 0.055$。上述指标显示，该模型达到拟合标准。非标准化的模型结果（见表4-42）显示，该模型的间接效应显著（$\beta = 0.059$，$P < 0.05$），两水平的置信区间分别为 CI_{95} [0.052，0.408]，CI_{95} [0.059，0.415]；直接效应显著（$\beta = 0.079$，$P < 0.05$），两水平的置信区间分别为 CI_{95} [0.088，0.533]，CI_{95} [0.096，0.545]。该模型的总效应显著（$\beta = 0.138$，$P < 0.05$），两水平的置信区间分别为 CI_{95} [0.610，1.250]，CI_{95} [0.633，1.271]。采用群组比较进一步分析性别在该模型中的调节效应，在VARIABLE命令中输入"GROUPING IS SEX"，界定 1 = MALE，2 = FEMALE。随后设置MODEL CONSTRAINT界定男女生各自的中介效应及它们之间的差异。分析结果表明，在该模型中，男生的中介效应（$\beta = 0.042$）和女生的中介效应（$\beta = 0.075$）无显著差异（$P > 0.05$）。大二年级学生课堂需求支持感与心理健康水平的中介模型如图4-86所示。

表4-42 大二年级学生课堂需求支持感对心理健康水平的效应

路径效应	Point Estimate	Product of Coefficients			Bootstrap 95%CI			
					Bias-corrected 置信区间		Percentile 置信区间	
	点估计值	标准误	Z 值	P 值	下限	上限	下限	上限
NS→RAI-PE→MH	0.059	0.028	2.110	0.044	0.052	0.408	0.059	0.415
DIRECT EFFECT	0.079	0.034	2.309	0.028	0.088	0.533	0.096	0.545
TOTAL EFFECT	0.138	0.053	2.594	0.015	0.610	1.250	0.633	1.271

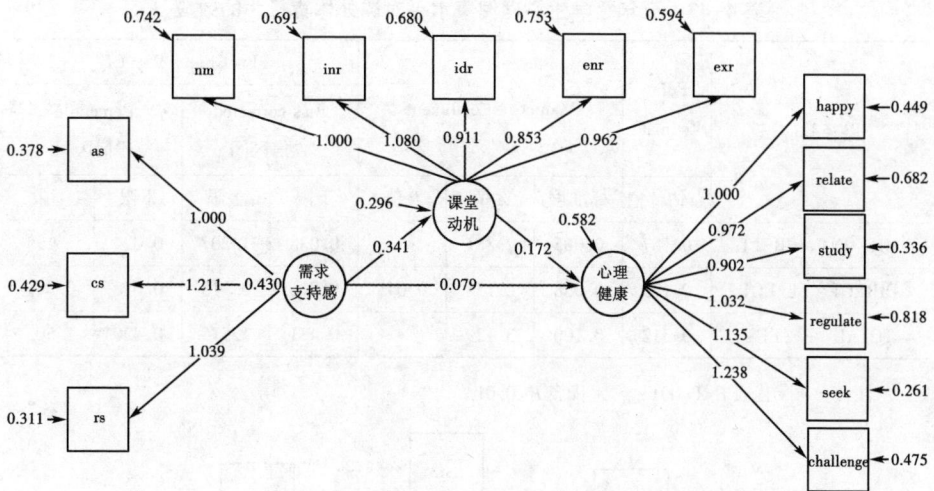

图4-86 大二年级学生课堂需求支持感与心理健康水平的中介模型图

（十二）心理健康水平对课外体育行为的影响

H9：通过为期12周的中国健康体育课程模式课堂教学，各年级学生的心理健康水平能够正向预测课外体育行为（直接影响并通过课外体育参与意图间接影响）。

1. 五年级学生心理健康水平对课外体育行为的影响

报表结果显示，该模型拟合度指标为：$X^2/df = 1.456$，CFI = 0.973，TLI = 0.964，RMSEA = 0.043，SRMR = 0.061。上述指标显示，该模型达到拟合标准。非标准化的模型结果（见表4-43）显示，该模型的间接效应显著（$\beta = 0.187$，$P < 0.01$），两水平的置信区间分别为 CI_{95}［0.038，1.207］，CI_{95}［0.024，1.195］；直接效应显著（$\beta = 0.125$，$P < 0.05$），两水平的置信区间分别为 CI_{95}［0.026，0.913］，CI_{95}［0.018，0.901］。该模型的总效应显著（$\beta = 0.312$，$P < 0.001$），两水平的置信区间分别为 CI_{95}［0.431，1.515］，CI_{95}［0.420，1.502］。可以发现，该模型的效应属于部分中介。采用群组比较进一步分析性别在该模型中的调节效应，在 VARIABLE 命令中输入"GROUPING IS SEX"，界定 1 = MALE，2 = FEMALE。随后设置 MODEL CONSTRAINT 界定男女生各自的中介效应及它们之间的差异。分析结果表明，在该模型中，男生的中介效应（$\beta = 0.170$）和女生的中介效应（$\beta = 0.203$）无显著差异（$P > 0.05$）。五年级学生心理健康水平与课外体育行为的中介模型如图4-87所示。

表 4-43　五年级学生心理健康水平对课外体育行为的效应

路径效应	Point Estimate 点估计值	Product of Coefficients			Bootstrap 95%CI			
					Bias-corrected 置信区间		Percentile 置信区间	
		标准误	Z 值	P 值	下限	上限	下限	上限
MH→INT→PB-LT	0.187	0.065	2.881	* *	0.038	1.207	0.024	1.195
DIRECT　EFFECT	0.125	0.058	2.155	0.041	0.026	0.913	0.018	0.901
TOTAL　EFFECT	0.312	0.100	3.129	* * *	0.431	1.515	0.420	1.502

注：＊＊＊代表 $P<0.001$，＊＊代表 $P<0.01$。

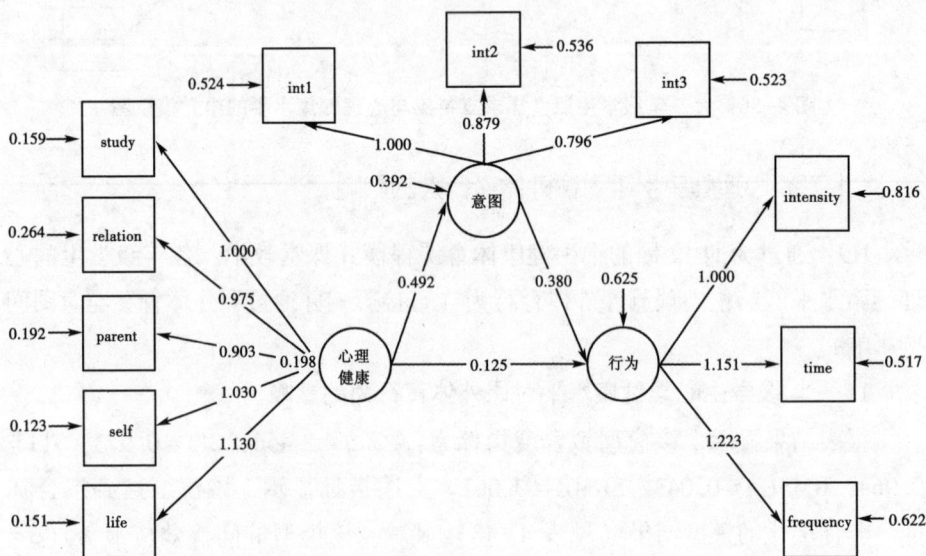

图 4-87　五年级学生心理健康水平与课外体育行为的中介模型图

2. 初一年级学生心理健康水平对课外体育行为的影响

报表结果显示，该模型拟合度指标为：$\chi^2/df = 1.938$，CFI = 0.942，TLI = 0.959，RMSEA = 0.049，SRMR = 0.051。上述指标显示，该模型达到拟合标准。非标准化的模型结果（见表 4-44）显示，该模型的间接效应显著（β = 0.168，$P<0.05$），两水平的置信区间分别为 CI_{95}［0.045，0.856］，CI_{95}［0.039，0.848］；直接效应显著（β = 0.149，$P<0.05$），两水平的置信区间分别为 CI_{95}［0.063，0.774］，CI_{95}［0.072，0.785］。该模型的总效应显著（β = 0.317，$P<0.001$），两水平的置信区间分别为 CI_{95}［0.218，1.629］，CI_{95}［0.207，1.620］。可以发现，该模型的效应属于部分中介。采用群组比较进一

步分析性别在该模型中的调节效应，在 VARIABLE 命令中输入"GROUPING IS SEX"，界定 1＝MALE，2＝FEMALE。随后设置 MODEL CONSTRAINT 界定男女生各自的中介效应及它们之间的差异。分析结果表明，在该模型中，男生的中介效应（β＝0.185）和女生的中介效应（β＝0.149）无显著差异（$P>$ 0.05）。初一年级学生心理健康水平与课外体育行为的中介模型如图 4-88 所示。

表 4-44 初一年级学生心理健康水平对课外体育行为的效应

路径效应	Point Estimate	Product of Coefficients			Bootstrap 95%CI			
					Bias-corrected 置信区间		Percentile 置信区间	
	点估计值	标准误	Z 值	P 值	下限	上限	下限	上限
MH→INT→PB-LT	0.168	0.063	2.650	0.014	0.045	0.856	0.039	0.848
DIRECT EFFECT	0.149	0.060	2.488	0.020	0.063	0.774	0.072	0.785
TOTAL EFFECT	0.317	0.101	3.143	＊＊＊	0.218	1.629	0.207	1.620

注：＊＊＊代表 $P<0.001$。

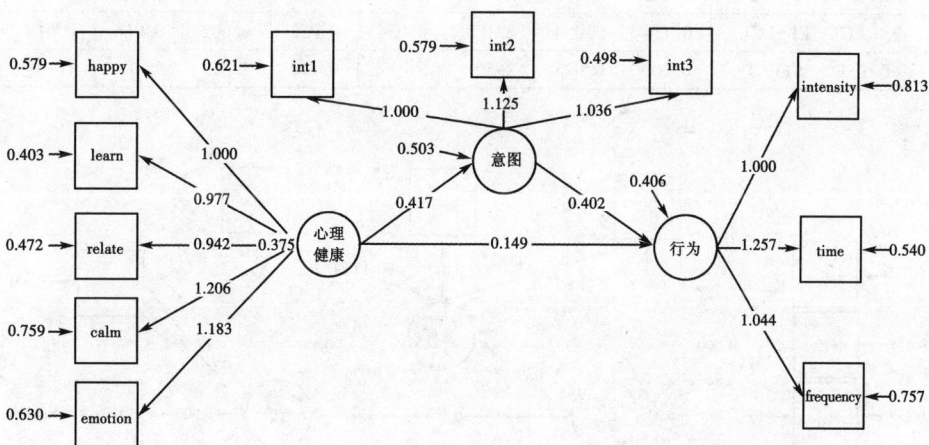

图 4-88 初一年级学生心理健康水平与课外体育行为的中介模型图

3. 高一年级学生心理健康水平对课外体育行为的影响

报表结果显示，该模型拟合度指标为：χ^2/df＝2.057，CFI＝0.920，TLI＝0.913，RMSEA＝0.056，SRMR＝0.070。上述指标显示，该模型达到拟合标准。非标准化的模型结果（见表 4-45）显示，该模型的间接效应显著（β＝0.082，$P<0.05$），两水平的置信区间分别为 CI_{95} [0.033，0.745]，CI_{95} [0.046，0.755]；直接效应显著（β＝0.118，$P<0.05$），两水平的置信区间分

别为 CI$_{95}$［0.052, 0.602］, CI$_{95}$［0.066, 0.618］。该模型的总效应显著（β = 0.200, $P <$ 0.01），两水平的置信区间分别为 CI$_{95}$［0.112, 1.353］, CI$_{95}$［0.102, 1.349］。可以发现，该模型的效应属于部分中介。采用群组比较进一步分析性别在该模型中的调节效应，在 VARIABLE 命令中输入 "GROUPING IS SEX"，界定 1 = MALE, 2 = FEMALE。随后设置 MODEL CONSTRAINT 界定男女生各自的中介效应及它们之间的差异。分析结果表明，在该模型中，男生的中介效应（β = 0.088）和女生的中介效应（β = 0.075）无显著差异（$P >$ 0.05）。高一年级学生心理健康水平与课外体育行为的中介模型如图 4-89 所示。

表 4-45　高一年级学生心理健康水平对课外体育行为的效应

路径效应	Point Estimate	Product of Coefficients			Bootstrap　95%CI			
					Bias-corrected 置信区间		Percentile 置信区间	
	点估计值	标准误	Z 值	P 值	下限	上限	下限	上限
MH→INT→PB-LT	0.082	0.040	2.071	0.047	0.033	0.745	0.046	0.755
DIRECT　EFFECT	0.118	0.054	2.195	0.034	0.052	0.602	0.066	0.618
TOTAL　EFFECT	0.200	0.077	2.597	＊＊	0.112	1.353	0.102	1.349

注：＊＊代表 $P <$ 0.01。

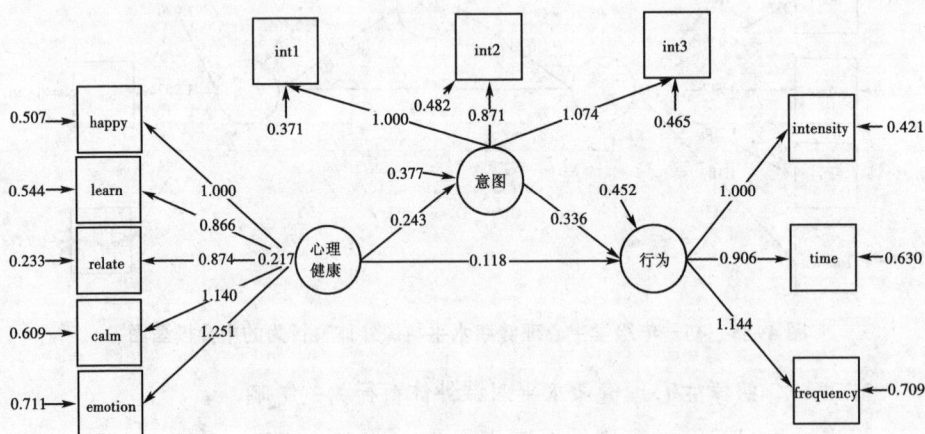

图 4-89　高一年级学生心理健康水平与课外体育行为的中介模型图

4. 大二年级学生心理健康水平对课外体育行为的影响

报表结果显示，该模型拟合度指标为：χ^2 / df = 2.875, CFI = 0.933, TLI =

0.951，RMSEA = 0.064，SRMR = 0.072。上述指标显示，该模型达到拟合标准。非标准化的模型结果（见表 4-46）显示，该模型的间接效应显著（β = 0.114，P < 0.05），两水平的置信区间分别为 CI_{95} ［0.027，0.310］，CI_{95} ［0.040，0.332］；直接效应显著（β = 0.082，P < 0.05），两水平的置信区间分别为 CI_{95} ［0.046，0.518］，CI_{95} ［0.063，0.534］。该模型的总效应显著（β = 0.196，P < 0.01），两水平的置信区间分别为 CI_{95} ［0.093，1.124］，CI_{95} ［0.107，1.136］。采用群组比较进一步分析性别在该模型中的调节效应，在 VARIABLE 命令中输入"GROUPING IS SEX"，界定 1 = MALE，2 = FEMALE。随后设置 MODEL CONSTRAINT 界定男女生各自的中介效应及它们之间的差异。分析结果表明，在该模型中，男生的中介效应（β = 0.130）和女生的中介效应（β = 0.102）无显著差异（P > 0.05）。大二年级学生心理健康水平与课外体育行为的中介模型如图 4-90 所示。

表 4-46　大二年级学生心理健康水平对课外体育行为的效应

路径效应	Point Estimate	Product of Coefficients			Bootstrap 95%CI			
					Bias-corrected 置信区间		Percentile 置信区间	
	点估计值	标准误	Z 值	P 值	下限	上限	下限	上限
MH→INT→PB-LT	0.114	0.050	2.271	0.033	0.027	0.310	0.040	0.332
DIRECT EFFECT	0.082	0.040	2.075	0.046	0.046	0.518	0.063	0.534
TOTAL EFFECT	0.196	0.066	2.967	＊＊	0.093	1.124	0.107	1.136

注：＊＊代表 P < 0.01。

（十三）小结

综合以上中国健康体育课程模式对学生课内外体育参与的一系列影响机制，可以发现，实验班学生不同程度地证实了 TCM 的主要假设：课堂需求支持感能够正向预测课堂动机；课堂动机能够正向预测课外体育动机；课外体育动机通过态度、知觉行为控制的介导能够正向预测课外体育参与意图；课外体育参与意图能够正向预测课外体育行为。为了检验中国健康体育课程模式对学生课堂学习效果的影响，本研究在课堂环境中添加了体质健康和心理健康两个变量，结果发现，实验班学生课堂需求支持感不仅能够直接正向预测身心健康水平，而且能够通过课堂动机的介导正向预测身心健康水平；实验班学生身心健康水平均能够直接正向预测课外体育行为，且心理健康水平能够通过课外体

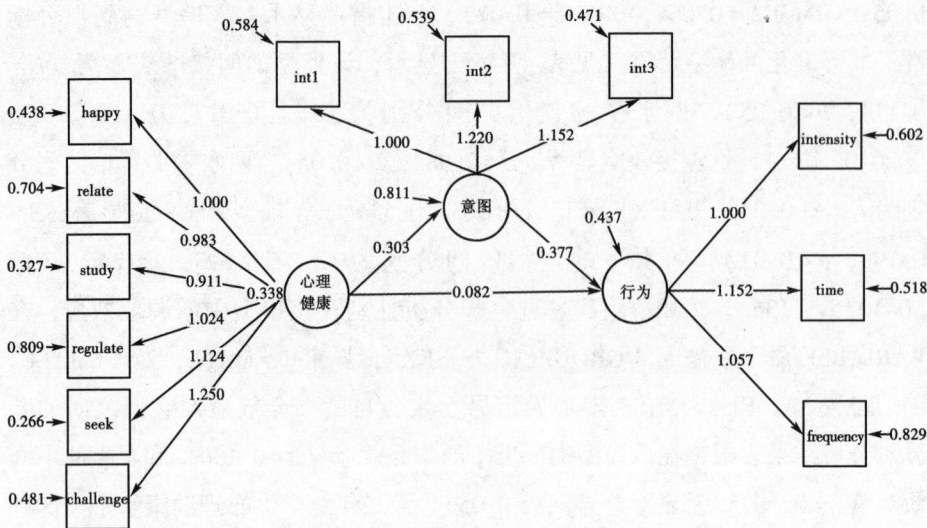

图 4-90 大二年级学生心理健康水平与课外体育行为的中介模型图

育参与意图的介导正向预测课外体育行为。五年级、初一学生体质健康水平能够通过课外体育参与意图的介导正向预测课外体育行为，然而这种显著的中介作用在高一、大二实验班学生中并没有得到体现。直观起见，著者描绘出各年级实验班学生 TCM 主要假设的路径系数，如图 4-91~图 4-94 所示。

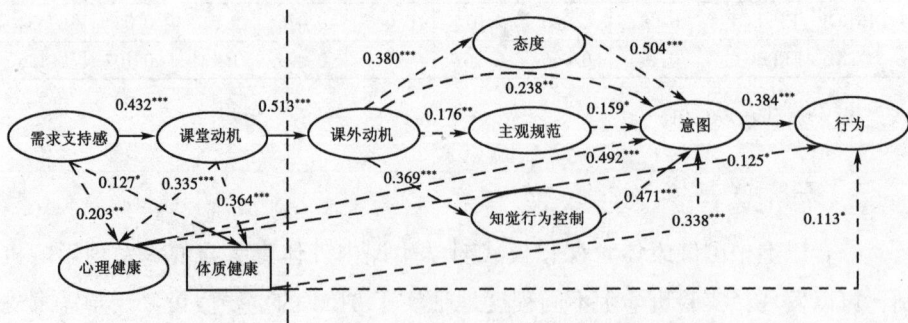

图 4-91 五年级学生 TCM 主要假设路径系数图

注：实线上的数字为结构模型的标准化路径系数；虚线上的数字为中介模型中非标准化的路径系数。

＊＊＊表示 $P<0.001$；＊＊表示 $P<0.01$；＊表示 $P<0.05$。

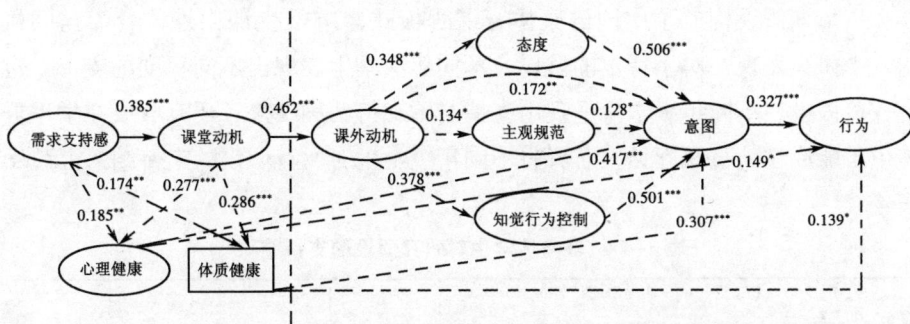

图 4-92　初一年级学生 TCM 主要假设路径系数图

注：实线上的数字为结构模型的标准化路径系数；虚线上的数字为中介模型中非标准化的路径系数。

＊＊＊表示 $P<0.001$；＊＊表示 $P<0.01$；＊表示 $P<0.05$。

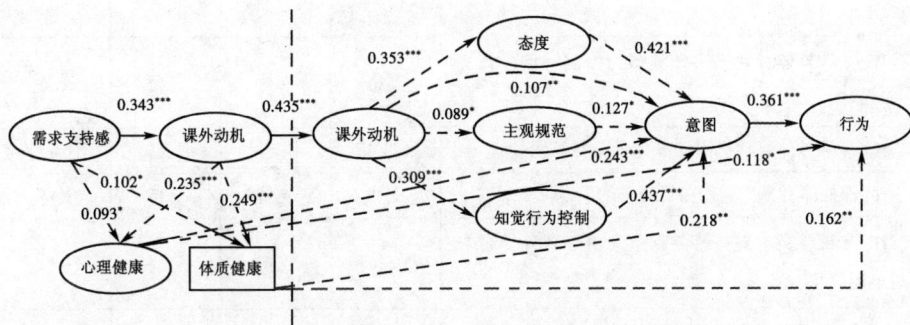

图 4-93　高一年级学生 TCM 主要假设路径系数图

注：实线上的数字为结构模型的标准化路径系数；虚线上的数字为中介模型中非标准化的路径系数。

＊＊＊表示 $P<0.001$；＊＊表示 $P<0.01$；＊表示 $P<0.05$。

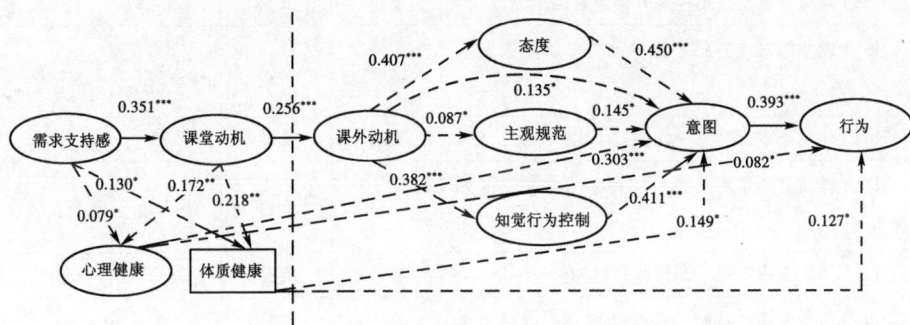

图 4-94　大二年级学生 TCM 主要假设路径系数图

注：实线上的数字为结构模型的标准化路径系数；虚线上的数字为中介模型中非标准化的路径系数。

＊＊＊表示 $P<0.001$；＊＊表示 $P<0.01$；＊表示 $P<0.05$。

一系列假设构成了中国健康体育课程模式影响学生课内外体育参与的机制。本研究发现，对于特定的假设，不同年级学生表现出不同程度的支持；也有一些假设，不同年级学生呈现出支持与不支持两种结果；还有假设在学生群体中不能成立。直观起见，著者将不同年级学生对所有假设的支持结果汇总于表4-47。

表4-47　各年级学生对研究假设的支持结果

假设	五年级	初一	高一	大二
H1 课堂需求支持感→课堂动机	支持	支持	支持	支持
H2 课堂动机→课外体育动机	支持	支持	支持	支持
H3-1 课外体育动机→态度→课外体育参与意图	支持	支持	支持	支持
H3-2 课外体育动机→主观规范→课外体育参与意图	支持	支持	支持	支持
H3-3 课外体育动机→知觉行为控制→课外体育参与意图	支持	支持	支持	支持
H3-4 课外体育动机→课外体育参与意图	不支持	不支持	不支持	不支持
H4 课外体育参与意图→课外体育行为	支持	支持	支持	支持
H5-1 课堂需求支持感→课堂动机→课外体育参与意图	支持	支持	不支持	不支持
H5-2 课堂需求支持感→课外体育动机→课外体育参与意图	不支持	不支持	不支持	不支持
H5-3 课堂需求支持感→课堂动机→课外体育动机→课外体育参与意图	不支持	不支持	不支持	不支持
H5-4 课堂需求支持感→课外体育参与意图	支持	支持	不支持	不支持
H6-1 课堂需求支持感→课堂动机→体质健康水平	支持	支持	支持	支持
H6-2 课堂需求支持感→体质健康水平	支持	支持	支持	支持
H7-1 体质健康水平→课外体育参与意图→课外体育行为	支持	支持	不支持	不支持
H7-2 体质健康水平→课外体育行为	支持	支持	支持	支持
H8-1 课堂需求支持感→课堂动机→心理健康水平	支持	支持	支持	支持
H8-2 课堂需求支持感→心理健康水平	支持	支持	支持	支持

表4-47（续）

假设	五年级	初一	高一	大二
H9-1 心理健康水平→课外体育参与意图→课外体育行为	支持	支持	支持	支持
H9-2 心理健康水平→课外体育行为	支持	支持	支持	支持

群组比较发现，对于每个假设，同年级男、女生都表现出不同的影响效应，然而它们之间的差异均不具有显著性。直观起见，著者列出了各年级男、女生对特定假设的影响效应，如表4-48所列。

表4-48 各年级男、女生对特定假设的影响效应

假设	五年级	初一	高一	大二
H1 需求支持感→课堂动机	$\beta_{男} = 0.395^{***}$	$\beta_{男} = 0.363^{***}$	$\beta_{男} = 0.327^{***}$	$\beta_{男} = 0.378^{***}$
	$\beta_{女} = 0.457^{***}$	$\beta_{女} = 0.410^{***}$	$\beta_{女} = 0.361^{***}$	$\beta_{女} = 0.323^{***}$
H2 课堂动机→课外体育动机	$\beta_{男} = 0.487^{***}$	$\beta_{男} = 0.431^{***}$	$\beta_{男} = 0.457^{***}$	$\beta_{男} = 0.280^{***}$
	$\beta_{女} = 0.536^{***}$	$\beta_{女} = 0.485^{***}$	$\beta_{女} = 0.408^{***}$	$\beta_{女} = 0.223^{**}$
H3-1 课外体育动机→态度→课外体育参与意图	$\beta_{男} = 0.214^{**}$	$\beta_{男} = 0.203^{**}$	$\beta_{男} = 0.126^{*}$	$\beta_{男} = 0.195^{**}$
	$\beta_{女} = 0.172^{**}$	$\beta_{女} = 0.155^{*}$	$\beta_{女} = 0.171^{**}$	$\beta_{女} = 0.170^{**}$
H3-2 课外体育动机→主观规范→课外体育参与意图	$\beta_{男} = 0.040$	$\beta_{男} = 0.009$	$\beta_{男} = 0.015$	$\beta_{男} = 0.004$
	$\beta_{女} = 0.012$	$\beta_{女} = 0.028$	$\beta_{女} = 0.008$	$\beta_{女} = 0.002$
H3-3 课外体育动机→知觉行为控制→课外体育参与意图	$\beta_{男} = 0.198^{**}$	$\beta_{男} = 0.157^{*}$	$\beta_{男} = 0.120^{*}$	$\beta_{男} = 0.172^{**}$
	$\beta_{女} = 0.151^{*}$	$\beta_{女} = 0.223^{**}$	$\beta_{女} = 0.154^{*}$	$\beta_{女} = 0.143^{*}$
H4 课外体育参与意图→课外体育行为	$\beta_{男} = 0.366^{***}$	$\beta_{男} = 0.375^{***}$	$\beta_{男} = 0.397^{***}$	$\beta_{男} = 0.436^{***}$
	$\beta_{女} = 0.407^{***}$	$\beta_{女} = 0.284^{***}$	$\beta_{女} = 0.330^{***}$	$\beta_{女} = 0.357^{***}$
H5-1 需求支持感→课堂动机→课外体育参与意图	$\beta_{男} = 0.067^{*}$	$\beta_{男} = 0.047$	$\beta_{男} = 0.051^{*}$	$\beta_{男} = 0.054^{*}$
	$\beta_{女} = 0.083^{*}$	$\beta_{女} = 0.072^{*}$	$\beta_{女} = 0.022$	$\beta_{女} = 0.022$

表4-48(续)

假设	五年级	初一	高一	大二
H5-2 需求支持感→课外体育动机→课外体育参与意图	$\beta_男 = 0.031$ $\beta_女 = 0.040$	$\beta_男 = 0.011$ $\beta_女 = 0.024$	$\beta_男 = 0.013$ $\beta_女 = 0.006$	$\beta_男 = 0.014$ $\beta_女 = 0.004$
H5-3 需求支持感→课堂动机→课外体育动机→课外体育参与意图	$\beta_男 = 0.028$ $\beta_女 = 0.044$	$\beta_男 = 0.017$ $\beta_女 = 0.035$	$\beta_男 = 0.023$ $\beta_女 = 0.009$	$\beta_男 = 0.013$ $\beta_女 = 0.006$
H6 需求支持感→课堂动机→体质健康	$\beta_男 = 0.175^{**}$ $\beta_女 = 0.146^{*}$	$\beta_男 = 0.096^{*}$ $\beta_女 = 0.118^{*}$	$\beta_男 = 0.094^{*}$ $\beta_女 = 0.066^{*}$	$\beta_男 = 0.057^{*}$ $\beta_女 = 0.081^{*}$
H7 体质健康→课外体育参与意图→课外体育行为	$\beta_男 = 0.163^{**}$ $\beta_女 = 0.108^{*}$	$\beta_男 = 0.125^{*}$ $\beta_女 = 0.077^{*}$	$\beta_男 = 0.072^{*}$ $\beta_女 = 0.054$	$\beta_男 = 0.068^{*}$ $\beta_女 = 0.034$
H8 需求支持感→课堂动机→心理健康	$\beta_男 = 0.107^{*}$ $\beta_女 = 0.142^{*}$	$\beta_男 = 0.094^{*}$ $\beta_女 = 0.136^{*}$	$\beta_男 = 0.072^{*}$ $\beta_女 = 0.096^{*}$	$\beta_男 = 0.042$ $\beta_女 = 0.075^{*}$
H9 心理健康→课外体育参与意图→课外体育行为	$\beta_男 = 0.170^{**}$ $\beta_女 = 0.203^{**}$	$\beta_男 = 0.185^{**}$ $\beta_女 = 0.149^{*}$	$\beta_男 = 0.088^{*}$ $\beta_女 = 0.075^{*}$	$\beta_男 = 0.130^{*}$ $\beta_女 = 0.102^{*}$

注: * * * 表示 $P<0.001$; * * 表示 $P<0.01$; * 表示 $P<0.05$ 。

》》 第五节　分析与讨论

一、实验干预对 TCM 课堂变量的影响结果分析

（一）实验干预对学生课堂需求支持感的影响结果分析

实验结果显示，五年级实验班男生前测到 2 测、2 测到 3 测、3 测到后测阶段都有显著进步；而对照班男生只有前测到 2 测阶段出现进步，2 测到 3 测、3 测到后测阶段的变化呈下降趋势。究其可能原因，实验初期教学主题为接力跑，该项目在男生群体中较受欢迎，因此两组男生的课堂需求支持感都出现进步；实验中期、末期教学主题分别为毽球、柔力球，这两个项目在男生群

体中的受欢迎程度不及接力跑，然而实验班教师通过创设各类活动和比赛，很好地满足了学生的学习需求，相比之下，对照班教师只是围绕单个技术或者套路进行教学，不能满足男生的学习需求。实验班女生前测到 2 测、2 测到 3 测、3 测到后测阶段都有显著进步；相比之下，对照班女生 3 测到后测阶段的变化呈下降趋势。究其可能原因，实验后期教学主题为柔力球，对照班学生按照教师要求重复学练较为枯燥的成套技术动作，难以满足学习需求。

初一实验班男生前测到 2 测、2 测到 3 测、3 测到后测阶段都有显著进步；对照班男生前测到 2 测、2 测到 3 测阶段同样进步显著，然而 3 测到后测阶段的变化呈下降趋势。究其可能原因，实验后期教学主题为跳绳，对照班教师只是围绕一根短绳进行较为简单的单人、双人跳绳教学，很明显，这样的教学没有考虑到初一男生好动、活泼的身心特点；实验班教师通过创设形式多样的跳绳活动和比赛，以及趣味、丰富的体能练习，较好地满足了学生学习需求。实验班女生前测到 2 测、2 测到 3 测、3 测到后测阶段都有显著进步；相比之下，对照班女生前测到 2 测阶段的变化呈下降趋势。究其可能原因，实验前期教学主题为跳远，女生普遍对跳远缺乏兴趣；此外，对照班教师围绕教学主题进行大量的分解技术动作教学，而实验班教师在强调技术细节的基础上，更注重让学生通过完整的跳远巩固技术细节。

高一实验班男生前测到 2 测、2 测到 3 测、3 测到后测阶段都有显著进步；相比之下，对照班男生 2 测到 3 测、3 测到后测阶段的变化呈下降趋势。究其可能原因，实验后期教学主题为健美操，男生对健美操的喜欢程度远远低于篮球，但是实验班教师通过创设各种小组展示及形式多样的体能练习较好地满足了学生的学习需求。实验班女生前测到 2 测、2 测到 3 测、3 测到后测阶段都有显著进步；对照班女生 2 测到 3 测、3 测到后测阶段同样进步显著，然而前测到 2 测阶段的变化呈下降趋势。究其可能原因，实验前期教学主题为篮球，考虑到女生较差的篮球基础，对照班教师只为女生安排原地运球、投篮等静态化的内容，并且在很多时候忽视女生的学习需求；反观实验班，教师通过简化规则、创设多种适宜的篮球游戏和比赛较好地满足了女生的学习需求。

大二实验班男生前测到 2 测、2 测到 3 测、3 测到后测阶段都有显著进步；相比之下，对照班男生前测到 2 测阶段的变化呈下降趋势。究其可能原因，对照班教师在选项教学初期依然采用较为简单的投篮、行进间上篮、搭档传接球练习，课堂没有教学比赛，不能满足学生的学习需求。实验班女生前测到 2 测、2 测到 3 测、3 测到后测阶段都有显著进步；对照班女生在上述 3 个阶段同样进步显著，然而进步幅度远不及实验班女生。这可能是由于实验班教师注重在课堂中设置各类健美操创编、展示和比赛，更好地满足了学生的学习需求。

已有研究证实了教师在接受自主支持培训后，通过教学干预能够有效提升学生的课堂自主支持感。González-Cutre 等[1]以西班牙小学生为实验对象，实验组师生在教学干预前观看了由研究者制作的自主支持教学视频（该视频鼓励学生自主参与体育活动，同时介绍了久坐的坏处、健康运动的策略等）；对照班教师按照惯常教学。研究发现，为期 5 周、每周 2 次、每次 50 分钟的教学干预较好地提升了实验班学生的课堂自主支持感。Chatzisarantis 等[2]在 5 周时间内对英国 10 名中学体育教师进行了自主支持教学培训，培训内容包括增强学生的选择意识、给学生提供合适的反馈、强化教师自身的理论基础等。10 周教学干预后，实验班学生的课堂自主支持感显著提升。Cheon 等[3]对韩国首尔的中学体育教师进行了培训，旨在引领教师在课堂中提供给学生更多支持。该培训包括研讨会、模拟自主支持教学场景、小组讨论。一学期教学干预结束后，实验班学生的课堂自主支持感得到了有效提升。Sánchez-Oliva 等[4]基于自我决定理论，针对西班牙中学体育教师进行了一项含 3 阶段、共计 15 小时的培训。该培训旨在提升教师满足学生基本心理需求的教学策略。一学期教学干预结束后，实验班学生的课堂需求支持感得到显著提升。

课堂需求支持感是学生喜欢体育课的前提条件，因此，教师在教学中需要结合学情，注重营造利于学生学练的课堂环境，从而满足学生的自主、能力、关系需求。

（二）实验干预对学生课堂动机的影响结果分析

实验结果显示，五年级实验班男生前测到 2 测、2 测到 3 测、3 测到后测阶段都有进步；相比之下，对照班男生 2 测到 3 测、3 测到后测阶段的变化呈

① GONZÁLEZ-CUTRE D,FERRIZ R,BELTRÁN-CARRILLO V J,et al.Promotion of autonomy for participation in physical activity:a study based on the trans-contextual model of motivation[J].Educational psychology, 2014,34(3):367-384.

② CHATZISARANTIS N L D,HAGGER M S.Effects of an intervention based on self-determination theory on self-reported leisure-time physical activity participation[J].Psychology and health,2009,24(1):29-48.

③ CHEON S H,REEVE J,MOON I S.Experimentally based,longitudinally designed,teacher-focused intervention to help physical education teachers be more autonomy supportive toward their students[J].Journal of sport and exercise psychology,2012,34(3):365-396.

④ SÁNCHEZ-OLIVA D,PULIDO-GONZÁLEZ J J,LEO F M,et al.Effects of an intervention with teachers in the physical education context:a self-determination theory approach[J].Plos one,2017,12(12):e0189986.

下降趋势。究其可能原因，实验中期和后期的教学主题为毽球、柔力球，相比接力跑，男生对这两个项目的学习动机水平较低；此外，对照班教师只是围绕单个踢毽技术及简单技术组合、柔力球套路进行教学，难以激发学生的学练动机。实验班女生前测到2测、2测到3测、3测到后测阶段均有显著进步；对照班女生前测到2测、2测到3测阶段有进步，然而3测到后测阶段的变化呈下降趋势。究其可能原因，相比接力跑和毽球，学生对柔力球比较陌生；此外，对照班教师只是传授学生柔力球套路，追求整齐划一的技术动作，没有针对柔力球创设发展性的活动和比赛，很难激发学生的学练动机。

初一实验班男生前测到2测、2测到3测、3测到后测阶段都有进步；相比之下，对照班男生2测到3测、3测到后测阶段的变化呈下降趋势。究其可能原因，对于初一男生来说，相比跳绳，他们可能更喜欢跳远，加之对照班教师在跳绳课堂中缺乏组织设计，则难以激发男生的学习动机。实验班女生前测到2测、2测到3测、3测到后测阶段都有进步；对照班女生前测到2测阶段的变化呈下降趋势。究其可能原因，女生原本就对跳远缺乏兴趣，而对照班教师未能针对这种学情为对照班女生创设学练情境，导致对照班女生前测到2测阶段的课堂动机出现下滑。

高一实验班男生各阶段都有进步；相比之下，对照班男生2测到3测、3测到后测阶段的变化呈下降趋势。高一年级教学主题为篮球、健美操，相比健美操，男生更喜欢篮球运动。然而实验班教师每次课都设置健美操展示和比赛、丰富多样的体能练习，既巩固了所学内容，也激发了男生对健美操的学习动机。实验班女生各阶段均有显著进步；相比之下，对照班女生2测到3测、3测到后测阶段均有进步，而前测到2测阶段的变化呈下降趋势。实验初期教学主题为篮球，该项目本是兼具趣味性与竞争性的，然而在对照班教师看来，女生篮球基础不够，需要从最基本的投篮、运球入门，教学过程中没有创设活动和比赛来引导实验班女生的学习兴趣，导致实验女生的课堂动机在前测到2测阶段出现下降。

大二实验班男生前测到2测、2测到3测、3测到后测阶段均有不同程度进步；相比之下，对照班男生前测到2测阶段出现退步。对照班教师在实验初期依然重复篮球运动的简单技术及组合练习，很少组织活动和比赛，这可能是学生课堂动机下降的主要原因。实验中期和后期，学生向教师提出了在课堂中组织比赛的建议并得到允许，这也是学生课堂动机得以提升的主要原因。两组女生前测到2测、2测到3测、3测到后测阶段均有进步，然而实验班女生进步幅度大于对照班女生进步幅度，这在一定程度上说明，实验班教师通过创设展示和比赛、要求学生小组创编健美操技术组合、组织趣味多样的体能练习更好地激发了学生的课堂动机。

学习环境的改善能够有效影响学生的课堂动机在很多研究中已经得到证实。Mavropoulou 等[1]将 252 名美国小学生随机分为 3 组，分别教授不同的教学内容（多种形式的舞蹈、希腊传统舞蹈、传统的体育课程内容），6 周教学干预结束后，接受多种形式舞蹈的同学表现出更高的课堂动机水平。Fin 等[2]将60 名七年级学生随机分成两组，实验班教师在接受了自主支持培训（40 小时的自主支持培训包括：允许学生在课堂中做更多决定；积极对待教与学；耐心倾听学生；重视过程多于结果；理解学生的差异；尊重学生的兴趣；等等）后实施教学实验，对照班教师实施惯常教学。8 个月教学干预结束后，实验班学生表现出更高的课堂动机。Chang 等[3]针对六年级学生检验了自主支持教学对学生课堂动机的影响。教师安排了跑步、跳远、鞍马、篮球、溜溜球、羽毛球6 个项目，实验班学生可以自行决定教学项目的先后顺序，自选搭档进行学练，每堂课都有一半时间进行分组实践等。通过每周 2 次，每次 40 分钟，为期 6 周的课堂干预，实验班学生的课堂动机显著高于对照班学生。

由上可见，支持性的课堂环境能够有效提升学生课堂动机，而积极的课堂动机是学生参与课堂学练的保证。

（三）实验干预对学生体质健康水平的影响结果分析

1. 实验干预对学生心肺耐力的影响结果分析

肺活量方面，五年级实验班学生前测到 2 测、2 测到 3 测、3 测到后测阶段都有显著进步；对照班学生只有前测到 2 测阶段进步显著，2 测到 3 测、3 测到后测阶段的进步不显著。究其可能原因，实验班每次课都进行全面的、补偿性的体能练习，显著提升了学生的肺活量成绩；对照班学生的肺活量成绩虽然呈逐步上升趋势，但可能得益于学生处在生长发育敏感期；此外，实验期间

① MAVROPOULOU A,BARKOUKIS V,DOUKA S,et al.The role of autonomy supportive activities on students' motivation and beliefs toward out-of-school activities[J].Journal of educational research,2019,112(2):223-233.

② FIN G,MORENO-MURCIA J A,LEÓN J,et al.Interpersonal autonomy support style and its consequences in physical education classes[J].PloS one,2019,14(5):1-14.

③ CHANG Y K,CHEN S,TU K W,et al.Effect of autonomy support on self-determined motivation in elementary physical education[J].Journal of sports science and medicine,2016,15(3):460-466.

教学主题依次为接力跑、毽球及柔力球，项目特点可能造就了对照班学生后两个阶段的进步幅度低于第一个阶段的进步幅度。耐力跑方面，五年级实验班学生前测到2测、2测到3测、3测到后测阶段均有显著进步；对照班男生上述3个阶段的进步幅度都不显著；对照班女生只有3测到后测阶段有进步，前测到2测、2测到3测阶段的变化出现退步。从整体来看，教学干预期间，实验班学生进步幅度远大于对照班学生进步幅度。耐力不同于速度、力量等体能指标会随着生长发育逐步增强，而是需要长期的坚持及意志层面的顽强，这些特点却是五年级学生普遍欠缺的，然而实验班教师在教学干预期间创设了形式多样的耐力跑游戏和比赛，让学生在快乐的学习情境中有效提升了耐力素质。

肺活量方面，初一实验班学生前测到2测、2测到3测、3测到后测阶段均有显著进步；相比之下，对照班男生2测到3测阶段的进步不显著，对照班女生3测到后测阶段的进步不显著。从整体来看，虽然所有学生的肺活量成绩呈逐步上升趋势，但可能得益于学生恰好处在生长发育期。然而实验班学生进步幅度大于对照班学生进步幅度，这很可能得益于每堂课所蕴含的10分钟左右的体能练习环节。耐力跑方面，初一实验班男生前测到2测、2测到3测、3测到后测阶段均有显著进步；相比之下，对照班男生2测到3测、3测到后测阶段的进步不显著。实验班女生2测到3测、3测到后测阶段均有显著进步，前测到2测阶段也有进步；对照班女生上述3个阶段虽都有进步但均不显著。由上可见，教学干预期间，对照班学生的耐力跑成绩逐步提升，这可能与耐力跑被列为中考项目有关。教师会在课堂中重视学生的耐力发展并鼓励学生在课外积极参与耐力跑。然而实验班学生进步幅度大于对照班学生进步幅度，这可能得益于实验班教师既注重耐力成绩的提升，也注重学练情境的创设。

肺活量方面，高一实验班学生前测到2测、2测到3测、3测到后测阶段均有显著进步；相比之下，对照班男生3测到后测阶段进步不显著，对照班女生2测到3测、3测到后测阶段的进步不显著。由上可见，实验班采用中国健康体育课程模式显著提升了学生肺活量水平。反观对照班学生，在干预的后半段肺活量进步不显著，诸如健美操等展示性项目，倘若只是遵照传统教学方式学练套路，除热身外，学生活动范围很小且运动负荷严重不足，这样的体育课堂对学生肺活量水平的提升有限。耐力跑方面，高一实验班学生前测到2测、2测到3测、3测到后测阶段均有显著进步。相比之下，对照班男生3测到后测阶段进步不显著；对照班女生前测到2测、2测到3测阶段的进步不显著，且3测到后测阶段出现退步。由上可见，相比其他两个阶段，对照班学生3测到后测阶段进步缓和或者出现退步。究其可能原因，实验后期教学主题为健美操，较小的课堂运动负荷难以引发学生耐力素质稳定增长。反观实验班，每次课都融入不同形式的耐力练习，切实提高了学生的耐力水平。

肺活量方面，大二实验班学生前测到2测、2测到3测、3测到后测阶段均有显著进步；相比之下，对照班男生3测到后测阶段进步不显著，对照班女生3测到后测阶段的变化呈下降趋势。从整体来看，教学干预前后，实验班学生肺活量进步幅度大于对照班学生进步幅度。即便是选项教学，学生选择了自己喜欢的运动项目，然而对照班依然以单个技术及组合技术教学为主，且课堂没有专门的体能练习环节，这也是对照班学生肺活量进步幅度低于实验班学生进步幅度的主要原因。耐力跑方面，大二实验班学生前测到2测、2测到3测、3测到后测阶段都有不同程度进步。相比之下，对照班男生2测到3测、3测到后测阶段出现退步；对照班女生前测到2测、3测到后测阶段出现退步。本研究发现，教学干预期间，对照班学生成绩不稳定；教学干预前后，男生几乎没有进步，女生出现退步。这在一定程度上可以说明，除教师在课堂上不重视学生的耐力素质外，也体现了学生在课外缺乏耐力跑的习惯。反观实验班，教师时刻灌输健康教育并持续不断地在课堂中发展学生耐力素质，从而使学生耐力跑成绩不断进步。

体育活动能够提升个体心肺功能已是众人皆知的事实。向宇宏等[1]研究发现，中等强度有氧运动能够显著提升少数民族大学生的心肺功能。张培珍等[2]研究发现，中等强度的健身锻炼更加有助于中老年人群的心肺健康。Georgeta等[3]认为参与体育活动是提升人体心肺耐力的有效手段，如慢跑、骑自行车等低强度有氧活动。Rengasamy[4]以中学女生为实验对象，实验班在课堂中融入循环进行的4种体能练习；对照班实施常规教学。每周2次，每次40分钟，为期10周的课堂干预结束后，实验班学生的心肺耐力水平得到显著提升。

① 向宇宏,巴义名.中等强度有氧运动对贵州少数民族大学生心肺功能的影响[J].中国学校卫生,2017,38(9):1424-1426.

② 张培珍,田野.不同强度健身锻炼对中老年血脂异常人群心肺功能的影响[J].中国体育科技,2013,49(2):134-138.

③ GEORGETA N,ELENA S,CECLIA G.Adolescent's aerobic endurance training[J].Science,movement and health,2019,19(Suppl):298-302.

④ RENGASAMY S.A physical fitness intervention program within a physical education class on selected health-related fitness among secondary school students[J].Procedia-social and behavioral sciences,2012,55:1104-1112.

当前，很多青少年体质水平差，缺乏吃苦耐劳精神，鉴于此，在课堂中融入耐力练习尤为关键。诚然，考虑到学生的身心特点，耐力练习一定要注重趣味性和发展性。

2. 实验干预对学生体质指数（BMI）的影响结果分析

实验结果显示，五年级实验班男生前测到 2 测、3 测到后测阶段都有显著进步，2 测到 3 测阶段也有进步；实验班女生 3 测到后测阶段进步显著，前测到 2 测、2 测到 3 测阶段也都有进步。对照班学生上述 3 个阶段虽都有进步，但进步幅度均不显著。从整体来看，实验班学生进步幅度高于对照班学生进步幅度，这在一定程度上说明，结构化的技能学练及丰富的体能练习使学生的体重身高比维持在一个更好的水平。

初一男生的 BMI 在上述 3 个阶段都有一定程度的进步，然而实验班男生进步幅度大于对照班男生进步幅度。实验班女生的 BMI 在上述 3 个阶段均有进步，然而对照班女生 2 测到 3 测、3 测到后测阶段出现退步。上述结果表明，中国健康体育课程模式对促进初一学生的 BMI 保持在健康水平具有一定的积极作用，且这种积极作用更好地体现在女生群体中。

高一实验班男生的 BMI 在上述 3 个阶段均有不同程度进步，然而对照班男生 3 测到后测阶段出现退步。实验班女生的 BMI 在上述 3 个阶段均有显著进步；相比之下，对照班女生 2 测到 3 测、3 测到后测阶段出现退步。由上可见，实验班通过实施中国健康体育课程模式，提升了学生的运动负荷，逐步降低了学生的 BMI。对照班在教学干预后半段出现 BMI 反弹，这一时期的教学主题为健美操，传习式的健美操套路教学给予学生的身体刺激很小，这可能是对照班学生 BMI 退步的主要原因。

大二学生的 BMI 在上述 3 个阶段均有进步，然而进步幅度都不显著。从整体来看，教学干预期间，实验班男、女生进步幅度分别大于对照班男、女生进步幅度。上述结果既体现出中国健康体育课程模式的优越性，又体现出选项教学对于改善学生体质的重要作用。

运动能够改善人体 BMI 水平已是不争的事实。柏友萍等[1]以超重、肥胖大学生为实验对象，在无饮食控制的条件下对受试者实施每次 60 分钟，每周 5

---

[1] 柏友萍,张晶,江双双,等.减肥运动处方对超重肥胖大学生体脂、血糖与抵抗素的影响[J].卫生研究,2013,42(4):538-542.

次的运动干预。8 周干预结束后，有效改善了大学生的 BMI 水平。Weiss 等①以美国 6，7，8 年级学生为实验对象，实验班学生接受每周 2 次，每次 45 分钟的"技能培养课程"；对照班学生在相同的课时数内实施普通体育课。8 个月干预结束后，实验班学生 BMI 得到有效改善，其中男生的进步更为显著。

中国健康体育课程模式对课堂的运动负荷提出了明确要求：只有充分让学生动起来，才能提升学生体质健康水平，改善学生的身体形态。

3. 实验干预对学生短跑的影响结果分析

五年级实验班男生前测到 2 测、2 测到 3 测、3 测到后测阶段都有显著进步。相比之下，对照班男生 2 测到 3 测阶段的进步不显著；实验班女生 3 测到后测阶段进步显著，前测到 2 测、2 测到 3 测阶段也有进步，对照班女生前测到 2 测、3 测到后测阶段有进步但不显著，2 测到 3 测阶段出现退步。从整体来看，教学干预前后，实验班学生短跑成绩进步幅度大于对照班学生短跑成绩进步幅度。五年级教学主题依次为接力跑、键球、柔力球，可能是项目特点的原因，对照班学生 2 测到 3 测、3 测到后测阶段的变化呈现出不稳定性；然而，实验班通过体能练习环节，每堂课都设置不同的速度练习，稳步提升了学生的速度素质。

初一实验班学生前测到 2 测、2 测到 3 测、3 测到后测阶段均有显著进步。相比之下，对照班男生前测到 2 测、2 测到 3 测阶段的进步不显著；对照班女生前测到 2 测、3 测到后测的进步不显著。诚然，初一学生处于生长发育期，即便没有体育课堂的干预，学生的速度素质也会不断进步；然而，实验班学生与对照班学生的数据对比表明，在课堂中持续对学生的速度素质进行针对性的干预，能够有效提升学生短跑成绩。

高一实验班学生前测到 2 测、2 测到 3 测、3 测到后测阶段均有显著进步；对照班学生只有前测到 2 测阶段有进步，2 测到 3 测、3 测到后测阶段出现退步。从实验结果来看，对照班男女生的速度素质有着同样的变化轨迹。究其可能原因，高一教学主题为篮球、健美操，相比篮球运动较为追求速度的特点，健美操追求的是节奏与美感。然而，实验班在每堂课中补偿性地发展了速度素质，从而带动学生的短跑成绩持续进步。

大二实验班男生前测到 2 测、2 测到 3 测、3 测到后测阶段均有不同程度进步；相比之下，对照班男生 2 测到 3 测、3 测到后测阶段出现退步。实验班

---

① WEISS M R，PHILLIPS A C，KIPP L E.Effectiveness of a school-based fitness program on youths' physical and psychosocial health outcomes[J].Pediatric exercise science,2015,27(4):546-557.

女生前测到 2 测、2 测到 3 测、3 测到后测阶段均有不同程度进步；相比之下，对照班女生 2 测到 3 测阶段出现退步。从整体来看，教学干预期间，实验班学生短跑成绩进步幅度大于对照班学生短跑成绩进步幅度。本研究结果表明，即使学生已经不在生长发育的敏感期，每堂课的速度练习依然能有效提升学生短跑能力。

针对性的力量及速度练习能够显著提升个体速度素质。周小青等[①]研究发现，为期 16 周的功能性力量训练增强了男性散打队员的神经-肌肉连接，最终提升了队员的移动速度。邱小梅等[②]选取小学三年级学生为实验对象，实验组学生每周组织两次登山锻炼，对照组学生每周安排两次惯常体育课，一年后实验组学生的心肺耐力及速度素质提升显著。Mathisen 等[③]研究认为，为期 8 周，每周 3 次，每次 20 分钟的高强度间歇体能练习能够显著提升 10 岁足球运动员的速度及灵敏素质。Nanu 等[④]以 9—10 岁小学生为实验对象，通过在每周 2 次的体育课中融入移动游戏、接力赛及其他竞速活动，一学年结束后，学生的速度素质进步显著，其中男生较女生的进步更为明显。

速度素质是人体的重要体能，在课堂中安排速度练习，既能提升学生体能水平，又能培养学生顽强拼搏、吃苦耐劳的精神。

4. 实验干预对学生坐位体前屈的影响结果分析

五年级实验班学生前测到 2 测、2 测到 3 测、3 测到后测阶段都有显著进步。相比之下，对照班男生 2 测到 3 测、3 测到后测阶段的进步不显著；对照班女生前测到 2 测、2 测到 3 测阶段的进步不显著。由上可见，虽然教学干预期间对照班学生的坐位体前屈成绩有不同程度的进步，但是实验班学生进步幅度大于对照班学生进步幅度。究其可能原因，五年级学生正处于生长发育敏感期，该时期他们的柔韧素质会随着年龄的增长呈上升发展趋势，然而实验班教师在每次课中都给予学生不同形式的柔韧性练习，从而显著提升了学生柔韧素质。

① 周小青,张冬琴,屈子圆,等.功能性力量训练对高水平男子散打运动员速度素质发展的实验研究[J].山东体育学院学报,2018,34(5):122-125.
② 邱小梅,陈慧,王珍妮,等.登山锻炼对小学三年级学生身体素质影响的研究[J].山东体育科技,2012,34(2):94-96.
③ MATHISEN G,PETTERSEN S A.Effect of high-intensity training on speed and agility performance in 10-year-old soccer players[J].The journal of sports medicine and physical fitness,2015,55(1/2):25-29.
④ NANU L,DRĂGAN A.Relay races,movement games and competitions in optimizing speed for children[J].Physical education and sport management,2018,14(5):40-44.

初一实验班学生前测到2测、2测到3测、3测到后测阶段均有显著进步。相比之下，对照班男生前测到2测、3测到后测阶段有进步但不显著；对照班女生3测到后测阶段有进步但不显著。可以发现，即便是对照班，教学干预期间学生的柔韧素质也得到了持续不断的提升，这很可能得益于学生处于柔韧素质发展敏感期。从整体来看，实验班学生进步幅度大于对照班学生进步幅度，这应该是实验班持续不断的柔韧练习发挥了重要作用。

高一实验班学生前测到2测、2测到3测、3测到后测阶段均有显著进步。相比之下，对照班男生上述3个阶段都有进步，但是进步幅度均不显著；对照班女生前测到2测、2测到3测阶段有进步但不显著。从整体来看，教学干预期间，高一学生坐位体前屈成绩都有进步，而实验班学生进步幅度大于对照班学生进步幅度。这在一定程度上说明，实验班每次课都组织动、静结合的柔韧性练习，有效提升了学生柔韧素质。该结果同时显示，实验班女生进步幅度大于实验班男生进步幅度，这或许是男女生关于柔韧素质的可塑性，抑或是练习投入度的差异所导致的。

大二实验班男生前测到2测阶段进步显著，2测到3测、3测到后测阶段也有一定程度进步；相比之下，对照班男生3测到后测阶段出现退步。实验班女生前测到2测、2测到3测、3测到后测阶段均有不同程度进步；相比之下，对照班女生2测到3测出现退步。从整体来看，教学干预期间，实验班学生进步幅度大于对照班学生进步幅度。可以看出，即便是学生喜欢的选项教学，若在课堂中没有针对性的柔韧素质练习，也很难使学生的柔韧水平有显著提升。反观实验班学生，即便到了大二阶段，只要在课堂中持续发展学生柔韧素质，依然能对学生柔韧水平的提升起到积极作用。本研究同时发现，实验班女生进步幅度大于实验班男生进步幅度，这可能是柔韧素质的先天差异，抑或是项目特点所造成的。

针对性的柔韧性练习在各个年龄段都体现出有效性。张葆欣等[1]以125名初中生为研究对象，实验班学生除参与正常体育课外，实验班学生利用课余时间进行每周3次，每次60分钟的健身关节操。10周干预结束后，实验班学生腰、髋、肩部柔韧水平大幅提升。李芳等[2]以大学生为实验对象，采用4种柔韧练习方法进行对比研究，发现PNF牵拉法是最为有效的拉伸方法，其次是

[1] 张葆欣,周里,黄海,等.10周"健身关节操"运动方案对初中学生柔韧素质、平衡能力影响的研究[J].西安体育学院学报,2012,29(6):721-724.
[2] 李芳,郑丽敏.健美操专项柔韧素质训练方法实验比较研究[J].武汉体育学院学报,2011,45(9):84-88.

动静结合拉伸法，而单纯静态拉伸或单纯动态拉伸效果较差。Lima 等①研究发现，对于 14—19 岁的青少年，男生的柔韧素质低于女生；肌肉力量水平差的学生柔韧素质较差。Matos-Duarte 等②在 65 岁以上老年人群体中实施了一项全面的体能课程，该课程每周 2 次，每次 60 分钟，1 年干预结束后，老年人柔韧素质得到了显著提升。

柔韧练习虽然很苦，但是对个体保持身体健康有非常关键的作用。因此，教师在组织柔韧性练习时，既要注重方法，也要关注学练情境的创设。

5. 实验干预对学生 1 分钟跳绳的影响结果分析

实验班学生、对照班女生前测到 2 测、2 测到 3 测、3 测到后测阶段都有一定程度进步；相比之下，对照班男生前测到 2 测阶段出现退步。从整体来看，教学干预前后，五年级实验班学生进步幅度大于对照班学生进步幅度，而两组男生之间的进步幅度差值明显大于两组女生之间的进步幅度差值。上述结果一方面说明实验班遵照中国健康体育课程模式的要求有效提升了学生跳绳水平，另一方面说明女生对跳绳的兴趣高于男生。虽然对照班女生在课堂中的跳绳练习时间少于实验班女生的跳绳练习时间，但是两个班级的女生都会在课后主动学练跳绳，从而降低了她们之间的成绩差异。

跳绳是职业运动员的重要辅助性练习内容。跳绳对人体的益处得到众多研究的证实。徐飞等③以 12 岁少年足球运动员为实验对象，队员每周进行 3 次常规训练，每次训练结束再安排实验组运动员增加 20 分钟跳绳练习，对照组运动员增加同等强度的跑步练习，10 周后实验组运动员的平衡能力和协调性得到显著提升。陈爱国等④将 116 名四年级学生随机分成对照组、个人跳绳组及合作跳绳组。后两组学生进行 30 分钟运动，同时对照组学生阅读自己喜欢的图书。实验结束后，跳绳组学生的执行能力均有显著改善，其中合作跳绳组的

① LIMA T R，MARTINS P C，MORAES M S，et al.Association of flexibility with sociodemographic factors，physical activity，muscle strength，and aerobic fitness in adolescents from southern Brazil[J].Revista paulista de pediatria：orgao oficial da sociedade de pediatria de sao paulo，2019，37(2)：202-208.

② MATOS-DUARTE M，MARTÍNEZ-DE-HARO V，SANZ-ARRIBAS I，et al.Longitudinal study of functional flexibility in physically active senior citizens[J].Revista internacional de medicina y ciencias de la actividad física y el deporte，2017，17(65)：121-137.

③ 徐飞，谢浩，徐玉明.跳绳训练对少年足球运动员动态平衡能力和协调性的影响[J].中国体育科技，2017，53(3)：71-77.

④ 陈爱国，赵忠艳，颜军.不同组织形式短时跳绳运动对儿童执行功能的影响[J].中国运动医学杂志，2015，34(9)：886-890.

效果更好。Ha、Lonsdale 和 Ng 等①以香港中二（八年级）学生为实验对象，在每周一次的体育课中融入 15 分钟跳绳练习，16 周后女生的身体活动水平显著提升，然而这种积极效果并没有在男生群体中体现出来。Ha、Burnett 和 Sum 等②通过另外一项研究发现，为期 3 个月、利用课余活动时间进行 15 分钟跳绳练习，能够有效提升小学生的心理健康水平，但并不能有效提升学生的身体活动水平。

由上可见，在课堂中组织跳绳练习对学生的发展具有重要意义。

6. 实验干预对学生仰卧起坐的影响结果分析

五年级实验班学生前测到 2 测、2 测到 3 测、3 测到后测阶段均有显著进步。相比之下，对照班男生 3 测到后测阶段有进步但不显著；对照班女生前测到 2 测、3 测到后测阶段出现退步。从整体来看，教学干预期间，实验班学生进步幅度大于对照班学生进步幅度，这在一定程度上说明，实验班利用每次课的针对性练习有效提升了学生的核心力量水平。此外，无论是实验班还是对照班，男生进步幅度均大于女生进步幅度。可以看出，在该学段发展男生的力量水平效果更加明显。

初一实验班女生前测到 2 测、2 测到 3 测、3 测到后测阶段均有显著进步；对照班女生在上述几个阶段虽然都有进步，但进步幅度都不显著。这说明，在每次课中坚持对学生的力量素质进行干预，能收获明显成效。

高一实验班女生前测到 2 测、2 测到 3 测、3 测到后测阶段均有显著进步；相比之下，对照班女生前测到 2 测阶段有进步但不显著，3 测到后测阶段的变化呈下降趋势。高中女生普遍不愿意参与力量练习，因此，对照班女生的仰卧起坐成绩表现出不稳定性。考虑到这一点，实验班教师通过言语教导力量练习的重要性，并组织各类趣味性的力量活动和比赛，从而促进了实验班女生力量水平的稳步提升。

大二实验班女生前测到 2 测阶段进步显著，2 测到 3 测、3 测到后测阶段也都有不同程度进步；对照班女生上述 3 个阶段都有进步，然而进步幅度都不显著。从整体来看，教学干预期间，大二实验班女生进步幅度大于对照班女生进步幅度。大二阶段的女生更加注重身体形态，因此，她们在闲暇时间会主动

---

① HA A S,LONSDALE C,NG J Y Y,et al.A school-based rope skipping program for adolescents:results of a randomized trial[J].Preventive medicine,2017,101:188-194.

② HA A S,BURNETT A,SUM R,et al.Outcomes of the rope skipping "star" programme for schoolchildren[J]. Journal of human kinetics,2015,45(1):233-240.

进行一定负荷的力量练习，这可能也是对照班女生仰卧起坐能够逐步提升的主要原因；而实验班教师频繁为学生灌输健康教育，并在课堂体能练习环节设置针对性的核心力量练习，从而更加有效地提升了女生的仰卧起坐成绩。

肌肉力量、肌肉耐力是个体保持身体健康不可缺少的体能，而核心肌群是近年来备受重视的锻炼区域。窦海波等[①]研究发现，每周3次，为期8周的抗阻训练能够显著提升非体育专业女大学生腰腹肌群的肌肉力量。Moazzami 等[②]研究发现，专门性的体能练习对学生肌肉力量和耐力的提升幅度能够达到25%~50%。Dorgo 等[③]针对200多名青少年进行了每周3次，为期18周的抗阻练习研究，结果发现，相比对照组，实验组学生的肌肉力量和耐力均得到显著提升。

综上所述，鉴于学生的身心发展特点，教师在课堂中要时刻强调核心力量的重要性，并创设情境以发展学生核心力量。

7. 实验干预对学生引体向上的影响结果分析

初一实验班男生前测到2测、2测到3测、3测到后测阶段均有显著进步，对照班男生在上述3个阶段虽有进步，但进步幅度都不显著；高一实验班男生前测到2测、2测到3测、3测到后测阶段均有显著进步，对照班男生前测到2测、3测到后测阶段进步显著，2测到3测阶段有进步但进步幅度不显著；大二实验班男生前测到2测、3测到后测阶段进步显著，2测到3测阶段也有进步，对照班男生前测到2测、3测到后测阶段有一定程度进步，2测到3测阶段出现退步。由上可见，只有大二对照班男生2测到3测阶段出现退步。究其可能原因，男生对力量有着天生的向往，他们会主动在课内外进行力量练习；此外，初中到大学阶段正值生长发育期，该阶段男生的力量水平正逐步提升。然而，各年级实验班男生进步幅度均大于对照班男生进步幅度，这在一定程度上说明，实验班在课堂中通过持续不断的上肢力量练习有效提升了男生的引体向上水平。

---

① 窦海波,成波锦,何辉.循环抗阻训练对女大学生肌力及有氧耐力影响研究[J].广州体育学院学报, 2020,40(2):87-90.

② MOAZZAMI M,KHOSHRAFTAR N.The effect of a short time training on program on physical fitness in female students[J].Procedia-social and behavioral sciences,2011,15:2627-2630.

③ DORGO S,KING G A,CANDELARIA N G,et al.Effects of manual resistance training on fitness in adolescents [J].Journal of strength and conditioning research,2009,23(8):2287-2294.

已有研究证实了针对性的力量练习能够提升学生引体向上成绩。白杨等[①]以 90 名男大学生为实验对象，让对照组学生接受惯常体育课；实验组学生前 45 分钟接受惯常体育课，后 45 分钟学练涵盖速度、耐力、力量的功能性体能项目。每周 2 次，每次 90 分钟，为期 6 周的教学实验结束后，实验组学生引体向上、50 米跑等 5 项指标均得到显著提升。洪煜[②]将 45 名大学生随机分为对照组、一般力量组、核心力量组，所有学生接受每周 3 次，每次 90 分钟的体育课。其中，对照组学生接受常规体育课；一般力量组学生进行传统力量练习；核心力量组学生学练核心力量项目。10 周干预结束后，核心力量组学生的引体向上、立定跳远等几项指标显著提升。

力量练习相对枯燥乏味，对于很多青少年来说，完成一个标准的引体向上动作都很困难。鉴于此，教师应为学生创设辅助性练习（如俯身划船、反向划船等），循序渐进地提升学生引体向上水平。

8. 实验干预对学生立定跳远的影响结果分析

初一实验班学生前测到 2 测、2 测到 3 测、3 测到后测阶段均有显著进步。相比之下，对照班男生 3 测到后测有进步但不显著；对照班女生前测到 2 测、3 测到后测有进步但不显著。从整体来看，教学干预期间，实验班学生进步幅度大于对照班学生。究其可能原因，实验班通过结构化的跳远及跳绳教学大幅提升了学生运动量，此外通过体能练习环节持续提升了学生腿部力量水平。研究同时发现，男生进步幅度大于同组别女生进步幅度。考虑到学生所处学段，男生力量水平增长速度要大于女生力量水平增长速度，同时男生对跳远的兴趣也高于女生，这可能是得到上述结果的原因所在。

高一实验班学生前测到 2 测、2 测到 3 测、3 测到后测阶段均有显著进步。相比之下，对照班男生 2 测到 3 测阶段有进步但不显著；对照班女生 2 测到 3 测阶段的进步不显著，且 3 测到后测阶段的变化呈下降趋势。高中男生依然处于生长发育期，生性好动，喜欢对抗性的运动项目，这也是对照班男生跳远成绩依然能够稳定进步的原因。然而，高中女生普遍对跑跳的兴趣不高，况且实验后期教学主题为健美操，较小的运动负荷对学生身体的刺激远远不够，这也是对照班女生 3 测到后测阶段成绩下滑的可能原因。从整体来看，教学干预期间实验班学生进步幅度大于对照班学生进步幅度。这说明，实验班通过结构化

① 白杨,傅涛.功能性体能训练对大学男生体质健康水平的影响[J].中国学校卫生,2017,38(12):1886-1888.

② 洪煜.核心力量训练对男大学生身体素质影响研究[J].扬州职业大学学报,2020,24(1):28-31.

的技能学练及形式多样的下肢力量练习有效提升了学生的跳远水平。

大二实验班男生各阶段都有不同程度的进步；相比之下，对照班男生前测到 2 测、3 测到后测阶段的变化呈下降趋势。实验班女生前测到 2 测、2 测到 3 测阶段进步显著，3 测到后测阶段有进步但不显著；对照班女生上述 3 个阶段的变化都呈下降趋势。由上可见，除对照班男生 2 测到 3 测阶段有进步外，对照班学生的跳远成绩逐步下滑。究其可能原因，该阶段学生已基本停止生长发育，倘若课内外缺乏力量练习，弹跳能力势必下滑。然而，实验班学生的跳远成绩能够保持稳定增长，这在一定程度上说明，在课堂中持续进行针对性的力量干预，学生的弹跳能力依然能够得到不同程度的提升。

跳跃能力在很大程度上受遗传因素的影响，即便如此，针对性的力量练习依然能够有效促进个体弹跳水平。陈如杰等[1]研究发现，持续 8 周、每周 3 次、每次 45~60 分钟的弹力带训练显著提升了老年人下肢力量并改善了老年人生理功能、精神健康等 8 项指标。Schultz 等[2]阐述了抗阻训练对澳大利亚足球运动员发展的重要性，并提到了抗阻训练能够有效提升运动员的速度、跳跃及对抗能力。Nogueira 等[3]将 25 名成年女性随机分为不同柔韧训练标准的 4 个组别，通过连续 4 天的干预，发现拉伸练习的负荷与被试的垂直起跳成绩成反比。Moazzami 等[4]以女大学生为实验对象，利用每周 2 次，每次 1 小时的体育课进行体能干预，16 周后学生的垂直起跳成绩得到显著提升。

跳跃能力是个人体能水平的重要体现，教师在课堂中组织跳跃练习时，一定要注意准备活动的充分及安全事宜的提醒。

（四）实验干预对学生心理健康水平的影响结果分析

五年级实验班男生各阶段均有显著进步；相比之下，对照班男生 2 测到 3 测阶段的进步不显著，3 测到后测阶段出现退步。所有女生前测到 2 测、2 测

[1] 陈如杰,吴庆文,王冬燕,等.弹力带训练对衰弱前期老年人下肢肌肉力量和生活质量的影响研究[J].中国全科医学,2019,22(31):87-90.

[2] SCHULTZ J T.A case for resistance training in junior development within australian football[J].Journal of australian strength and conditioning,2019,27(7):69.

[3] NOGUEIRA C J,DOS SANTOS GALDINO L A,CORTEZ A C L,et al.Effects of flexibility training with different volumes and intensities on the vertical jump performance of adult women[J].Journal of physical education and sport,2019,19(3):1680.

[4] MOAZZAMI M,KHOSHRAFTAR N.The effect of a short time training on program on physical fitness in female students[J].Procedia-social and behavioral sciences,2011,15:2627-2630.

到 3 测、3 测到后测阶段均有显著进步。研究发现，对照班男生 3 个阶段的进步幅度逐步缓和，直至 3 测到后测阶段出现退步，而对照班女生基本保持稳定增长。实验期间，教学主题依次为接力跑、毽球、柔力球，对照班教师注重技术细节，课堂以单个技术及简单技术组合、套路教学为主，这可能引起男生对教学主题的兴趣逐步减弱，进而影响他们的心理健康水平。相对而言，女生对后两个主题的兴趣高于男生，很可能正向影响了她们的心理健康水平。从整体来看，教学干预期间，实验班学生进步幅度远大于对照班学生进步幅度。究其可能原因，实验班教师结合学生身心特点，注重通过完整的活动和形式多样的比赛来巩固所学动作技术，营造出学生乐学、好学的课堂环境，进而显著提升了学生的心理健康水平。

初一实验班学生各阶段均有显著进步。相比之下，对照班男生 3 测到后测阶段出现退步；对照班女生前测到 2 测阶段出现退步。本研究发现，对照班男、女生在前测到 2 测、3 测到后测阶段的变化趋势相反，推测出现这种结果的原因可能与教学主题有关，即对于跳远和跳绳，男、女生的学习兴趣相反，进而引发相反的心理状态。然而，实验班教师注重跳远的结构化教学并创设形式多样的跳绳练习，既有效提升了学生的学习兴趣，又稳步提升了学生的心理健康水平。

高一实验班学生前测到 2 测、2 测到 3 测、3 测到后测阶段均有显著进步。相比之下，对照班男生 2 测到 3 测、3 测到后测阶段的变化呈下降趋势；对照班女生前测到 2 测阶段的变化呈下降趋势。本研究发现，对照班男、女生在 3 个阶段的变化趋势几乎相反，这一结果的出现可能与教学主题有关。实验期间，教学主题为篮球、健美操，男、女生对这两项运动有着截然相反的兴趣；然而，对照班教师并没有针对这种学情去创设教学，依然只安排女生学练静态化的篮球基本技术，按部就班学练健美操套路，课堂上学习快乐的缺失不同程度影响了学生的心理健康水平。反观实验班，教师结合学情创设了不同规格的教学展示、比赛及形式多样的体能练习，鼓励学生小组内自行商讨比赛技巧战术和健美操创编，很好地激发了学生的学习兴趣，并在一定程度上提高了学生的心理健康水平。

大二实验班学生前测到 2 测、2 测到 3 测、3 测到后测阶段均有显著进步。相比之下，对照班男生 3 测到后测阶段的变化呈下降趋势；对照班女生 2 测到 3 测、3 测到后测阶段的变化呈下降趋势。大学生的心理健康水平受多方面因素的影响，虽然学生选择了自己喜欢的体育项目，但是对照班学生的心理健康水平并没有呈现稳定的进步趋势，实验班学生却能稳定进步。这在一定程度上说明，实验班教师鼓励学生自行组织篮球比赛，分组学练、展示健美操技术组合，分组完成健美操创编，组织针对性的体能活动，等等，切实有效地提升了学生的心理健康水平。

科学的体育锻炼不仅能够提升个人体能水平，还能促进其心理健康发展。姜媛等①研究发现，体育锻炼通过影响情绪进而调节自我效能感，最终积极影响个体心理健康。胡启权②将被试大学生分为4组，每组接受不同负荷标准的体育课，3个月干预结束后，发现中等强度的体育课可以有效提升学生心理健康和心理韧性水平。McNamee等③研究发现，为期14周，累计35课时的体能干预项目显著提升了中学女生的体能水平，并有效提升了学生的自我效能。

由上可见，为了达到良好的教学效果，教师在课堂中一定要结合学情，注重教学的方式方法，为学生营造促进身心协调发展的课堂环境。事实上，也只有注重身心协调发展的体育课才能算得上优质体育课。

二、实验干预对 TCM 课外变量的影响结果分析

（一）实验干预对学生课外体育动机的影响结果分析

五年级实验班学生前测到2测、2测到3测、3测到后测阶段均有显著进步。相比之下，对照班男生2测到3测、3测到后测阶段出现退步；对照班女生前测到2测、3测到后测阶段出现退步。通过对比发现，教学干预期间，实验班学生各阶段进步显著，然而对照班学生表现出不稳定性。尽管学生的课外体育动机受多方面因素的影响，但不可否认的是，五年级学生的课堂学习兴趣与他们的课外体育动机有着很强的关联性。本研究发现，对照班学生3测到后测阶段出现退步。究其可能原因，该阶段教学主题为柔力球，学生对此项目较为陌生；此外，教师注重强调技术动作的细节，追求整齐划一的学练套路，课堂学习兴趣的不足最终影响了学生的课外体育动机。此外，对照班女生前测到

① 姜媛,张力为,毛志雄.体育锻炼与心理健康:情绪调节自我效能感与情绪调节策略的作用[J].心理与行为研究,2018,16(4):570-576.

② 胡启权.不同强度体育锻炼对提升高校学生心理健康和心理韧性的效果评价[J].中国学校卫生,2019,40(1):83-85.

③ MCNAMEE J,TIMKEN G L,COSTE S C,et al.Adolescent girls' physical activity,fitness and psychological well-being during a health club physical education approach[J].European physical education review,2017,23(4):517-533.

2 测阶段出现退步，而对照班男生该阶段进步显著，这很可能是学生对接力跑兴趣差异的结果。虽然学生可能偏爱特定的项目，但是实验班教师在课堂中精心创设了各种形式的活动和比赛，将体能、技能的教学结构化，有效提升了学生课堂学习兴趣，进而积极影响了学生课外体育动机。

初一实验班学生前测到 2 测、2 测到 3 测、3 测到后测阶段均有显著进步。相比之下，对照班男生 2 测到 3 测、3 测到后测阶段出现退步；对照班女生 2 测到 3 测阶段进步不显著，前测到 2 测阶段出现退步。本研究发现，对照班男、女生的分值变化几乎呈现相反的走势，结合教学主题，推测学生对教学主题的喜好可能引发课外体育动机的差异，即男生可能偏爱展示力量与速度的跳远项目，女生可能偏爱展示节奏与美感的跳绳项目。即便存在"对教学主题的喜好影响课外体育动机水平"的事实，但实验班教师精心组织课堂（如通过男女分组练习、创设类似跳远情境的辅助练习等），引导学生在教学干预期间始终保持积极的学习兴趣，注重让学生充分体验完整技术动作，很好地调动了跳远课堂氛围；创设形式多样的跳绳练习、体育游戏等，很好地激发了学生的跳绳学练兴趣。此外，实验班教师在每次上课过程中组织丰富多样的体能活动和比赛，课堂中高昂的学习劲头继而积极影响了学生参加课外体育的动机。

高一实验班男生前测到 2 测、2 测到 3 测、3 测到后测均有不同程度的进步；对照班男生前测到 2 测阶段进步不显著，2 测到 3 测、3 测到后测阶段的变化呈下降趋势。实验班女生前测到 2 测、2 测到 3 测、3 测到后测阶段均有显著进步；对照班女生上述 3 个阶段都有进步，但均不显著。本研究发现，实验干预期间，对照班学生中只有男生的 2 测到 3 测、3 测到后测阶段出现退步。高中生课外体育动机受多方面因素影响，然而结合体育课堂来看，实验后期教学主题为健美操，对照班教师强调单个技术动作的规范及反复学练套路的教学方式难以激发男生的课堂学练兴趣，这可能在一定程度上阻碍了他们参与课外体育动机的提升。反观实验班，教师充分发挥小组学习的作用，小组内男女生搭配互相指导评价，每次课都安排各种规格的健美操展示及丰富多样的体能活动和比赛，较好地提升了男生的学习兴趣，从而引起男生参与课外体育动机的稳定提升。

大二实验班男生前测到 2 测、2 测到 3 测、3 测到后测阶段都有不同程度的进步；对照班男生前测到 2 测、2 测到 3 测阶段有一定程度的进步，3 测到后测阶段的变化呈下降趋势。实验班女生前测到 2 测、2 测到 3 测、3 测到后测均有显著进步；对照班女生前测到 2 测、3 测到后测阶段有进步但不显著，

2 测到 3 测阶段的变化呈下降趋势。大二学生课外体育动机的影响因素庞杂，然而通过对比发现，教学干预期间实验班学生的课外体育动机能够稳定增长，而对照班学生却表现出不稳定性。这在一定程度上说明，实验班更加自主、灵活、注重结构化的教学方式能够积极影响学生的课外体育动机。

学生的课外体育动机受众多因素影响，即便如此，良好的锻炼习惯及有效的课堂教学依然能够提升学生的课外体育动机。Brustio 等[1]以中学生为实验对象，利用课堂间歇时间组织学生参与步行，每次步行 1000 米，每周 5 次（周一到周五每天 1 次），为期 4 个月的干预结束后，学生的课外体育动机水平得到显著提升。Abula 等[2]证实了 16 周自主支持的体育课堂教学能够显著提升中国大学生的课外体育动机水平。

体育课堂教学是为学生的课外体育服务的，因此，教师需结合学情创设适宜的学练情境来激发学生的学习动机，而积极的课堂动机更有可能在课外类似环境得到迁移。

（二）实验干预对学生课外体育活动量的影响结果分析

五年级实验班学生前测到 2 测、2 测到 3 测、3 测到后测阶段均有显著进步。相比之下，对照班男生 2 测到 3 测、3 测到后测阶段的变化呈下降趋势；对照班女生 2 测到 3 测阶段有一定程度的进步，3 测到后测阶段的变化呈下降趋势。由上可见，教学干预期间，实验班学生的课外体育活动量能够保持稳定增长，而对照班学生体现出不稳定性，因此推测实验班的教学方式能够有效促进学生的课外体育参与。比如，实验班教师创设情境以将相对枯燥的毽球、柔力球单个技术及技术组合糅合进结构化的活动和比赛中，有效提升了学生的学习动机。高水平的学习动机迁移至课外体育环境，进而提升了学生课外体育活动水平。

初一实验班男生各阶段均有显著进步；相比之下，对照班男生 2 测到 3 测阶段的进步不显著，3 测到后测阶段出现退步。实验班女生 2 测到 3 测、3 测到后测阶段均有显著进步，前测到 2 测阶段有进步但不显著；对照班女生 2 测

① BRUSTIO P R，MOISÉ P，MARASSO D，et al.Participation in a school-based walking intervention changes the motivation to undertake physical activity in middle-school students[J].PloS one,2018,13(9):1-13.

② ABULA K，BECKMANN J，HE Z K，et al.Autonomy support in physical education promotes autonomous motivation towards leisure-time physical activity:evidence from a sample of Chinese college students[J].Health promotion international,2020,35(1):e1-e10.

到 3 测阶段进步显著，3 测到后测阶段也有进步，前测到 2 测阶段的变化呈下降趋势。由上可见，教学干预期间，实验班学生的课外体育活动量能够保持稳定增长，然而对照班学生体现出不稳定性，鉴于此，推测课堂教学方式可能是影响学生课外体育参与的原因。例如，对照班男生 3 测到后测阶段出现退步，该时期教学主题为跳绳，对照班教师围绕中考规则，要求学生反复练习单人跳绳，这样的课堂显然不能激发男生的学习动机，并在一定程度上抑制了他们的课外体育锻炼动机，最终降低了其课外体育活动量。

高一实验班学生前测到 2 测、2 测到 3 测、3 测到后测阶段均有显著进步。相比之下，对照班男生 2 测到 3 测、3 测到后测阶段的变化呈下降趋势；对照班女生上述 3 个阶段都有进步，然而各阶段进步都不显著。通过对比发现，实验班学生进步幅度远大于对照班学生进步幅度，可以认为，课堂教学方式能够部分解释学生课外体育活动量的差异。然而，对照班女生的课外体育活动量始终保持增长趋势，但对照班男生 2 测到 3 测、3 测到后测阶段出现退步，这在一定程度上说明，女生对篮球及健美操都能保持相对积极的学练动机，而传习式的健美操套路教学难以激发男生学习动机，进而负向影响了学生的课外体育参与。

大二实验班男生各阶段均有显著进步；对照班男生前测到 2 测、2 测到 3 测阶段有进步但不显著，3 测到后测阶段的变化呈下降趋势。实验班女生前测到 2 测、2 测到 3 测阶段进步显著，3 测到后测阶段也有一定程度进步；对照班女生前测到 2 测、3 测到后测阶段保持进步，2 测到 3 测阶段的变化呈下降趋势。对比发现，实验班学生的课外体育活动量保持稳定增长，对照班学生却表现出不稳定性，因此推测体育课堂的教学效果可能会对学生的课外体育参与产生一定影响。即便学生选择了自己喜爱的运动项目，但是实验班教师注重通过展示和比赛巩固教学内容，并在课堂中给予学生更多决策权，如学生充当裁判、学生商讨展示和比赛规则等。此外，实验班教师采用丰富多样的练习手段强化学生体能。充实的体能和技能教学为学生积极参与课外体育打下了兴趣基础。

通过 12 周实验干预，各学段实验班学生课外体育活动量均有提升，然而提升幅度不同，从高到低依次为五年级、高一、初一、大二。相比较而言，五年级学生的课堂学习效果能够在很大程度上影响他们的课外体育参与，该阶段学生生性活泼，在课堂中采用中国健康体育课程模式有效激发了学生的学练动机，进而跨环境正向影响了学生的课外体育动机，最终显著提升了学生课外体育活动量。由实验结果可以看出，相比初一学生，高一学生的课外体育参与意图能够更好地转换为实际行动，且运动爱好趋于专一化，这可能是高一学生课外体育活动量提升幅度大于初一学生课外体育活动量提升幅度的原因。尽管大二学生课外体育参与意图预测行为的能力最强，然而他们更加善于规划自己的空闲时间，而不仅是参与体育锻炼，这也可能是大二学生课外体育活动量提升幅度最小的原因。本研究同时发现，尽管实验班男、女生的课外体育活动量在实验干预期间都有不同程度的提升，但是男生提升幅度大于女生的提升幅度（$P>0.05$），这很可能是由于男生的体育锻炼兴趣高于女生的体育锻炼兴趣，并将其锻炼意图付诸实践。

相关研究认为，在体育课堂中为学生提供支持行为能够有效提升学生的课外体育参与水平。Chatzisarantisa 等①研究发现，教师在接受教学风格（提供给学生学习需求支持）的培训后，进行每周 4 次，每次 40 分钟的体育课堂干预，5 周干预结束后，中学生的课外体育活动水平得到显著提升。Polet 等②研究发现，为期 3 个月的自主支持教学有效提升了 7~9 年级学生的课外体育参与水平。然而，也有研究认为，积极的课堂动机并不能有效改善学生的课外体育活动水平。如 Viciana 等③研究发现，虽然中学生的课堂动机能够正向影响课外体育动机，且课外体育动机能够正向影响课外体育参与意图，但是课外体育参与意图并不能很好地预测课外体育行为。从本研究结果来看，中国健康体育课程模式的课堂教学不仅有效提升了各阶段学生的课内外体育动机，而且最终提升了学生的课外体育参与水平。因此，著者建议教师在课堂教学过程中一定要了解学生的所思所想，创设情境激发学生的学习动机，为学生的课外体育参与创造先决条件。

---

① CHATZISARANTISA N L D，HAGGER M S.Effects of an intervention based on self-determination theory on self-reported leisure-time physical activity participation［J］.Psychology and health，2009，24（1）：29-48.

② POLET J，HASSANDRA M，LINTUNEN T，et al.Using physical education to promote out-of school physical activity in lower secondary school students-a randomized controlled trial protocol［J］.BMC public health，2019，19（1）：157.

③ VICIANA J，MAYORGA-VEGA D，MARTÍNEZ-BAENA A，et al.Effect of self-determined motivation in physical education on objectively measured habitual physical activity：a trans-contextual model［J］.Kinesiology，2019，51（1）：141-146.

三、中国健康体育课程模式影响学生课内外体育参与的机制分析

（一）课堂需求支持感对课堂动机的影响关系分析

本研究结果表明，4个学段学生体育课堂需求支持感均能正向预测体育课堂动机，预测能力分别为 $\beta_{五年级} = 0.432$，$\beta_{初一} = 0.385$，$\beta_{高一} = 0.343$，$\beta_{大二} = 0.351$。虽然各学段男女生表现出不同的影响效应，但其差异不具有显著性（$P>0.05$）。各学段男女生的预测能力为：$\beta_{五年级(男)} = 0.395$，$\beta_{五年级(女)} = 0.457$；$\beta_{初一(男)} = 0.363$，$\beta_{初一(女)} = 0.410$；$\beta_{高一(男)} = 0.327$，$\beta_{高一(女)} = 0.361$；$\beta_{大二(男)} = 0.378$，$\beta_{大二(女)} = 0.323$。比较发现，高一学生在该模型中的预测能力最弱，即相对来说，高一学生的课堂需求支持感不能很好地正向影响课堂动机。这可能与该阶段学生的身心特点及面临的学业压力有关。此外，除大二学生，女生在该结构模型中表现出较高的预测能力，即教师的课堂需求支持行为能够更好地引起女生课堂动机的改变，因此，在体育课堂教学过程中更应关注女生的学习需求。

教师的课堂支持行为能够积极影响学生的课堂动机已在很多研究中得到证实。Fin 等[1]研究发现，教师在接受了自主支持课程的培训后，经过8个月的自主支持教学，显著提升了12—14岁学生的课堂动机。Chang 等[2]研究发现，教师在单元教学过程中允许学生自行决定教学项目的先后顺序，自行选择搭档，自行组织分组实践等，6周干预结束后，六年级学生的课堂动机得到显著提升。陈福亮等[3]研究发现，青少年在课堂中的自主支持感可以正向预测其基本心理需求满意度，而后者能够正向预测学生体育课堂动机。

综上，著者认为，教师在课堂教学过程中应充分了解学情，为学生的学习提供支持行为，如减少命令性言语；提供积极反馈；选择学生喜闻乐见的教学内容；为学生创设乐学好学的情境等。种种支持性的教学行为既是和谐课堂的体现，也是激发学生课堂动机的重要条件。

---

① FIN G，MORENO-MURCIA J A，LEÓN J，et al.Interpersonal autonomy support style and its consequences in physical education classes[J].PloS one,2019,14(5):1-14.

② CHANG Y K,CHEN S L,TU K W,et al.Effect of autonomy support on self-determined motivation in elementary physical education[J].Journal of sports science and medicine,2016,15(3):460-466.

③ 陈福亮,杨剑,季浏.自我决定理论在中国学校体育课情境下的初步检验[J].首都体育学院学报,2014,26(5):465-470.

（二）课堂动机对课外体育动机的影响关系分析

本研究结果表明，4 个学段学生体育课堂动机均能正向预测课外体育动机。预测能力分别为 $\beta_{五年级}=0.513$，$\beta_{初一}=0.462$，$\beta_{高一}=0.435$，$\beta_{大二}=0.256$。虽然各学段男女生表现出不同的影响效应，但其差异不具有显著性。各学段男女生的预测能力为：$\beta_{五年级(男)}=0.487$，$\beta_{五年级(女)}=0.536$；$\beta_{初一(男)}=0.431$，$\beta_{初一(女)}=0.485$；$\beta_{高一(男)}=0.457$，$\beta_{高一(女)}=0.408$；$\beta_{大二(男)}=0.280$，$\beta_{大二(女)}=0.223$。比较发现，在该结构模型中，大二学生的预测能力较弱，即大二学生的课外体育动机除受体育课堂动机的影响外，还受其他重要因素的影响。这也说明，大二学生心理更加健全，社会属性更加复杂，影响其课外体育动机的因素较为庞杂。此外，研究发现，对于五年级学生和初一年级学生，女生在该模型中表现出较高的影响力；对于高一年级学生和大二年级学生，男生表现出较高的影响力。研究结果说明，对于低学段学生，女生的课堂动机更容易影响其课外体育动机；然而，对于高学段学生，男生的课堂动机更容易影响其课外体育动机。

课堂动机与课外类似活动动机的相关性在很多研究中已经得到证实。Hagger 等[1]整合多元理论提出了 TCM。该模型描绘了学生在课堂中的自主支持感影响课内外类似活动的整个过程。其中的一个关键假设就是，学生在课堂中的自主动机可以跨环境迁移至课外，且该假设得到众多相关研究证实。Lochbaum 等[2]也在其元分析研究中表明了自主支持的体育课堂教学对学生课堂动机及课外体育动机影响的重要性。对于低学段学生（如小学生），他们对运动的经验基本是从体育课堂开始的，因此，教师在课堂中创设情境激发学生的学习动机显得至关重要，因为学生的课堂动机可能会直接影响他们是否愿意参与课外体育活动。对于高学段学生，虽然他们参与课外体育活动受多方面因素的影响，但是在此过程中学生的课堂动机依然发挥着重要作用。

---

[1] HAGGER M S,CHATZISARANTIS N L D,CULVERHOUSE T,et al.The processes by which perceived autonomy support in physical education promotes leisure-time physical activity intentions and behavior：a trans-contextual model[J].Journal of educational psychology,2003,95(4)：784-795.

[2] LOCHBAUM M,JEAN-NOEL J.Perceived autonomy-support instruction and student outcomes in physical education and leisure-time：a meta-analytic review of correlates[J].Revista internacional de ciencias del deporte,2016,12(43)：29-47.

（三）课外体育动机对课外体育参与意图的影响关系分析

假设课外体育动机分别通过态度、知觉行为控制的介导均能正向预测课外体育参与意图，那么在该并联中介模型中，对于路径"RAI-LT→ATT→INT"，各学段学生的间接效应均显著，其中 $\beta_{五年级} = 0.192$，$\beta_{初一} = 0.176$，$\beta_{高一} = 0.149$，$\beta_{大二} = 0.183$；对于路径"RAI-LT→SN→INT"，各学段学生的间接效应均不显著，其中 $\beta_{五年级} = 0.028$，$\beta_{初一} = 0.017$，$\beta_{高一} = 0.011$，$\beta_{大二} = 0.013$；对于路径"RAI-LT→PBC→INT"，各学段学生的间接效应均显著，其中 $\beta_{五年级} = 0.174$，$\beta_{初一} = 0.189$，$\beta_{高一} = 0.135$，$\beta_{大二} = 0.157$。由上可见，该并联中介模型的 3 条间接路径中，只有路径"RAI-LT→ATT→INT""RAI-LT→PBC→INT"有显著的中介效应，即课外体育动机更倾向于通过自主的变量（态度、知觉行为控制）去影响课外体育参与意图。进一步比较发现，在这 2 条间接路径中，高一学生的效应最弱。相对而言，这或许是因为高一学生对课外体育锻炼的态度及控制能力较低。本研究同时发现，各学段学生在该模型中的直接效应（RAI-LT→INT）均显著，分别为 $\beta_{五年级} = 0.238$，$\beta_{初一} = 0.172$，$\beta_{高一} = 0.107$，$\beta_{大二} = 0.135$。由上可见，高一学生不仅表现出最低的中介效应，而且直接效应是最弱的。这在一定程度上说明，高一学生出于学业压力等原因，其课外体育动机并不能很好地通过直接、间接路径转化为课外体育参与意图。此外，虽然相同学段男女生表现出不同水平的间接效应，但是差异均不显著。对于路径"RAI-LT→ATT→INT"，$\beta_{五年级(男)} = 0.214$，$\beta_{五年级(女)} = 0.172$；$\beta_{初一(男)} = 0.203$，$\beta_{初一(女)} = 0.155$；$\beta_{高一(男)} = 0.126$，$\beta_{高一(女)} = 0.171$；$\beta_{大二(男)} = 0.195$，$\beta_{大二(女)} = 0.170$。可见，除高一学生外，男生的间接效应均大于女生的间接效应，即课外动机通过课外体育锻炼态度来影响课外体育参与意图在男生群体中更加明显。对于路径"RAI-LT→PBC→INT"，$\beta_{五年级(男)} = 0.198$，$\beta_{五年级(女)} = 0.151$；$\beta_{初一(男)} = 0.157$，$\beta_{初一(女)} = 0.223$；$\beta_{高一(男)} = 0.120$，$\beta_{高一(女)} = 0.154$；$\beta_{大二(男)} = 0.172$，$\beta_{大二(女)} = 0.143$。

TCM 整合了自我决定理论及计划行为理论，二者看似没有关联，实则将其结合是有一定理论依据的。Chatzisarantis 等[①]认为，个人的信念会追随他们

---

① CHATZISARANTIS N L D, HAGGER M S, SMITH B. Influences of perceived autonomy support on physical activity within the theory of planned behavior[J]. European journal of social psychology, 2007, 37(5): 934-954.

的动机，因此，动机在一定程度上会影响基于信念的社会认知变量。Hagger 等[1]认为，基于信念的社会认知变量在 TCM 中有特定的功能，即解释基本心理需求的满足转化为未来需求满意行为的过程。Hagger 综合已有相关研究后发现，在该并联中介模型中，路径"RAI-LT→SN→INT"间接效应不显著，且"RAI-LT→INT"的直接效应不显著。Pihu 等[2]基于中学生群体，发现该并联中介模型中"RAI-LT→ATT→INT"中介效应显著，"RAI-LT→PBC→INT"中介效应显著，"RAI-LT→SN→INT"中介效应不显著。Wallhead 等[3]在实验过程中遗漏了主观规范变量数据，导致无法权衡路径"RAI-LT→SN→INT"的效应，但是对于 9—15 岁学生群体，路径"RAI-LT→ATT→INT""RAI-LT→PBC→INT"均显著，然而，该模型的直接效应（RAI-LT→INT）不显著。与以上研究不同的是，本书研究发现，不同学段"RAI-LT→INT"的直接效应均显著，即该并联中介模型的效应属于部分中介。

（四）课外体育参与意图对课外体育行为的影响关系分析

本节研究结果证实，各学段学生课外体育参与意图均能正向预测课外体育行为。各学段学生在该模型中的预测能力分别为：$\beta_{五年级} = 0.384$，$\beta_{初一} = 0.327$，$\beta_{高一} = 0.361$，$\beta_{大二} = 0.393$。对比发现，各学段学生预测能力接近。其中，初一学生的预测能力较弱，即相对而言，初一学生的课外体育参与意图不能很好地转换为行为。出现这种情况的可能原因是，该阶段学生尚没有自己的体育专项爱好，抑或他们所处的环境体育设施不足。虽然相同学段男、女生表现出不同的影响效应，但其差异不具有显著性。各学段男、女生的预测能力为：$\beta_{五年级(男)} = 0.366$，$\beta_{五年级(女)} = 0.407$；$\beta_{初一(男)} = 0.375$，$\beta_{初一(女)} = 0.284$；$\beta_{高一(男)} = 0.397$，$\beta_{高一(女)} = 0.330$；$\beta_{大二(男)} = 0.436$，$\beta_{大二(女)} = 0.357$。可以看出，除五年级学生外，男生在该模型中表现出较高的预测能力，即男生更可能将他们的课外体育参与意图转化为课外体育行为。

① HAGGER M S,CHATZISARANTIS N L D.The trans-contextual model of autonomous motivation in education：conceptual and empirical issues and meta-analysis[J].Review of educational research,2016,86(2):360-407.

② PIHU M,HEI V.Autonomy support from physical education teachers,peers and parents among school students：trans-contextual motivation model[J].Acta kinesiologiae universitatis tartuensis,2007,12:116.

③ WALLHEAD T L,HAGGER M,SMITH D T.Sport education and extracurricular sport participation：an examination using the trans-contextual model of motivation[J].Research quarterly for exercise and sport,2010,81(4):442-455.

　　Hagger 等[1]于 2003 年正式提出 TCM，其中一条重要的假设就是课外体育参与意图能够正向预测课外体育行为。Hagger 等[2]对希腊、英国、波兰及新加坡四国中学生的调查研究表明，学生的课外体育参与意图能够显著正向预测课外体育行为。此外，Hagger 等[3]对已有涉及 TCM 的研究进行元分析后发现，课外体育参与意图能够显著正向预测课外体育行为（$\beta=0.35$，$P<0.001$）。然而，个别研究发现了不同的结果，如 Viciana 等[4]针对中学生的研究发现，课外体育参与意图并不能有效预测课外体育行为。然而，该研究采用加速度计客观测量课外体育活动量，这不同于以往的研究（相关研究均采用自评量表填答）。测评方式的不对也可能是造成上述结果的重要原因之一。综合已有研究与本研究的实验结果，著者认为课外体育参与意图是课外体育行为的最接近前因，且意图能够显著正向预测行为。尽管学生课外体育参与意图的影响因素庞杂，但是对于体育教师，在课堂中通过言语教导及创设积极的学练情境来激发学生的体育锻炼动机已被证明是有效的，而体育锻炼动机是课外体育参与意图最积极的预测因素。

（五）课外体育行为前因变量之间的影响关系分析

　　假设课堂需求支持感通过课堂动机的介导正向预测课外体育参与意图，本研究结果表明，对于路径"NS→RAI-PE→INT"，各学段学生的间接效应分别为 $\beta_{五年级}=0.075$，$\beta_{初一}=0.060$，$\beta_{高一}=0.035$，$\beta_{大二}=0.038$。其中，高一、大二学生间接效应不显著（$P>0.05$）。由上可见，随着学生学段的提升，课堂动机在该模型中的中介作用逐渐减弱。这在一定程度上说明，高学段学生的课外体育参与意图逐步不依赖课堂动机的影响。在该路径中，虽然相同学段男、女生表现出不同的影响效应，但其差异不具有显著性，其中五年级、初一年级男女

① HAGGER M S,CHATZISARANTIS N L D,CULVERHOUSE T,et al.The processes by which perceived autonomy support in physical education promotes leisure-time physical activity intentions and behavior:a trans-contextual model[J].Journal of educational psychology,2003,95(4):784-795.

② HAGGER M S,CHATZISARANTIS N L D,BARKOUKIS V,et al.Perceived autonomy support in physical education and leisure-time physical activity:a cross-cultural evaluation of the trans-contextual model[J].Journal of educational psychology,2005,97(3):376-390.

③ HAGGER M S,CHATZISARANTIS N L D.The trans-contextual model of autonomous motivation in education: conceptual and empirical issues and meta-analysis[J].Review of educational research,2016,86(2):360-407.

④ VICIANA J,MAYORGA-VEGA D,MARTINEZ-BAENA A,et al.Effect of self-determined motivation in physical education on objectively measured habitual physical activity:a trans-contextual model[J].Kinesiology,2019,51(1):141-146.

生的预测能力分别为 $\beta_{五年级(男)} = 0.067$，$\beta_{五年级(女)} = 0.083$；$\beta_{初一(男)} = 0.047$，$\beta_{初一(女)} = 0.072$。由上可见，对于五年级和初一学生，课堂动机在女生群体中的中介效应更为明显，也就是说，激发五年级和初一年级女生的课堂动机至关重要，这很可能会影响她们的课外体育参与意图。

假设课堂需求支持感通过课外体育动机的介导正向预测课外体育参与意图，本研究结果表明，对于路径"NS→RAI-LT→INT"，各学段学生的间接效应分别为 $\beta_{五年级} = 0.035$，$\beta_{初一} = 0.018$，$\beta_{高一} = 0.008$，$\beta_{大二} = 0.008$。各学段学生在该路径的间接效应均不显著（$P>0.05$），即课堂需求支持感不会通过课外体育动机的介导影响学生的课外体育参与意图。同样，随着学生学段的提升，该间接效应逐渐减弱。从整体来看，路径"NS→RAI-PE→INT"的效应较路径"NS→RAI-LT→INT"的效应更强。

假设课堂需求支持感通过课堂动机、课外体育动机的介导正向预测课外体育参与意图，本研究结果表明，对于路径"NS→RAI-PE→ RAI-LT→INT"，各学段学生的间接效应分别为 $\beta_{五年级} = 0.036$，$\beta_{初一} = 0.025$，$\beta_{高一} = 0.014$，$\beta_{大二} = 0.009$。所有学生在该路径上的间接效应均不显著（$P>0.05$），且呈现随学段升高逐步递减趋势。

假设课堂需求支持感能够对课外体育参与意图产生直接的正向效应，本研究结果表明，对于路径"NS→INT"，各学段学生的间接效应分别为 $\beta_{五年级} = 0.124$，$\beta_{初一} = 0.103$，$\beta_{高一} = 0.058$，$\beta_{大二} = 0.089$。其中，高一学生和大二学生的路径效应不显著。这在一定程度上说明，在课堂中为学生提供更多支持行为，能够直接且显著提升五年级、初一学生的课外体育参与意图，然而这种积极的效应在高一、大二学生群体中需要通过体育锻炼动机的介导来实现。

尽管有研究认为基于信念的社会认知变量在 TCM 中有特定的功能，然而也有学者对 TCM 有无必要涵盖社会认知变量提出质疑。[①] 本书研究发现，在课外体育动机与课外体育参与意图的并联中介模型中，各学段学生均表现出显著的直接效应。在此基础上，该串联中介模型考察了课外体育行为前因变量之间的关系，证实了课堂需求支持感及课堂动机影响学生课外体育参与意图的重要性。

（六）课堂需求支持感对体质健康水平的影响关系分析

假设课堂需求支持感通过课堂动机的介导正向预测学生体质健康水平，本

---

① HAGGER M S,CHATZISARANTIS N L D.The trans-contextual model of autonomous motivation in education：conceptual and empirical issues and meta-analysis[J].Review of educational research,2016,86(2):360-407.

研究结果表明，4 个学段的学生在该中介模型中的间接效应均显著，分别为 $\beta_{五年级}=0.163$，$\beta_{初一}=0.104$，$\beta_{高一}=0.081$，$\beta_{大二}=0.068$。可以发现，随着学生学段的升高，课堂需求支持感对体质健康水平的间接效应逐渐减弱。这在一定程度上说明，随着学生年龄的增长，其体质健康水平的发展对课堂动机的依赖逐步减小。在该模型中，虽然相同学段男、女生表现出不同水平的间接效应，但差异不显著。各学段男、女生的间接效应为：$\beta_{五年级(男)}=0.175$，$\beta_{五年级(女)}=0.146$；$\beta_{初一(男)}=0.096$，$\beta_{初一(女)}=0.118$；$\beta_{高一(男)}=0.094$，$\beta_{高一(女)}=0.066$；$\beta_{大二(男)}=0.057$，$\beta_{大二(女)}=0.081$。假设课堂需求支持感能够直接正向预测学生体质健康水平，本研究结果表明，4 个学段的学生在该中介模型中的直接效应均显著，分别为 $\beta_{五年级}=0.127$，$\beta_{初一}=0.174$，$\beta_{高一}=0.102$，$\beta_{大二}=0.130$。通过对比发现，五年级学生间接效应最高，初一学生直接效应最高。这说明，对于五年级学生，教师在课堂中提供支持行为不仅能提升他们的课堂动机，而且能通过课堂动机的介导更加有效地影响他们的体质健康水平。相比之下，教师的课堂支持行为能够更加有效地直接影响初一学生的体质健康水平。

已有研究表明，重要他人的支持行为能够有效改善个体的体质健康水平。Ha 等[1]以初二学生为实验对象组织了为期 8 周的 "SELF-FIT" 干预。该干预强调教师在课堂中为学生提供需求支持，在每节课中安排 20 分钟融合了游戏元素的体能练习，干预结束后，学生的心肺功能和力量水平得到显著提升。Ng 等[2]通过网络调查表明，重要他人提供的体重管理支持能够间接影响个体的身体锻炼和饮食习惯，最终积极改善个体的 BMI 水平。Gourlan 等[3]研究发现，相比单独进行为期 6 个月的 SWLP（传授健康行为的知识和技能）干预，同等时长的 MI（旨在提供支持行为）和 SWLP 结合的干预显著降低了中学生的 BMI。

由上可见，教师在课堂中为学生提供需求支持至关重要，此举不仅能够直接改善学生的体质健康水平，还能激发学生的学习动机，促进学生更加积极自主地参与课堂学练。

[1] HA A S,LONSDALE C,LUBANS D R,et al.Increasing students' physical activity during school physical education:rationale and protocol for the SELF-FIT cluster randomized controlled trial[J].BMC public health,2017,18(1):11.

[2] NG J Y Y,NTOUMANIS N,THOGERSEN-NTOUMANI C.Autonomy support and control in weight management:what important others do and say matters[J].British journal of health psychology,2014,19(3):540-552.

[3] GOURLAN M,SARRAZIN P,TROUILLOUD D.Motivational interviewing as a way to promote physical activity in obese adolescents:a randomised-controlled trial using self-determination theory as an explanatory framework[J].Psychology and health,2013,28(11):1265-1286.

（七）体质健康水平对课外体育行为的影响关系分析

假设体质健康水平通过课外体育参与意图的介导正向预测课外体育行为，本研究发现，4 个学段的学生在该中介模型中的间接效应分别为 $\beta_{五年级}$ = 0.134，$\beta_{初一}$ = 0.105，$\beta_{高一}$ = 0.066，$\beta_{大二}$ = 0.051。其中，高一、大二学生的间接效应不显著（$P>0.05$）。在该模型中，虽然相同学段男女生表现出不同水平的间接效应，但差异不显著。五年级、初一年级男、女生的间接效应为：$\beta_{五年级(男)}$ = 0.163，$\beta_{五年级(女)}$ = 0.108；$\beta_{初一(男)}$ = 0.125，$\beta_{初一(女)}$ = 0.077。可以看出，相同学段男生的间接效应均高于女生的间接效应，即良好的体质健康水平更可能引发男生的课外体育参与意图，抑或男生的课外体育参与意图更有可能转化为实际的行为。假设体质健康水平能够直接正向预测课外体育行为，本研究结果表明，4 个学段的学生在该中介模型中的直接效应均显著，分别为 $\beta_{五年级}$ = 0.113，$\beta_{初一}$ = 0.139，$\beta_{高一}$ = 0.162，$\beta_{大二}$ = 0.127。可见，学生良好的体质健康水平能够直接预测他们的课外体育行为。此外，除五年级学生外，其他学段学生在该中介模型中的直接效应均大于间接效应。

已有研究表明，良好的体质健康水平能够促进学生的课外体育参与。涂芙蓉[1]将大学生按照体质健康成绩分为 4 个水平组，研究发现，不同体质水平的学生有着不同的体育锻炼行为，即体质好的学生体育锻炼的态度、频数、强度及持续时间均好于其他组别的学生。路凤萍[2]研究发现，体质健康优秀组的大学生不仅很少吸烟，有良好的餐饮和睡眠习惯，而且在运动参与方面有着更好的表现。Khodaverdi 等[3]研究发现，拥有较好心肺适能的伊朗 8、9 岁学生，其参与体力活动的可能性更高。

体质健康水平与课外体育行为相互促进。拥有良好体质健康水平的学生，其在参与课外体育活动的过程中更容易体验到成功感。反之，良好的体育锻炼习惯同样可以促进学生的体质健康水平。

（八）课堂需求支持感对心理健康水平的影响关系分析

假设课堂需求支持感通过课堂动机的介导正向预测学生心理健康水平，本

① 涂芙蓉.不同体质大学生日常生活行为差异研究[J].中国西部科技,2010,9(11):85-87.
② 路凤萍.大学生体质健康主、客观评价的一致性与自我健康行为管理[J].北京体育大学学报,2008,31(5):639-640.
③ KHODAVERDI Z,BAHRAM A,ROBINSON L E.Correlates of physical activity behaviours in young Iranian girls[J].Child:care health and development,2015,41(6):903-910.

研究结果表明，4 个学段的学生在该中介模型中的间接效应均显著，分别为 $\beta_{五年级}=0.125$，$\beta_{初一}=0.112$，$\beta_{高一}=0.082$，$\beta_{大二}=0.059$。可以发现，随着学生学段的升高，课堂动机在该模型中的中介作用逐渐减弱，即随着年龄的增长，影响学生心理健康水平的因素变得更加复杂。此外，虽然相同学段男、女生表现出不同水平的间接效应，但差异不显著。各学段男、女生的间接效应为：$\beta_{五年级(男)}=0.107$，$\beta_{五年级(女)}=0.142$；$\beta_{初一(男)}=0.094$，$\beta_{初一(女)}=0.136$；$\beta_{高一(男)}=0.072$，$\beta_{高一(女)}=0.096$；$\beta_{大二(男)}=0.042$，$\beta_{大二(女)}=0.075$。可以看出，相同学段的女生在该模型中表现出较高的间接效应，即女生更有可能通过课堂动机的介导影响心理健康水平。因此，在体育教学中需要格外注重激发女生的课堂动机。假设课堂需求支持感能够直接正向预测学生心理健康水平，本研究结果表明，各学段学生在该模型中的直接效应均显著，分别为 $\beta_{五年级}=0.203$，$\beta_{初一}=0.185$，$\beta_{高一}=0.093$，$\beta_{大二}=0.079$。由上可见，无论是直接效应还是间接效应，随着学段的升高，学生课堂需求支持感对心理健康水平的效应逐渐减弱。这在一定程度上说明，随着学生年龄的增长，其心理健康水平对教师支持性教学行为的依赖逐步减少，表现为影响因素的多样化。

支持性的环境对个体心理健康水平的促进作用在已有研究中得到证实。Van Petegem 等[1]研究认为，对于青春期后期的青少年，支持性的养育环境对培养个体健康和真诚的社会关系有着重要的作用。Gerani 等[2]以小学 5，6 年级学生为实验对象，设计了 5 课时的目标设定干预项目。该项目的主要策略就是为学生提供自主支持教学，干预结束后，学生的乐趣和活力得到显著提升。Simonton 等[3]基于成就情绪控制价值理论，发现大学生在课堂中的自主支持感能够通过控制和价值信念的介导，正向影响其快乐情绪。Gutiérrez 等[4]研究发现，教师在课堂中的自主支持行为能够正向预测大学生的心理健康水平及学业表现。

由上可见，教师在课堂中的需求支持行为不仅能够通过中介变量积极影响

① VAN PETEGEM S,BRENNING K,BAUDAT S,et al.Intimacy development in late adolescence：longitudinal associations with perceived parental autonomy support and adolescents' self-worth[J].Journal of adolescence,2018,65(1)：111-122.

② GERANI C,THEODOSIOU A,BARKOUKIS V,et al.The effect of a goal-setting program in physical education on cognitive and affective outcomes of the lesson[J].Physical educator,2020,77(2)：332-356.

③ SIMONTON K L,SOLMON M A,GARN A C.Exploring perceived autonomy support and emotions in university tennis courses[J].International journal of sport and exercise psychology,2019,19(1)：134-148.

④ GUTIÉRREZ M,TOMÁS J.The role of perceived autonomy support in predicting university students' academic success mediated by academic self-efficacy and school engagement[J].Educational psychology,2013,34(6)：729-748.

学生心理健康水平，还能直接正向影响学生的心理健康水平。为此，教师在课堂中一定要了解学生学习需求，尽可能为学生创设支持性的课堂环境。

（九）心理健康水平对课外体育行为的影响关系分析

假设心理健康水平通过课外体育参与意图的介导正向预测课外体育行为，本研究结果表明，4 个学段的学生在该中介模型中的间接效应均显著，分别为 $\beta_{五年级}=0.187$，$\beta_{初一}=0.168$，$\beta_{高一}=0.082$，$\beta_{大二}=0.114$。可以发现，高一学生在该模型中的间接效应最小，即高一学生的心理健康水平未能很好地引发学生的课外体育参与意图，抑或其课外体育参与意图难以有效转换为行为。此外，虽然相同学段男、女生表现出不同水平的间接效应，但差异不显著。各学段男、女生的间接效应为：$\beta_{五年级(男)}=0.170$，$\beta_{五年级(女)}=0.203$；$\beta_{初一(男)}=0.185$，$\beta_{初一(女)}=0.149$；$\beta_{高一(男)}=0.088$，$\beta_{高一(女)}=0.075$；$\beta_{大二(男)}=0.130$，$\beta_{大二(女)}=0.102$。可以看出，除五年级外，其他学段男生的间接效应均高于女生的间接效应，即对于男生，良好的心理健康水平能够更好地引发其课外体育参与意图，抑或男生的课外体育参与意图能够有效转化为实际的参与行为。假设心理健康水平能够直接正向预测课外体育行为，本研究结果表明，4 个学段的学生在该中介模型中的直接效应均显著，分别为 $\beta_{五年级}=0.125$，$\beta_{初一}=0.149$，$\beta_{高一}=0.118$，$\beta_{大二}=0.082$。由上可见，学生保持良好的心理健康水平能够有效促进个人的课外体育参与。

体育锻炼能为个人带来诸多益处已是众人皆知的事实。然而已有研究表明，心理健康水平是影响个人体育锻炼的重要因素之一。裴德超等[1]对农民工子女及家长的调查数据进行因子分析，发现农民工子女的心理压力和心理负担是制约他们参与体育锻炼的重要因子。陈小蓉等[2]研究认为，心理压力与生存压力是制约珠三角农民工参与体育活动的重要因子。

由上可见，良好的心理健康水平是学生参与课外体育锻炼的保证。事实上，积极的课外体育锻炼同样可以促进学生的心理健康水平。

① 裴德超,高鹏飞.农民工子女身心健康与体育参与行为的研究[J].体育与科学,2013,34(1):94-98.
② 陈小蓉,谢红光,张勤,等.珠江三角洲农民工身体健康与体育行为调查研究[J].体育科学,2010,30(3):11-21.

第五章　研究总结

》》第一节　主要研究结论与建议

一、主要研究结论

（1）持续 12 周的中国健康体育课程模式课堂教学显著提升了五年级、初一、高一、大二学生的课堂需求支持感、课堂动机、身心健康水平、课外体育动机及课外体育活动量。对照班实施常规体育教学没有达到上述效果。

（2）12 周中国健康体育课程模式干预结束后，实验班学生课外体育活动量增加幅度从大到小依次为五年级、高一、初一、大二。

（3）12 周中国健康体育课程模式干预结束后，实验班男生课外体育活动量增加幅度大于实验班女生课外体育活动量增加幅度，但差异不显著。

（4）实验班学生课堂需求支持感均可正向预测课堂动机。

（5）实验班学生课堂动机均可正向预测课外体育动机。

（6）实验班学生课外体育动机均能分别通过态度、知觉行为控制的介导正向预测课外体育参与意图，且课外体育动机均能直接正向预测课外体育参与意图；实验班学生课外体育参与意图均能正向预测课外体育行为。

（7）实验班学生课堂需求支持感均能通过课堂动机的介导正向预测体质健康水平，且课堂需求支持感能够直接正向预测体质健康水平。

（8）五年级、初一实验班学生体质健康水平均能通过课外体育参与意图的介导正向预测课外体育行为，且各学段学生体质健康水平均可直接正向预测课外体育行为。

（9）实验班学生课堂需求支持感均能通过课堂动机的介导正向预测心理健康水平，且课堂需求支持感能够直接正向预测心理健康水平。

（10）实验班学生心理健康水平均能通过课外体育参与意图的介导正向预测课外体育行为，且心理健康水平能够直接正向预测课外体育行为。

二、研究建议

（1）中国健康体育课程模式要求课堂平均运动强度保持在 140~160 次/分（心率），整堂课学生的运动时间保持在课堂总时间的 75% 左右，目的都是让学生充分"动"起来，也只有通过学练具备一定运动负荷的教学内容才能增强学生的身心健康水平。因此，各学段体育与健康课堂一定要保证中等强度的运动负荷，这既是课堂实施的关键要点，也是学生健身健心的前提。

（2）中国健康体育课程模式要求在课堂中安排 10 分钟左右的体能练习，尽体育与健康课堂所能，提升学生的体能水平。鉴于体能练习枯燥乏味、儿童和青少年学业压力大、校外锻炼空间匮乏等，仅靠学生在课外保持积极的体能锻炼习惯几乎不可能。因此，课堂体能练习环节一定要丰富多样且注重趣味，如此才能引导学生积极参与并保持持久性。

（3）中国健康体育课程模式要求每堂课的运动技能学习时间保证在 20 分钟左右，且学练形式以结构化的活动和比赛为主。长期以来，体育课堂主要以单个动作技术教学为主，这样的课堂很难激发学生运动兴趣。体育教师需要认识到，体育课是用来引导学生学会运动而不是学习单个动作技术的，只有通过学练结构化的技能才能更有效地激发学生学练动机，并在课外主动参与体育锻炼。

（4）运动负荷、体能练习、运动技能是体育与健康课堂务必同时关注的 3 个关键点。尽管中国健康体育课程模式科学地规定了 3 个关键点的实施办法，但是一线教师仍需充分了解学情，倾听学生的心声，为学生的学习提供一切可能的需求支持，努力激发学生的课堂学练动机，促进学生依靠内在驱动力参与课外体育活动，课内外联动培养学生学科核心素养。

≫ 第二节　研究创新与不足

一、研究创新

中国健康体育课程模式是针对体育与健康课堂提出的，旨在通过课堂教学提升学生的身心健康水平。考虑到中国健康体育课程模式的结构特点与学生的学习需求吻合，本书尝试将中国健康体育课程模式的研究视角从课堂延伸至课外环境，聚焦学习动机和行为的迁移，并借鉴 TCM 明晰中国健康体育课程模式对学生课内外体育参与的影响机制。

二、研究不足

除体质健康指标外，本研究其他变量的数据均通过量表填写来获得，尽管研究主试、体育教师、班主任老师要求学生如实填写问卷，告诉学生问卷的填写不会对他们造成任何负面影响，但是测量数据不可避免地增加了主观偏差。本研究虽然只进行了一个实验，但实验对象涵盖小、初、高、大学 4 个学段，测试变量较多，且实验班和对照班学生都进行了 4 次完整测试。由于著者时间、精力的限制，本研究在实验干预结束后没有进行后续的随访来追踪学生的课内外体育参与情况。

参考文献

[1] 白杨,傅涛.功能性体能训练对大学男生体质健康水平的影响[J].中国学校卫生,2017,38(12):1886-1888.

[2] 柏友萍,张晶,江双双,等.减肥运动处方对超重肥胖大学生体脂、血糖与抵抗素的影响[J].卫生研究,2013,42(4):538-542.

[3] 陈如杰,吴庆文,王冬燕,等.弹力带训练对衰弱前期老年人下肢肌肉力量和生活质量的影响研究[J].中国全科医学,2019,22(31):87-90.

[4] 陈爱国,赵忠艳,颜军.不同组织形式短时跳绳运动对儿童执行功能的影响[J].中国运动医学杂志,2015,34(9):886-890.

[5] 陈开梅,盛岗,董磊,等.大学生课外体育锻炼方式对自卑心理的干预研究[J].中国学校卫生,2016,37(3):358-360.

[6] 陈曦,苏坚贞."交叠影响域"理论视域下课外体育作业的三重困境及其出路[J].体育学刊,2020,27(2):124-128.

[7] 陈福亮.体育课运动技能和体能组合练习对儿童青少年身心健康的影响[D].上海:华东师范大学,2018:20-23.

[8] 陈福亮,杨剑,季浏.自我决定理论在中国学校体育课情境下的初步检验[J].首都体育学院学报,2014,26(5):465-470.

[9] 陈小蓉,谢红光,张勤,等.珠江三角洲农民工身体健康与体育行为调查研究[J].体育科学,2010,30(3):11-21.

[10] 蔡瑞金,季浏,尹杰,等.运动密度对青少年运动能耗与体质健康的影响[J].上海体育学院学报,2019,43(1):93-102.

[11] 程科.健全人格取向大学生心理健康量表的编制[D].重庆:西南大学,2009:35-37.

[12] 董翠香,吕慧敏.中国健康体育课程模式关键要点确立的理论基础和实践依据[J].体育科学,2020,40(6):24-31.

[13] 窦海波,成波锦,何辉.循环抗阻训练对女大学生肌力及有氧耐力影响

研究[J].广州体育学院学报,2020,40(2):87-90.

[14] 范卉颖,唐炎,张加林.上海市青少年运动意愿及其影响因素[J].上海体育学院学报,2017,41(3):48-63.

[15] 冯玉娟,毛志雄.三重相关效能对大学生休闲时间身体活动行为的影响:跨情境模型的构建与检验[J].天津体育学院学报,2015,30(1):52-57.

[16] 国家体育总局.2014年全国学生体质健康调研结果[J].中国学校卫生,2015,36(12):4.

[17] 胡启权.不同强度体育锻炼对提升高校学生心理健康和心理韧性的效果评价[J].中国学校卫生,2019,40(1):83-85.

[18] 洪煜.核心力量训练对男大学生身体素质影响研究[J].扬州职业大学学报,2020,24(1):28-31.

[19] 季浏."不出汗"的体育课需要改变[J].中国学校体育,2016(10):2-3.

[20] 季浏.增进青少年健康既要政策也要对策[N].中国教育报,2017-06-30(08).

[21] 季浏.增进学生身心健康是我国学校体育发展的根本和方向:学习贯彻习近平总书记在全国教育大会上的重要讲话精神[J].吉首大学学报(社会科学版),2020,41(1):28-37.

[22] 季浏.中国健康体育课程模式的思考与构建[J].北京体育大学学报,2015,38(9):72-80.

[23] 季浏.对中国健康体育课程模式理论和实践问题的再研究[J].北京体育大学学报,2019,42(6):12-22.

[24] 季浏.对我国20年基础教育体育新课改若干认识问题的澄清与分析[J].上海体育学院报,2020,44(1):21-30.

[25] 姜媛,张力为,毛志雄.体育锻炼与心理健康:情绪调节自我效能感与情绪调节策略的作用[J].心理与行为研究,2018,16(4):570-576.

[26] 李捷.日本青少年课外体育参与现状研究[J].西安体育学院学报,2017,34(3):263-269.

[27] 李芳,郑丽敏.健美操专项柔韧素质训练方法实验比较研究[J].武汉体育学院学报,2011,45(9):84-88.

[28] 路凤萍.大学生体质健康主、客观评价的一致性与自我健康行为管理[J].北京体育大学学报,2008,31(5):639-640.

[29] 梁凤波,毛振明,程天佑,等.《"健康中国 2030"规划纲要》与学校体育改革施策(3)目标:确保学生校内每天体育活动时间不少于一小时[J].武汉体育学院学报,2018,52(7):82-87.

[30] 梁德清.高校学生应激水平及其与体育锻炼的关系[J].中国心理卫生杂志,1994,8(1):5-6.

[31] 裴磊磊,任琳,张岩波,等.Mplus 软件简介[J].中国卫生统计,2013,30(4):614-616.

[32] 裴德超,高鹏飞.农民工子女身心健康与体育参与行为的研究[J].体育与科学,2003,34(1):94-98.

[33] 邱小梅,陈慧,王珍妮,等.登山锻炼对小学三年级学生身体素质影响的研究[J].山东体育科技,2012,34(2):94-96.

[34] 孙开宏,季浏.体育课上自主支持感、行为调节和课外锻炼意向之间的关系[J].体育学刊,2010,25(2):64-68.

[35] 苏丹.适应取向中学生心理健康量表的初步编制[D].重庆:西南大学,2007.

[36] 苏丹,黄希庭.中学生适应取向的心理健康结构初探[J].心理科学杂志,2007,30(6):1290-1294.

[37] 苏坚贞,季浏.基于中国健康体育课程模式的"运动密度"概念探析[J].首都体育学院学报,2019,31(5):406-416.

[38] 唐斌斌,刘林平.课外体育运动与初中学生的偏差行为:基于 CEPS 数据的工具变量分析[J].体育与科学,2019,40(4):35-45.

[39] 涂芙蓉.不同体质大学生日常生活行为差异研究[J].中国西部科技,2010,9(11):85-87.

[40] 王一民.大学生课外体育锻炼习惯缺失原因与对策研究[J].武汉体育学院学报,2016,50(8):82-86.

[41] 王佃娥,毛坤,杜发强.大学生体育课学习满意度与体育锻炼态度关系的研究[J].南京体育学院学报:社会科学版,2015,29(6):121-127.

[42] 王孟成.潜变量建模与 Mplus 应用·基础篇[M].重庆:重庆大学出版社,2014:113-117.

[43] 王济川,王小倩,姜宝法.结构方程模型:方法与应用[M].北京:高等教育出版社,2011:96-97.

[44] 向宇宏,巴义名.中等强度有氧运动对贵州少数民族大学生心肺功能的

影响[J].中国学校卫生,2017,38(9):1424-1426.

[45] 徐飞,谢浩,徐玉明.跳绳训练对少年足球运动员动态平衡能力和协调性的影响[J].中国体育科技,2017,53(3):71-77.

[46] 习近平.坚持中国特色社会主义教育发展道路 培养德智体美劳全面发展的社会主义建设者和接班人[EB/OL].(2018-09-10)[2024-02-02].http://jhsjk.people.cn/article/30284598.

[47] 夏贵霞,马蕊,王华倬.政府购买青少年课外体育服务的地方实践与制度创新[J].北京体育大学学报,2016,39(2):84-91.

[48] 尹龙,李芳,司虎克.体育课需求支持对青少年闲暇时间体力活动的影响:跨情境模型的构建与检验[J].体育与科学,2018,39(1):90-100.

[49] 尹龙.青少年体力活动行为预测与干预研究:基于自我决定理论和计划行为理论的跨情境视角[D].上海:上海体育学院,2018:22-24.

[50] 杨守建."想说爱你不容易":青少年体育运动参与的状况与问题:基于全国10省(市)的调查分析[J].中国青年研究2020,(7):5-13.

[51] 杨建营,杨建英.基于中国健康体育课程模式的普通高校太极拳选项课改革实践探索[J].体育学刊,2020,27(6):111-117.

[52] 杨坚.学科核心素养下中学武术教育探析:以中国健康体育课程模式关键要点为中心[J].武术研究,2020,5(8):79-82.

[53] 俞皓天,汪晓赞.中美基础教育课外体育活动的比较研究[J].武汉体育学院学报,2019,53(4):71-74.

[54] 颜军,李崎,张智锴,等.校园课外体育锻炼对小学高年级学生身体自尊和自信的影响[J].体育与科学,2019,40(2):100-104.

[55] 张颖.小学生心理健康的结构和特点研究[D].北京:北京师范大学,2005.

[56] 张培珍,田野.不同强度健身锻炼对中老年血脂异常人群心肺功能的影响[J].中国体育科技,2013,49(2):134-138.

[57] 张葆欣,周里,黄海,等.10周"健身关节操"运动方案对初中学生柔韧素质、平衡能力影响的研究[J].西安体育学院学报,2012,29(6):721-724.

[58] 章建成,张绍礼,罗炯,等.中国青少年课外体育锻炼现状及影响因素研究报告[J].体育科学,2012,32(11):3-18.

[59] 赵霞,王帅,韦佳.对我国传统课外体育活动的反思[J].体育学刊,

2019,26(4):106-109.

[60] 郑日昌,张颖,刘视湘.小学生心理健康的结构和量表编制[J].教育测量与评价理论版,2008,1(2):30-34.

[61] 周小青,张冬琴,屈子圆,等.功能性力量训练对高水平男子散打运动员速度素质发展的实验研究[J].山东体育学院学报,2018,34(5):122-125.

[62] 朱恩广,戎卫红.中国健康体育课程模式课堂教学实践性探究[J].青少年体育,2019(10):60-61.

[63] 钟伯光,刘靖东,张春青.原因知觉量表在香港中学生人群中的检验[J].中国运动医学杂志,2014,33(7):713-720.

[64] 中国青少年研究中心.从"90后"到"00后":中国少年儿童发展状况调查报告(2005—2015)[M].北京:中国青年出版社,2016.

[65] 我国青少年心理健康问题亟需引起高度重视[C]//2010中国科协科技工作者建议汇编,2010:11-16.

[66] 中华人民共和国教育部.普通高中体育与健康课程标准(2017年版)[M].北京:人民教育出版社,2018.

[67] 《中国学校体育发展报告》编写组.中国学校体育发展报告(2015)[M].北京:高等教育出版社,2016.

[68] AJZEN I, BROWN T C, CARVAJAL F. Explaining the discrepancy between intentions and actions:the case of hypothetical bias in contingent valuation[J].Personality and social psychology bulletin,2004,30(9):1108-1121.

[69] AJZEN I.Attitudes,personality and behavior[M].Chicago:Dorsey Press,1988.

[70] AJZEN I. The theory of planned behavior, organizational behavior and human decision processes[J].Journal of leisure research,1991,50(2):176-211.

[71] HA A S,LONSDALE C,LUBANS D R,et al.Increasing students' physical activity during school physical education:rationale and protocol for the SELF-FIT cluster randomized controlled trial[J].BMC public health,201817,18(1):11.

[72] HA A S, BURNETT A, SUM R, et al. Outcomes of the rope skipping

"star" programme for schoolchildren [J]. Journal of human kinetics volume, 2015, 45(1):233-240.

[73] MAVROPOULOU A, BARKOUKIS V, DOUKA S, et al. The role of autonomy supportive activities on students' motivation and beliefs toward out-of-school activities [J]. Journal of educational research, 2019, 112 (2):223-233.

[74] COX A, WILLIAMS L. The roles of perceived teacher support, motivational climate, and psychological need satisfaction in students' physical education motivation[J]. Journal of sport and exercise psychology, 2008, 30(2):222-239.

[75] AOYAGI K, ISHII K, SHIBATA A, et al. Differences in career forming ability between practitioners and non-practitioners of school-based extracurricular sports activities [J]. Journal of physical education and sport, 2019, 19(Suppl):461-465.

[76] BARKOUKIS V, HAGGER M, LAMBROPOULOS G, et al. Extending the trans-contextual model in physical education and leisure-time contexts: examining the role of basic psychological need satisfaction[J]. British journal of educational psychology, 2010, 80(4):647-670.

[77] BLACK A E, DECI E L. The effects of instructors' autonomy support and students' autonomous motivation on learning organic chemistry: a self-determination theory perspective[J]. Science education, 2000, 84(6):740-756.

[78] SHEN B, MCCAUGHTRY N, MARTIN J, et al. Effects of teacher autonomy support and students' autonomous motivation on learning in physical education[J]. Research quarterly for exercise and sport, 2009, 80(1):44-53.

[79] SHEN B. Outside-school physical activity participation and motivation in physical education [J]. The British journal of educational psychology, 2014, 84(1):40-57.

[80] DARKER C D, FRENCH D P, EVES F F, et al. An intervention to promote walking amongst the general population based on an "extended" theory of planned behaviour: a waiting list randomised controlled trial[J].

Psychol health,2010,25(1):71-88.

[81]　CHATZISARANTIS N L D,HAGGER M S.Effects of an intervention based on self-determination theory on self-reported leisure-time physical activity participation[J].Psychology and health,2009,24(1):29-48.

[82]　CHATZISARANTIS N L D, HAGGER M S, SMITH B. Influences of perceived autonomy support on physical activity within the theory of planned behavior [J]. European journal of social psychology, 2007, 37 (5):934-954.

[83]　CHAN K C,HAGGER M S.Transcontextual development of motivation in sport injury prevention among elite athletes[J].Journal of sport and exercise psychology,2012,34(5):661-682.

[84]　CHAN D K C,DIMMOCK J A,DONOVAN R J,et al.Self-determined motivation in sport predicts anti-doping motivation and intention: a perspective from the trans-contextual model[J]. Journal of science and medicine in sport,2015,18(3):315-322.

[85]　CHANG Y K,CHEN S,Tu K W,et al.Effect of autonomy support on self-determined motivation in elementary physical education[J].Journal of sports science and medicine,2016,15(3):460-466.

[86]　CHEON S H,REEVE J,MOON I S.Experimentally based,longitudinally designed,teacher-focused intervention to help physical education teachers be more autonomy supportive toward their students[J].Journal of sport and exercise psychology,2012,34(3):365-396.

[87]　CHEUNG G W,LAU R S.Testing mediation and suppression effects of latent variables:bootstrapping with structural equation models[J].Organizational research methods,2008,11(2):296-325.

[88]　CERANI C,THEODOSIOU A,BARKOUKIS V,et al.The effect of a goal-setting program in physical education on cognitive and affective outcomes of the lesson[J].Physical educator,2020,77(2):332-356.

[89]　NOGUEIRA C J,DOS SANTOS GALDINO L A,CORTEZ A C L,et al. Effects of flexibility training with different volumes and intensities on the vertical jump performance of adult women [J]. Journal of physical education and sport,2019,19(3):1680.

[90] GONZÁLEZ-CUTRE D,SICILIA Á,BEAS-JIMÉNEZ M,et al.Broadening the trans-contextual model of motivation:a study with Spanish adolescents [J].Scandinavian journal of medicine and science in sports,2014,24(4): e306-e319.

[91] SÁNCHEZ-OLIVA D,PULIDO-GONZÁLEZ,LEO F M,et al.Effects of an intervention with teachers in the physical education context:a self-determination theory approach[J].PloS one,2017,12(12):1-17.

[92] TRAFIMOW D.Problems with change in R^2 as applied to theory of reasoned action research[J].British journal of social psychology,2004,43(4): 515-530.

[93] GONZÁLEZ-CUTRE FERRIZ R,BELTRÁN-CARRILLO V J,et al.Promotion of autonomy for participation in physical activity:a study based on the trans-contextual model of motivation[J].Educational psychology, 2014,34(3):367-384.

[94] RODRIGUES D,PADEZ C,MACHADO-RODRIGUE A.Active parents, active children:the importance of parental organized physical activity in children's extracurricular sport participation[J].Journal of child health care,2018,22(1):159-170.

[95] DECI E L,RYAN R M.Intrinsic motivation and self-determination in human behavior[M].New York:Springer,1985.

[96] DECI E L,RYAN R M.The "what" and "why" of goal pursuits:human needs and the self-determination of behavior[J].Psychological inquiry, 2000,11(4):227-268.

[97] DOLL W J,XIA W,TORKZADEH G.A confirmatory factor analysis of the end-user computing satisfaction instrument[J].MIS quarterly,1994,18 (4):453-461.

[98] DORGO S,KING G A,CANDELARIA N G,et al.Effects of manual resistance training on fitness in adolescents[J].Journal of strength and conditioning research,2009,23(23):2287-2294.

[99] MACKINNON D P,KRULL J L,LOCKWOOD C M.Equivalence of the mediation,confounding and suppression effect[J].Prevention science, 2000,1(4):173-181.

[100] DECI E L, EGHRARI H, PATRICK B C, et al. Facilitating internaliza- tion: the self-determination theory perspective[J]. Journal of personality, 1994,62(1):119-142.

[101] EFRON B, TIBSHIRANI R.J. An introduction to the bootstrap[M]. New York: Chapman and Hall, 1994:161-170.

[102] FIN G, MORENO-MURCIA J A, JAIME L, et al. Interpersonal autonomy support style and its consequences in physical education classes[J]. PloS one, 2019, 14(5):1-14.

[103] FORNELL C, LARCKER D F. Evaluating structural equation models with unobservable variables and measurement error [J]. Journal of marketing research, 1981, 18(1):39-50.

[104] GROLNICK W S, GURLAND S T, DECOURCEY W, et al. Antecedents and consequences of mothers' autonomy support: an experimental inves- tigation[J]. Developmental psychology, 2002, 38(1):143-155.

[105] GODIN G, CONNER M, SHEERAN P. Bridging the intention-behaviour gap: the role of moral norm [J]. British journal of social psychology, 2005, 44(4):497-512.

[106] GOURLAN M, SARRAZIN P, TROUILLOUD D. Motivational intervie- wing as a way to promote physical activity in obese adolescents: a ran- domised-controlled trial using self-determination theory as an explanatory framework[J]. Psychology and health, 2013, 28(11):1265-1286.

[107] HA A S, LONSDALE C, NG J Y Y, et al. A school-based rope skipping program for adolescents: results of a randomized trial [J]. Preventive medicine, 2017, 101:188-194.

[108] HAGGER M S, CHATZISARANTIS N L D. Self-identity and the theory of planned behaviour: between-and withiparticipants analyses[J]. British journal of social psychology, 2006, 45(4):731-757.

[109] HAGGER M S, LUSZCZYNSKA A. Implementation intention and action pfenning interventions in health contexts: state of the research and proposals for the way forward[J]. Applied psychology: health and well- being, 2014, 6(1):1-47.

[110] HAGGER M S, HAMILTON K. Motivational predictors of students' par-

ticipation in out-of-school learning activities and academic attainment in science: an application of the trans-contextual model using Bayesian path analysis[J].Learning and individual differences,2018,67,232-244.

[111] HAGGER M S, SULTAN S, HARDCASTLE S J, et al. Applying the integrated trans-contextual model to mathematics activities in the classroom and homework behavior and attainment [J]. Learning and Individual differences,2016,45:1-35.

[112] HAGGRE S M, CHATZISARANTIS N L D, HEIN V, et al. Teacher, peer and parent autonomy support in physical education and leisure-time physical activity: a trans-contextual model of motivation in four nations [J].Psychology and health,2009,24(6):689-711.

[113] HAGGER M S,CHATZISARANTIS N L D.The trans-contextual model of autonomous motivation in education: conceptual and empirical issues and meta-analysis[J]. Review of educational research,2016,86(2): 360-407.

[114] HAGGER M S,CHATZISARANTIS N L D,CULVERHOUSE T,et al. The processes by which perceived autonomy support in physical education promotes leisure-time physical activity intentions and behavior: a trans-contextual model[J].Journal of educational psychology,2003,95(4): 784-795.

[115] HAGGER M S,CHATZISARANTIS N L D,BIDDLE S J H.A meta-analytic review of the theories of reasoned action and planned behavior in physical activity: predictive validity and the contribution of additional variables[J].Journal of sport and exercise psychology,2002,24(1):3-32.

[116] JACKSON D L, GILLASPY J A, PURC-STEPHENSON R. Reporting practices in confirmatory factor analysis: an overview and some recommendations[J].Psychological methods,2009,14(1):6-23.

[117] MCNAMEE J, TIMKEN G L, COSTE SC, et al. Adolescent girls' physical activity, fitness and psychological well-being during a health club physical education approach[J]. European physical education review,2017,23 (4):517-533.

[118] EDMUNDS J,NTOVMANIS N,DUOA J L.Testing a self-determination theory-based teaching style intervention in the exercise domain [J]. European journal of social psychology,2008,38(2):375-388.

[119] VICIANA J,MAYORGA-VEGA D, MARTÍNEZ-BAENA A.Effect of self-determined motivation in physical education on objectively measured habitual physical activity:a trans-contextual model [J]. Kinesiology, 2019,51(1):140-146.

[120] NG J Y Y,NTOUMANIS N,THOGERSEN-NTOUMANI C.Autonomy support and control in weight management:what important others do and say matters[J].British journal of health psychology,2014,19(3):540-552.

[121] BRADLEY J L CONWAY P F.Conway.A dual step transfer model: sport and non-sport extrcurricular activities and the enhancement of academic achievement[J].British educational research journal,2016,42(4):703-728.

[122] POLET J,HASSAMDRA M,LINTUNEN T,et al.Using physical education to promote out-of school physical activity in lower secondary school students-a randomized controlled trial protocol[J].BMC public health, 2019,19(1):157.

[123] SCHULTZ J T.A case for resistance training in junior development within australian football [J].Journal of australian strength and conditioning, 2019,27(7):69.

[124] ABULA K,BECKMANN J,HE Z K,et al.Autonomy support in physical education promotes autonomous motivation towards leisure-time physical activity:evidence from a sample of Chinese college students[J].Health promotion international,2020,35(1):e1-e10.

[125] SIMONTON K L,SOLMON M A,GARN A C.Exploring perceived autonomy support and emotions in university tennis courses[J].International journal of sport and exercise psychology,2019,19(1):134-148.

[126] KHODAVERDI Z,BAHRAM A,ROBINSON L E.Correlates of physical activity behaviours in young Iranian girls [J].Child:care health and development, 2015,41(6):903-910.

[127] KNOWLES A, WALLHEAD T, READDY T. Exploring the synergy between sport education and in-school sport participation[J]. Journal of teaching in physical education, 2018, 37(2): 113-122.

[128] KOWAL J. Testing relationships from the hierarchical model of intrinsic and extrinsic motivation using flow as a motivational consequence[J]. Research quarterly for exercise and sport, 2000, 71(2): 171-181.

[129] IACOBUCCI D. Structural equations modeling: fit indices, sample size, and advanced topics[J]. Journal of consumer psychology, 2010, 20(1): 90-98.

[130] LIANG H, SARAF N, XUE H Y. Assimilation of enterprise systems: the effect of institutional pressures and the mediating role of top management [J]. MIS quarterly, 2007, 31(1): 59-87.

[131] NANU L, DRĂGAN A. Relay races, movement games and competitions in optimizing speed for children[J]. Physical education and sport management, 2018, 14(5): 40-44.

[132] LIMA T R D, MARTINS P C, MORAES M S, et al. Association of flexibility with sociodemographic factors, physical activity, muscle strength, and aerobic fitness in adolescents from southern brazil[J]. Revista paulista de pediatria, 2019, 37(2): 202-208.

[133] LINDELL M K, WHITNEY D J. Accounting for common method variance in cross-sectional research designs[J]. Journal of applied psychology, 2001, 86(1): 114-121.

[134] LIU J D, CHUNG P K, ZHANG C Q, et al. Chinese-translated behavioral regulation in exercise questionnaire-2: evidence from university students in the mainland and Hong Kong of China[J]. Journal of sport and health science, 2015, 4(3): 228-234.

[135] ILARIA V, EMANUELA R. Elements and methods of organization, design and management of extracurricular sports activities[J]. Journal of physical education and sport, 2019, 19(Suppl): 1767- 1772.

[136] PIHU M, HEI V. Autonomy support from physical education teachers, peers and parents among school students: trans-contextual motivation model[J]. Acta kinesiologiae universitatis tartuensis, 2007, 12: 116.

[137] MACKINNON D P, LOCKWOOD C M, WILLIAMS J. Confidence limits for the indirect effect: distribution of the product and resampling methods [J]. Multivariate behavioral research, 2004, 39(1):99-128.

[138] LOCHBAUM M, JEAN-NOEL. Perceived autonomy-support instruction and student outcomes in physical education and leisure-time: a meta-analytic review of correlates [J]. Revista internacional de ciencias del deporte, 2016(43):29-47.

[139] MATHISEN G, PETTERSEN S A. Effect of high-intensity training on speed and agility performance in 10-year-old soccer players [J]. The journal of sports medicine and physical fitness, 2015, 55(1/2):25-29.

[140] PIHU M, HEIN V, KOKA A, et al. How students' perceptions of teachers' autonomy-supportive behaviours affect physical activity behaviour: an application of the trans-contextual model [J]. European journal of sport science, 2008, 8(4):193-204.

[141] HAGGER M, CHATZISARANTIS N L D, BARKOUKIS N, et al. Perceived autonomy support in physical education and leisure-time physical activity: a cross-cultural evaluation of the trans-contextual model [J]. Journal of educational psychology, 2005, 97(3):376-390.

[142] MATOS-DUARTE M, MARTÍNEZ-DE-HARO V, SANZ-ARRIBAS I, et al. Longitudinal study of functional flexibility in physically active senior citizens [J]. Revista internacional de medicina y ciencias de la medicaina y ciencias de la actividad física y le deporte, 2017, 17(65):121-137.

[143] MCEACHAN R R C, CONNER M, TAYLOR N J, et al. Prospective prediction of health-related behaviours with the theory of planned behaviour: a meta-analysis [J]. Health psychology review, 2011, 5(2): 97-144.

[144] MEHMET YANIK. The effects of extracurricular sport activities on the alienation of the students [J]. Pamukkale journal of sport sciences, 2017, 8(3):24-33.

[145] GUTIÉRREZ M, TOMÁS J. The role of perceived autonomy support in predicting university students' academic success mediated by academic self-efficacy and school engagement [J]. Educational psychology, 2013,

34(6):729-748.

[146] MÜFTÜLER M,INCE M L.Use of trans-contextual model-based physical activity course in developing leisure-time physical activity behavior of university students[J].Percept mot skills,2015,121(1):31-55.

[147] MOAZZAMI M,KHOSHRAFTAR N.The effect of a short time training on program on physical fitness in female students[J].Procedia-social and behavioral sciences,2011,15:2627 -2630.

[148] GEORGETA N,ELENA S,CECILIA G.Adolescent's aerobic endurance training[J].Science,movement and health,2019,19(Suppl):298-302.

[149] NTOUMANIS N.A prospective study of participation in optional school physical education using a self-determination theory framework[J].Journal of educational psychology,2005,97(3):444-453.

[150] NTOVOLIS Y,BARKOUKIS V,MICHELINAKIS E,et al.An application of the trans-contextual model of motivation in elementary school physical education[J].Physical Educator,2015,72:123-141.

[151] BRUSTIO P R,MOISÉ P,MARASSO D,et al.Participation in a school-based walking intervention changes the motivation to undertake physical activity in middle-school students[J].PloS one,2018,13(9):1-13.

[152] RAINER P,GRIFFITHS R,CROPLEY B,et al.Barriers to delivering extracurricular school sport and physical activity in wales:a qualitative study of 5×60 officers' views and perspectives[J].Journal of physical activity and health,2015,12(2):245-252.

[153] HARDRÉ P L,REEVE J.Training corporate managers to adopt a autonomy-supportive motivating style toward employees:an intervention study[J].International journal of training and development,2009,13(3):165-184.

[154] PODSAKOFF P M,MACKENZIE S B,LEE J Y,et al.Common method biases in behavioral research:a critical review of the literature and rec-ommended remedies[J].Journal of applied psychology,2003,88(5):879-903.

[155] PREACHER K J,HAYES A F.Asymptotic and resampling strategies for assessing comparing indirect effects in multiple mediator models[J].

Behavior research methods,2008,40(3):879-891.

[156] REEVE J. Why teachers adopt a controlling motivating style toward students and how they can become more autonomy supportive[J]. Educational psychologist,2009,44(3):159-175.

[157] REEVE J,JANG H,CARRELL D,et al.Enhancing students' engagement by increasing teachers' autonomy support[J].Motivation and emotion, 2004,28(2):147-169.

[158] RICHARDSON H A,SIMMERING M J,STURMAN M C.A tale of three perspectives[J].Organizational research methods,2009,12(4): 762-800.

[159] RINDSKOPF D.Structural equation models:empirical identification,heywood cases,and related problems[J].Sociolgical methods and research,1984, 13(1):109-119.

[160] REVERDITO R S,CARVALHO H M,GALATTI L R,et al.Effects of youth participation in extra-curricular sport programs on perceived self-efficacy:a multilevel analysis[J].Perceptual and motor skills,2017,124 (3):569-583.

[161] REVERDITO R S,GALATTI L R,CARVALHO H M,et al.Developmental benefits of extracurricular sports participation among Brazilian youth[J].Perceptual and motor skills,2017,124(5):946-960.

[162] RYAN R M,DECI E L.Self-determination theory and the facilitation of intrinsic motivation, social development, and well-being[J]. American psychologist,2000,55(1):68-78.

[163] VALLERAND R J,RATELLE C F.Intrinsic and extrinsic motivation:a hierarchical model[M].New York:University of Rochester Press,2002.

[164] BARON R M,KENNY D A.The moderator-mediator variable distinction in social psychological research:conceptual, strategic, and stastical consideration[J]. Journal of personality and social psychology, 1986, 51 (6):1173-1182.

[165] RYAN R M,CONNELL J P.Perceived locus of causality and internalization: examining reasons for acting in two domains[J].Journal of personality and social psychology,1989,57(5):749-761.

[166] YLI-PIIPARI S, LAYNE T, HINSON J, et al. Motivational pathways to leisure-time physical activity participation in urban physical education: a cluster-randomized trial[J]. Journal of teaching in physical education, 2018, 37(2): 123-132.

[167] PARK S, CHIU W, WON D. Effects of physical education, extracurricular sports activities, and leisure satisfaction on adolescent aggressive behavior: a latent growth modeling approach[J]. PloS one, 2017, 12(4): 1-13.

[168] SEGARS A H. Assessing the unidimensionality of measurement: a paradigm and illustration within the context of information systems research[J]. Omega, 2009, 25(1): 107-121.

[169] RENGASMY S. A physical fitness intervention program within a physical education class on selected health-related fitness among secondary school students[J]. Procedia-social and behavioral sciences, 2012, 55(5): 1104-1112.

[170] SHEERAN P, ORBELL S. Self-schemas and the theory of planned behavior[J]. European journal of social psychology, 2000, 30(4): 533-550.

[171] SHIN M, KWON S. Empirical links between instruction with teaching tools and the hierarchical model of intrinsic and extrinsic motivation in a Korean college tennis class[J]. Perceptual and motor skills, 2015, 120(2): 343-354.

[172] SOBEL M. Asymptotic confidence intervals for indirect effects in strucutural equation models[J]. Sociological methodology, 1982, 13(1): 290-313.

[173] SPECTOR P E. Method variance in organizational research: truth or urban legend? [J]. Organizational research methods, 2006, 9(2): 221-232.

[174] STANDAGE M, DUDA J L, NTOUMANIS N. A test of self-determination theory in school physical education[J]. British journal of educational psychology, 2005, 75(3): 411-433.

[175] KOLENIKOV S, BOLLEN K A. Testing negative error variances is a heywood case a symptom of miss-pecification? [J]. Sociological methods and research, 2012, 41(1): 124-167.

［176］ VAN PETEGEM S, BRENNING K, BAUDAT S, et al. Intimacy development in late adolescence: longitudinal associations with perceived parental autonomy support and adolescents' self-worth［J］. Journal of adolescence, 2018, 65(1): 111-122.

［177］ CHEON S H, MOON I S. Implementing as autonomy-supportive fitness program to facilitate students' autonomy and engagement［J］. Korean journal of sport psychology, 2010, 21(1): 175-195.

［178］ SULLIVNA G S. The effects of a coaching education workshop on the self-regulated motivation of 6th grade male and female basketball players［J］. Gastroenterology, 2005, 80(1): 154-188.

［179］ SU Y L, REEVE J. A meta-analysis of the effectiveness of intervention programs designed to support autonomy［J］. Educational psychology review, 2011, 23(1): 159-188.

［180］ TAYLORR A B, MACKINNON D P, TEIN J Y. Tests of the three-path mediated effect［J］. Organizational research methods, 2008, 11(2): 241-269.

［181］ TESSIER D, SARRZAIN P, NTOUMANIS N. The effect of an intervention to improve newly qualified teachers' interpersonal style, students motivation and psychological need satisfaction in sport-based physical education［J］. Contemporary educational psychology, 2010, 35(4): 242-253.

［182］ WALLHEAD T, HAGGER M S, SMITH T. Sport education and extra-curricular sport participation: an examination using the trans-contextual model of motivation［J］. Research quarterly for exercise and sport, 2010, 81(4): 442-455.

［183］ URBACH N, AHLEMANN F. Structural equation modeling in information systems research using partial least squares［J］. Journal of information technology theory and application, 2010, 11(2): 5-40.

［184］ BARKOUKIS V, HAGGER M S. The trans-contextual model: perceived learning and performance motivational climates as analogues of perceived autonomy support［J］. European journal of psychology of education, 2013, 28(2): 353-372.

［185］ WANG L,ZHANG Y. An extended version of the theory of planned behaviour：the role of self-efficacy and past behaviour in predicting the physical activity of Chinese adolescents［J］.Journal of sports sciences, 2016,34(7):587-597.

［186］ WEISS M R,PHILLIPS A C,KIPP L E.Effectiveness of a school-based fitness program on youths' physical and psychosocial health outcomes ［J］.Pediatric exercise science,2015,27(4):546-557.

［187］ WIDAMAN, K.F. Hierarchically nested covariance structure models for multitrait-multimethod data ［J］. Applied psychological measurement, 1985,9(1):1-26.

［188］ WILLIAMS L J,BROWN B K.Method variance in organizational behavior and human resources research：effects on correlations,path coefficients, and hypothesis testing［J］.Organizational behavior and human decision processes,1994,57(2):185-209.

［189］ WILLIAMS G C,MCGREGOR H A,SHARP D,et al.Testing a self-determination theory intervention for motivating tobacco cessation：supporting autonomy and competence in a clinical trial［J］.Health psychology, 2006,25(1):91-101.

［190］ YLITALO J.Controlling for common method variance with partial least squares path modeling：a monte carlo study［J］.MIS quarterly,2009,33 (1):1-37.